JN267809

南ウェールズ交通史研究

梶本元信

日本経済評論社

目次

第1章　エネルギー革命と輸送の発展……………………………1

 Ⅰ　イギリスの工業化とエネルギー革命　1
 Ⅱ　イギリスの交通発展と石炭　4

第2章　南ウェールズ経済の盛衰──概論──……………27

 Ⅰ　はじめに　27
 Ⅱ　南ウェールズの工業化過程　28
 Ⅲ　両大戦間時代──石油時代の開始と南ウェールズ経済──　45

第3章　鉄道時代前夜東グラモーガン地方の交通発展
   ──グラモーガンシャー運河を中心として──……………51

 Ⅰ　はじめに　51
 Ⅱ　グラモーガンシャー運河の建設　52
 Ⅲ　支線運河とトラムロードの建設　63
 Ⅳ　沿線の産業発展と運河の交通増加・収支変動　70
 Ⅴ　運河の諸問題　81
 Ⅵ　むすび　85

第4章　タフ・ヴェール鉄道と沿線の産業発展……………93

 Ⅰ　はじめに　93
 Ⅱ　タフ・ヴェール鉄道の開設　95

Ⅲ　路線の拡張と炭鉱開発　107
　　　Ⅳ　輸送と収入の変遷　117
　　　Ⅴ　むすび　126

第5章　ドック・システムの形成と発展 …………………………133
　　　Ⅰ　はじめに　133
　　　Ⅱ　ビュート・ドックの建設　135
　　　Ⅲ　ペナース・ドックとTVR　142
　　　Ⅳ　バリー・ドックと鉄道　148
　　　Ⅴ　むすび　169

第6章　南ウェールズ石炭輸出とイギリス海運業の
　　　　発展 ……………………………………………………179
　　　Ⅰ　はじめに　179
　　　Ⅱ　南ウェールズ石炭輸出の増大　180
　　　Ⅲ　蒸気船の改善と石炭輸出　187
　　　Ⅳ　蒸気船の給炭問題　190
　　　Ⅴ　石炭輸出商人の活躍　195
　　　Ⅵ　むすび　199

第7章　カーディフ海運業の発展 …………………………………205
　　　Ⅰ　はじめに　205
　　　Ⅱ　カーディフ海運業の発展　206
　　　Ⅲ　主要海運業者のプロフィール　213
　　　Ⅳ　むすび　230

第8章　戦間期における船舶エネルギー革命と
　　　　南ウェールズ炭 …………………………………………235

Ⅰ　はじめに　235
   Ⅱ　戦間期，船舶エネルギー革命と石炭需要の低下　237
   Ⅲ　失業の増加　246
   Ⅳ　南ウェールズ炭鉱業者の対応　249
   Ⅴ　むすび　259

第9章　両大戦間時代のカーディフ海運業……………………263

   Ⅰ　はじめに　263
   Ⅱ　若干の政府統計にみるカーディフ海運業の衰退　264
   Ⅲ　カーディフ主要海運業者の経験　272
   Ⅳ　むすび　286

第10章　結　　論……………………291

あとがき　301
索　引　305

第1章　エネルギー革命と輸送の発展

I　イギリスの工業化とエネルギー革命

　18世紀後半から始まるイギリスの工業化は一面ではエネルギー革命という側面をもっていた。そしてそれを可能にしたのは，一方ではエイブラハム・ダービー1世によるコークス製鉄法をはじめとする一連の製鉄業の技術革新であった。それによって主要な熱エネルギー源である薪から化石エネルギー源である石炭への転換，すなわち熱エネルギー革命が行われた。もう一方は動力源としての人力や畜力，風力，水力など再生可能な自然エネルギーから石炭への転換，すなわち動力エネルギー革命で，ワットによる蒸気機関の発明がそれを可能にした[1]。

　テューダー朝からステュアート朝にかけての絶対王政時代はイギリス経済の大きな変革期であった。1550年から1700年の間にイギリスの人口は297万人から500万人に増加した[2]。他方，毛織物工業の発展に伴って，羊を飼育するために土地囲い込み運動（第1次エンクロージャー運動）が進展し，それに伴う羊の数の増加をみてトマス・モアは『ユートピア』のなかで「羊が人を食う」と表現した。また国家は種々の保護を与えることによって外国貿易や植民活動を促進した。ドレイクやホーキンスのような海賊が活躍したのもこの時期である。こうした人口増加や産業発展，さらには海運業の発展により木材需要がその供給以上に増加し，木材価格は一般物価水準以上に上昇した。16世紀初期か

ら17世紀末までにイギリスの一般物価水準が約5倍に上昇したのに対し，薪の価格は約10倍に上昇した[3]。こうした国内の木材不足は一方では海外からの輸入，とりわけノルウェーやバルト海沿岸地方からの輸入によって補われた。1700年頃にはイギリス全体の木材需要の40％以上がノルウェーから輸入されていたのである[4]。

木材不足は他方では代替エネルギー源，すなわち石炭の開発を促進した。J. U. ネフ（J. U. Neff）によれば，イギリスの石炭の年間生産量は1551～60年には約21万トンであったが，1681～90年にはその14倍の298万トン，そして1781～90年には1,030万トンに増加したのである[5]。石炭は家庭用燃料としてばかりではなく，工業用燃料としても大量に利用された。製塩，ガラス，金属加工，石灰製造，繊維，石鹸，煉瓦など，多くの産業は従来，木材を燃料としていたが，今や石炭に取って代わられた。すでに16世紀半ばから17世紀末頃までに，製鉄業以外のほとんどの製造業で木材から石炭への熱エネルギー革命が行われていた。しかも石炭への代替は，燃料供給を自然の制約から解放することにより，大規模生産への可能性を開いた。しかも，従来は貴族や上流階級のみが消費できる奢侈品であったものが，庶民の日用品になることを可能にした。こうした発展をネフは「初期産業革命」と名付けたのである[6]。

消費財を中心とする産業発展は生産財である鉄に対する需要も増加させた。16世紀末から18世紀初期にかけて，イギリスの鉄生産が増加したかどうかについては論者によって意見が分かれる。アシュトン（T. S Ashton）は，木材資源の枯渇によって製鉄業は17世紀中頃から大きく衰退したと主張した[7]。この主張はその後フリン（M. W. Flinn）やハマースリー（G. H. Hammersley）によって批判された[8]。しかしイギリスの製鉄業が衰退したか否かにかかわらず，コークス鉄に引き継がれる18世紀までの間，イギリスの木炭製鉄業は国内市場のすべてを満たすことができなかったことは確かである。そのため多くの棒鉄が外国から輸入されていたのである。17世紀から18世紀にかけてイギリスへの最大の輸出国となったのはスウェーデンであった。同国からの棒鉄輸入は1700年には1万2,000トンであったが，1760年代中頃には約2万トンに達し，

国内で生産された棒鉄の量に近づいた。ロシアからの輸入をあわせると, イギリス全体の棒鉄輸入は1700年には1万7,000トンであったのが, 1750年には4万トンに達していたのである(9)。

　鉄に対する需要圧は当然イギリス国内での技術革新を生み出す大きな動機となった。すでに17世紀に石炭を燃料とする新製鉄法の実験が行われていた。中でも有名な人物としてサイモン・スターテヴァントやダド・ダドレイなどがあげられるが, いずれも成功には至らなかった(10)。真のブレイクスルーは1709年にエイブラハム・ダービー1世によって行われた。他の人々が失敗したのにダービー1世が成功したのは, 彼が生の石炭ではなくコークスを使用したからであった。コークスが製造されたシュロップシャーの土壌がほとんど硫黄を含まなかったことも重要であった。ダービー1世はコールブルックデイルに移る以前にブリストルでモルト製造業や真鍮製造業に従事しており, すでにこの時に石炭をコークスにして利用していたと考えられている(11)。

　コークスによる製鉄はやがてイギリス製鉄業に革命をもたらすことになるが, その方法は決して急速に普及したわけではなかった。その理由としてアシュトンはダービー1世がクエーカー教徒であり, スターテヴァントやダドリーと対照的に自己の発明を秘密にしていたこと, 技術的にも新製鉄法の完成のためには長期にわたる試行錯誤を要したこと, 全ての石炭がコークス鉄の生産に適していたわけではなかったことなどをあげている(12)。しかし, その最大の要因は生産コストが高かったことであり, ハリスは1750年代のはじめに主要製鉄地域で木炭価格が急激に上昇したことが, この時期になって木炭製鉄からコークス製鉄へ転換させた大きな理由であると考えている(13)。いずれにせよコークス製鉄法やその後1784年におけるヘンリー・コートによるパドリング法, さらにはニールソンによる熱風炉の発明（1828年）などにより, 石炭を利用する大規模製鉄業が発展し, 鉄の純輸入国から輸出国への転換を可能にしたのである。

　また新製鉄法の発展につれて産業立地も森林地帯から炭鉱地帯へ移動した。今やシュロップシャー, ランカシャー, スコットランド, 北東イングランド地方, そして南ウェールズがイギリス製鉄業の中心地となった。とりわけ南ウ

ェールズは19世紀初期から半ばにかけて,全銑鉄生産の30〜40％を占め,イギリス最大の製鉄地帯となったのである[14]。

また,動力エネルギー革命,すなわち蒸気機関の発明も鉱山業の発展と密接に関連していた。トマス・セイバリーやトマス・ニューコメンの大気圧機関がいずれも炭鉱の排水を目的として発明されたのは周知のことである。また,それらのエンジンの欠陥を改良することがワットによる真の蒸気機関発明の動機となった。高圧蒸気機関の発明者,リチャード・トレヴィシックはコーンウォールの錫鉱山や南ウェールズの製鉄所で技師として活躍した。彼らによる発明や改良によって蒸気機関は鉱山の排水ばかりでなく,工場や交通機関にとっての不可欠の原動力となり,従来の「森と水の専制」から産業を解放した。それが,トフラーのいう「第二の波」の原動力となったのである。

II　イギリスの交通発展と石炭

さて,産業と交通の発展は密接な関係にあったが,イギリスの交通発展も畜力や木炭から石炭へのエネルギー革命と密接に関連していた。ここでは運河,鉄道,港湾そして海運を中心に簡単に触れておこう。その場合,これらの交通機関や施設のエネルギー革命とのかかわりは相互に幾分異なっていた。運河の場合,馬が動力であり,その限りで,トフラーの言う「第一の波」の時代に支配的なエネルギー源に基礎をおいていた[15]。しかしイギリスの運河が輸送したのは主として石炭であったので,その意味で他の産業でのエネルギー革命を助長する働きをした。港湾建設も間接的に海陸のエネルギー革命と深くかかわっていた。鉄道網の拡張による輸送の大規模化と迅速化,および蒸気船の発展に伴う船舶の大型化が近代港湾建設の原動力となった。それに対して鉄道や蒸気船の場合には二重の意味でエネルギー革命と関係していた。まず第1にそれらはいずれも蒸気力を動力とするという意味で,直接エネルギー革命を体現していた。それらの普及はまさしくシュムペーターの言う「創造的破壊」の過程でもあった。蒸気船の普及は帆船の活動範囲をますます狭めていった。他方,

鉄道網の拡大は，必ずしも一概には言えないが，長期的には馬車や運河，あるいは沿岸帆船の衰退をもたらした。第2に，鉄道や蒸気船は石炭の大量輸送を可能にすることによって，間接的にエネルギー革命を促進した。19世紀後半におけるイギリス海運業の大きな特徴の1つは不定期船が大きなウエイトを占めていたことであり，その主要輸送貨物としての石炭の重要性はますます増加した。鉄道についても同じことが言えた。鉄道間の競争の激化につれて，石炭を中心とするバルク・カーゴへの依存度が増加していったのである。

(1) 運　河

イギリス産業革命期の商品輸送，とりわけ嵩高貨物の輸送において運河はきわめて重要な役割を演じた[16]。というのは運河船による輸送力は陸上交通機関のそれよりもはるかに大きかったからである。例えば駄馬の最高輸送力はせいぜい100～150キログラムであり，荷馬車の積載力もせいぜい1～2トンであったが，河川や運河輸送においてはこれより遙かに大きな輸送力が得られた。可航河川の堤防上を馬が船を牽引する場合には約20トン，運河の場合，その輸送力は50トンにも達したのである[17]。もっともこのことは工業化初期に陸上輸送が重要でなかったことを意味するものではない。とりわけ，近年の諸研究は陸上貨物輸送の重要性を再評価する傾向を示している[18]。また運河輸送はなにもそれ自体完結していたわけではなく，沿岸輸送や陸上輸送と密接に関連していたことに注目する必要がある。この点を考慮に入れた上でイギリスの運河の歴史を概観しておこう。

イギリス最初の運河は1564～66年に建設されたエクセター運河と言われているが[19]，本格的な運河時代は18世紀半ばになって訪れた。だが運河時代が開始される前に河川改修時代が存在したことに注目する必要がある。河川改修がピークに達したのは1660年代から1730年頃であった。その前半期にはヨークシャー・ウーズ川，ディー川，トレント川，エア川などが改修された。そして，1719～27年にはウィーバー川，マージー川，アーウェル川，ダグラス川などが改修された。それによって1730年には約1,160マイルの河川が航行できるよう

になった[20]。河川改修事業はある意味ではそれに続く運河時代の先駆けとなった。時には改修事業の一環として水路を変更する必要があった。その場合には運河と同様の掘削工事を行う必要があったし，運河時代になって広範に普及する閉じこめ式閘門（pound lock）も河川改修時代にすでに使用されていた。

さて著名な経済史家ポール・マントウが「イギリスにおける内陸交通の歴史を詳細に研究すればするほど，それが石炭の歴史と絡み合っているのがわかる」[21]と述べているように，イギリスの運河の多くは石炭を中心とする鉱物の大量輸送を目的として建設された。実際，本格的運河時代の先駆者となったブリッジウォーター運河建設の最大の動機はブリッジウォーター公のワースリー領の炭鉱開発であった[22]。これに先駆けて建設されたアイルランドのニューリー運河（1742年建設）やランカシャーのサンキーブルック運河（1757年開通）も石炭輸送と密接に関連していた。前者はダブリンの商工業者による炭鉱開発の必要性，後者はセント・ヘレンズ炭鉱からリヴァプールへの安価な石炭輸送がその建設動機であった[23]。その後に建設されたイングランドの運河のほとんどが石炭を中心とする鉱物輸送をその建設の主要な動機としていた。例えば，1776年に開通したチェスターフィールド運河は全長46マイルの路線を有し，トレント川の合流点からレッドフォードまでは50～60トンの船が，そしてその上流では20トンの運河船が通行できた。この運河の収入源のほとんどが石炭であり，例えば1789年の収入7万4,000ポンドのうち4万2,000ポンドが石炭輸送から得られた[24]。また，1782年に開通したストラドウォーター運河（グロスターシャー）の場合も，主としてディーンの森や南ウェールズの石炭を毛織物工業のために輸送した[25]。

石炭輸送と不可分の関係にあったのはなにもイングランドの運河ばかりでなかった。本書第3章で考察する南ウェールズの運河もそうであるが，フォース・クライド運河やモンクランド運河をはじめとするスコットランドの運河も例外ではなかった。このうちスコットランド東部のフォース湾と西部へ流れるクライド川を結びつけるために建設されたフォース・クライド運河は，エジンバラやグラスゴーの名士達が中心となって計画され，1767年に議会の許可を得

た。建設にあたって著名な技師,J. スミートンが雇用され,1790年に完成した。この運河の輸送貨物中で石炭が最も重要であったことは,例えば1837年に肥料が3万1,505トン,石材が1万2,799トンであったのに対して,石炭輸送が6万8,236トンにも達していたことからも明らかである[26]。

イギリスの運河にとって石炭を中心とする鉱物輸送がいかに重要であったかは,例えば1758〜1803年に通過した165の運河立法のうち,90が石炭輸送を,そして47が鉄,銅,鉛などの鉱物輸送を主たる輸送目的とするものであったという事実からも知ることができるであろう[27]。

このように,運河は石炭を中心とするバルク・カーゴの安価な大量輸送を可能にし,工業化の原動力となった。だが,その輸送距離は後の鉄道に比べると短く,輸送地域も決して全国的ではなかった。運河が地域の工業化にとくに大きく貢献したのはランカシャー,ミッドランド,スコットランド,そして南ウェールズなど,工業化の主要地域であった。そして,地域的現象としてのイギリスの工業化を強調する経済地理学者ラングトンは,運河が果たす地域統合の役割を強調した。彼は,「運河を基礎とする経済はお互いにいっそう専門化し,差別化され,そして内的に統合されるようになった」[28]と主張した。

運河の地域性はその資金提供においても表れていた。運河金融を詳細に検討したウォードによれば,イギリスの運河のほとんどの建設資金が地域内で調達された。例えばトレント・マージー運河の創業資本13万ポンドのうち,約1万ポンドがロンドンから出資されたに過ぎず,残りのほとんどが地元ランカシャーで調達された。また,フォース・クライド運河の株式も1786年には90％が地元スコットランドで所有されていた。1790年代の「運河狂」(canal mania)時代に投資家階級が幾分地理的に拡大したが,運河投資の地域的性格に変化はなかったのである[29]。またイギリスにおける運河網の拡大にもかかわらず,運河は決して統合された全国的交通システムに発展することはなかった。ターンバルが主張しているように,イギリスの運河網の完成に近い1810年頃になっても,なんら運河の全国的ネットワークは形成されなかったのである[30]。

運河輸送には多くの問題点が存在した。地形や自然環境,天候の影響を受け

やすく,しばしば冬期の凍結や夏期の渇水によって輸送が中断された。また,勾配の急な丘陵地帯を通過する場合には多くの水門が必要であり,必然的に輸送に要する時間は長くなった。結局,鉄道網の拡大によってはじめてこうした問題は解決されることとなったのである。

　最後に触れておかなければならないのは鉄道への連続性の問題である。もちろん運河と鉄道とでは動力エネルギーの面で大きな断絶が存在した。運河が伝統的なエネルギー源である馬力に依存していたのに対して,鉄道は化石エネルギー源,すなわち石炭を動力としていた。また技術面でも大きな違いがあった。鉄道技術の中核をなす機関車の製造は高度な機械工学の応用であり,運河とは無縁のものであったと言えよう。したがって運河建設で活躍した技師と鉄道技師との連続性は少なかったと言えるかも知れない。しかし他方で運河建設に使用された技術の一部は当然鉄道にも利用された。その建設作業はともに多くの不熟練労働者を使用する土木工事である点では共通しており,実際の建設作業に従事したコントラクターやナヴィには連続性があったと思われる。また,鉄道経営と運河経営との間にも連続性が存在した。イギリスの運河会社は,法律で規制されていたこともあって,水路を所有し,その使用者からの通行料を主たる収入源にしており,運河会社自身が運送事業に関与することは特別の場合を除いて禁止されていた。初期の馬車鉄道もこの点で運河の場合と変わらなかった。確かに本格的鉄道時代以前においても,パブリック・キャリアーとしての鉄道も例外的に存在していたが,19世紀半ばになっても,多くの運河と同様,荷主による自己運送を認める鉄道もかなり多く見られたのである[31]。また,会社形態や組織,あるいは企業会計の発展という点でも運河と鉄道には連続性が見られた。鉄道で一般的になる株式会社はすでに運河で広く普及していたし,企業組織の面でも運河で使用されていた組織が鉄道によってさらに洗練され,複雑化していく場合が少なくなかったし,会計技術についても同様のことが言えた[32]。

(2) 鉄　　道

　イギリスの本格的鉄道時代は1830年9月15日におけるリヴァプール・マンチェスター鉄道の開通から始まるが，それ以前に長期にわたる前史が存在したのである。そして初期の鉄道は石炭を中心とする鉱物輸送と密接に関連していた。馬が牽引する木製軌道はすでに17世紀初期にノッティンガムシャーのウラトン (Wollaton) で石炭輸送に使われていたし，17世紀半ばにはタイン川流域の炭鉱地帯で広範に普及していた[33]。18世紀初期にA.ダービーがコークスを利用する製鉄法を発明して以来，シュロップシャーのコールブルックデイル製鉄所を中心として製鉄法の改善が進められ，18世紀後半には鉄がレールに使用されるようになった。その場合，鉄は当初木製レールを被覆し，強化するために使用されていたが，「木材の欠乏と石炭輸送量の増加とが，レイルの素材を次第に木材から鉄に転換させる機運を熟成し」[34]ていったのである。

　牽引力としての馬から蒸気力への移行も鉱山開発と密接に関連していた。鉄道の父，ジョージ・スティーブンソンが少年時代に炭鉱労働に従事し，その経験から安全ランプを発明したり，機関車の改良に取り組んでいったことは有名な話であるが，初期の機関車の実験を行った人々の多くは炭鉱をはじめとする鉱山の輸送改善のために努力していた。そうした事例としてはヨークシャー，ミドルトン炭鉱のジョン・ブレンキンソップ (John Blenkinsop)，北東イングランド，ワイラム炭鉱のウィリアム・ヘドレイ (William Hedley)，そしてコーンウォールのスズ鉱山や南ウェールズで活躍したリチャード・トレヴィシック (Richard Trevithick) をあげることができる。また，1825年に開通し，スティーブンソンの蒸気機関車が初めて使用されたストックトン・ダーリントン鉄道も，石炭輸送と密接に関係していたことは周知のとおりである[35]。

　このように初期の鉄道は炭鉱業と密接に関連していたが，本格的鉄道時代を迎えると，鉄道は資本市場，建設にかかわる関連産業，そして輸送の発展を通じて人々の生活に根本的変化を引き起こした。以下本論の主要テーマから多少逸脱するが，これらの点について若干触れておこう。

鉄道の建設費用は他の産業と比べると一般に多額であったため，ほとんどの鉄道が株式会社形態で設立された。イギリスの国民所得に占める鉄道投資の割合は1830年代後半にはわずか2％であったのが，ピーク時の1847年には6.7％に達している[36]。もちろんイギリスの鉄道建設は常に右肩上がりの直線で進行していったわけではなく，そこには大きな変動が見られた。その第1のピークは1835年から40年頃までの時期であり，第2のピークは1845～47年頃，そして第3のピークは1860年代前半に訪れた。

　また，鉄道投資は一般的に景気循環を相殺する効果をもっていた。鉄道会社は好況時に発起されるのが一般的であるが，会社の発起と実際の建設作業の間には時間的ラグがあり，景気のピークを過ぎても建設が完了しないことがよくあった。その場合，不況期になっても資金需要が継続し，景気の下降が緩和されたのである[37]。もっともこうした議論が妥当するのは1840年代までであり，50年代以後になるとそうした効果は減衰していったのである。

　鉄道投資はまた投資家階級を拡大した。従来のコンソル公債に代わって鉄道株がロンドン株式取引所での取引の中心となり，鉄道株を扱うために，地方都市にも株式取引所が設立された。すなわち，1836年にはリヴァプールとマンチェスター，1844～45年にはリーズ，グラスゴー，エジンバラにも取引所が設立された。それとともに投資階級は地理的にも階層的にも拡大していった[38]。また鉄道投資は会社法の改正にも大きな影響を与えたのである[39]。

　最後に，鉄道の貢献について考察しよう。言うまでもなく鉄道は単に経済面だけでなく，人々の生活習慣や社会生活，宗教，文化生活などに広範な影響を与えた。経済的側面についてみると，周知のように，アメリカの経済史家フォーゲルやフィシュロウをはじめとする，ニュー・エコノミック・ヒストリーの方法は，経済史研究に大きな波紋を投げかけたが，その際に大きな焦点となったのが，鉄道がもたらした社会的節約の測定であった。そしてイギリスでもホーク（G. R. Hawke）によってこの方法が取り入れられ，この国の鉄道史研究にも大きな影響を呼び起こした[40]。

　ここでは鉄道建設がもたらした産業連関効果について簡単に触れておこう。

一般に鉄道はその建設に投入されたインプットの生産に関係した多くの産業に大きなインパクトを与えたし（後方連関効果），また建設が完成した後には，輸送サーヴィスの提供，すなわちアウトプットの産出を通じて経済に影響を与えた（前方連関効果）。

まず後方連関効果であるが，鉄道建設に必要な資材産業は製鉄業，炭鉱業，機械工業，木材やレンガ産業など多様であったが，中でも最も大きな影響を受けたのが製鉄業であった。しかし，その影響の程度については論者によって評価が分かれる。例えばホークの主張によれば，鉄道は製鉄業の発展やその技術進歩にさほど大きな影響を与えず，製鉄業発展に決定的影響を与えたのはニールソンによる熱風炉の発明や輸出ブームであったという。また，ミッチェルは1844～51年の鉄道建設ピーク期に連合王国で生産された銑鉄のうちの約18%がレールの生産に使用されたが，その後ブームが終息したことによって，鉄の生産に占める鉄道需要の割合は1852～69年には8.2%に低下したと主張した。これらの主張に対して，ゴーヴィッシュは，従来の研究のほとんどが鉄道用レール需要のみを考慮に入れているに過ぎず，機関車や貨車などの製造のために使用された鉄の量を加えていないと反論している。さらにミッチェルの研究は外国の鉄道からの需要を除外しており，それを含めると，1844～51年のピーク時において，連合王国における鉄の生産の3分の1以上が鉄道用であり，1852～69年においても，その割合は25%に達したであろうと述べている。しかも，彼はこうした数量的貢献だけでなく，鉄道からの鉄の大量需要が，熱風炉の発明など製鉄業の技術発展を促進した点も無視すべきではないと主張している[41]。また地方による差異も考慮すべきである。とくに，鉄道が南ウェールズの製鉄業に与えた影響が全国平均よりも大きかったことは一般に認められているが，その影響の程度については見解の相違が見られる。すなわち，ホークは最盛期の1844～51年でさえ，南ウェールズで生産された鋳鉄のうちの10.6%～14.8%がイングランドとウェールズの鉄道用レール生産に向けられていたに過ぎず，それ以外の時期，例えば1835～43年には4.1～6.2%，1852～59年には5.5%～6.9%に過ぎなかったと評価している。これに対してアトキンソンとベイバー

によると，ホークの計算はイングランドとウェールズの鉄道向けのレール生産のみに限定されており，輸出用レールを無視している。1840年代後半には総生産の50％以上が輸出向けであったことに鑑みると，ホークの評価は著しい過小評価であると批判している[42]。

鉄道建設は製鉄業ばかりでなく，炭鉱業，機械工業，煉瓦工業，木材産業など多くの産業に影響を与えた。ゴーヴィッシュの計算によると，1855～69年に連合王国全体の石炭生産の約3％が鉄道からの直接需要であったが，それに加えて鉄を材料とする多くの鉄道施設の生産に石炭が使用され，その割合はピーク時の1844～51年には5％に達した。また鉄道が新しい機械工業の1部門を作りだしたばかりでなく，ピーク時には機械製品の注文全体の20％が鉄道用であった[43]。鉄道建設が労働市場に与えた影響も大きく，例えば，1845～49年に年平均17万2,000人が鉄道建設に従事しており，とくに1847年5月には25万7,000人（男子労働者の4％）に達したのである。これらの労働者はナヴィとよばれ，近隣地方の農村やスコットランド，アイルランド人が雇用されていたのである[44]。鉄道はまた多くの専門家にも雇用機会を提供した。土木技師，会計士，法律家などがそれである。1840年代のはじめにイギリスでは3,000人もの土木技師が鉄道建設の仕事をし，彼らの訓練場を提供していた。鉄道はまた会計士にも雇用の機会を提供し，会計学の発展にも寄与した。というのは半年毎に開催される株主総会で詳細な会計報告を行うことが要請されたからである[45]。

他方，開通した鉄道は，迅速で安価なサーヴィスを提供することによって経済社会の発展に貢献した。実際，表1-1で示されているように，貨客両方とも顕著な輸送の増加が見られ，1842～50年の8年間に輸送された旅客数は3倍に，貨物トン数は7倍に増加した。1850年代，60年代にもそれぞれ約2倍の増加が見られた。総収入の増加は数量の増加に比べると少なかったが，それでも1842～50年にかけて旅客収入は2倍に，貨物収入は4倍に増加し，1850年代には70～150％，60年代には45～75％増加した。

鉄道は既存の交通機関である運河や馬車輸送よりも安価で迅速な輸送サーヴ

ィスを提供することによって，これらの交通機関に激しい競争を展開し，徐々に顧客を奪い取っていったのである。また鉄道網の拡張につれて鉄道会社間の競争も激化し，表で示されているように，

表1-1 イギリスの鉄道輸送実績
(単位：百万人，百万トン，百万ポンド)

年	旅客数	旅客収入	貨物トン数	貨物収入	総収入
1842	24.7	3.1(64.6)	5.0-6.0	1.7(35.4)	4.8
1850	72.9	6.8(51.5)	38.0	6.4(48.5)	13.2
1860	163.4	11.6(41.3)	89.9	16.2(58.7)	27.8
1870	336.5	17.0(37.7)	169.4	28.1(62.3)	45.1

(出所) Gourvish, T. R., 'Railways 1830-70: the formative years', In Freeman, M. J. & Aldcroft D. H. (eds.), *Transport in Victorian Britain*, Manchester U. P. (1988) p. 74.
(注) 括弧内の数値は収入全体に占める割合（％）。

1845年以降になると，輸送全体に占める貨物輸送の重要性が増加した。旅客輸送の内容にも大きな変化が見られた。初期には高い運賃が得られる1等旅客が中心で，3等旅客は1845～46年には全体の20％に過ぎなかったが，1875年には61％に上昇した[46]。

(3) 港　　湾

日本と異なり潮の干満差が大きいイギリスでは，船舶が大型化するにつれて，潮の干満差の影響を受ける埠頭に代わって，船舶を収容して荷役を行うためのドック（ウェット・ドック）を建設する必要が生じてきた[47]。工業化の進展に伴う貿易の飛躍的拡大や，鉄道網の拡張に伴う陸上輸送の革命的変化，そして海運業におけるエネルギー革命は，港湾の発展にも大きなインパクトを与えずにはおかなかった。イギリスの多くの港において，閘門を備えたドックを建設し，その中で荷役作業を行うようになるのは，各港によってかなりの相違があるものの，ほぼ18世紀後半から19世紀初期にかけてであった。また港湾建設の担い手も港によって様々であった。商人を中心に設立されたドック会社が建設主体となるものが多かったが，場合によっては地方自治体，ないしは地方自治体と地方の有力者を中心とするポート・オーソリティーの形態をとる場合もあり，また時によっては運河会社や鉄道会社，そして時には個人が建設主体になる場合もみられた。

ここでは18世紀後半から第1次世界大戦にかけての港湾発展を次の3つの局

面に分けて考察しよう[48]。すなわちその第1局面は18世紀後半〜1840年頃までで，工業化の進展に伴う貿易の増加に対応して，比較的シンプルなドックが建設された時代である。第2局面は1840〜70年代で，陸上輸送における鉄道，そして海上輸送における蒸気船の発展に対応できる港が建設された時代である。そして第3局面は1870年代から第1次世界大戦にかけての時期で，石炭輸出の大幅な増加や船舶の大型化に対応する深くて大型のドックが建設された時代である。

①第1局面（18世紀後半〜1840年頃）

さて，イギリスでの最初のウェット・ドックはロンドンにおけるハウランド・ドック（Howland Dock，1697〜1700年建設）と言われている[49]。これは閘門を使用することにより，船を収容したことに意義があったが，専ら係船用に使用された。荷役作業や通関手続きを行う「コマーシャル・ドック」はリヴァプールではじめて設立された。アイルランドやアメリカとの貿易の成長により，港湾施設改善への要求は他の港よりも大きかったのである。18世紀になってリヴァプール市当局は議会メンバーに対してドック建設を委託し，紆余曲折の末，トマス・ステアーズ（Thomas Steers）の指揮のもとで，1715年に4エーカーの「オールド・ドック」が開設された[50]。その後，貿易成長に伴ってドック・システムも拡張された。とくに，アメリカ独立戦争後，1788年にキングズ・ドック（7エーカー）やクイーンズ・ドック（6.5エーカー）が完成した。

他方，ロンドンでは古くからレーガル・キー（Legal Quay）と呼ばれる公認の波止場で荷役作業が行われてきたが，18世紀後半の貿易増加につれて，商人による波止場施設拡張への要求が高まってきた[51]。港への出入り船舶の増加，倉庫の乱立，渋滞によるコストの上昇，リバー・パイレーツ，ナイト・プランダー，泥ひばりなどによる様々な犯罪が横行したことがドック建設の大きな動機となった。とりわけ大きな被害を受けたのが西インド貿易商人であり，彼らは1799年に西インド・ドック会社を設立し，ウィリアム・ジェソップを技師に

雇用した。それより少し遅れて北アメリカやヨーロッパとの貿易に関与する商人もロンドン・ドック会社を設立し（1800年），ジョン・レニーを技師に雇用した。前者は1802年に，そして後者は1805年に開設された[52]。これらのドックはまるで監獄のような高い壁によって部外者の侵入を防止していた。高価な商品のみがそれらのドック内で荷役された。砂糖などは西インド・ドックで，タバコ，ワイン，ブランデーはロンドン・ドックで荷役された。また1803年に東インド会社船専用として東インド・ドック会社が，1810年にはコマーシャル・ドック会社，その翌年にはイースト・カントリー・ドック会社が設立された。

また，この時期には運河の開設とともに多くの港が発展した。それらの港の中にはリヴァプールやマンチェスター，セルビーのように，以前から存在し，運河開設によって新たな発展機会を与えられた港もあったが[53]，中には運河の開通とともに新しく生まれた港もあった。例えばバグズワース（Bugsworth）はピーク・フォレスト運河（Peak Forest Canal）の終点に設立され，トラムロードと連絡された。グラスゴーのポート・ダンダス（Port Dundas）はフォース・クライド運河とモンクランド運河の連絡点として発展した。陶器の町エトルリアはウェッジウッドが主導者となって設立されたトレント・マージー運河沿いに発展した[54]。これらの多くは比較的小さな村に過ぎなかったが，中には大きな町に発展するものもあった。ブリッジウォーター運河の終点に発展したランコーン，スタッフォードシャー＆ウスターシャー運河会社によって設立されたストゥアポート，エレスメア運河によって設立されたエレスメア・ポートなどはその重要な事例である[55]。

②第2局面（1840～70年代）

海陸の交通におけるエネルギー革命は新たなドック（第2世代ドック）建設の動機となった。蒸気船は1810年代には主として河川航行に使用されていたが，やがて沿岸航海にも進出した。しかも初期の蒸気船は外輪船（paddle steamer）であったので，外輪の収容ケース（paddle box）が必要であった。このため，

トン数が同じでも船腹の幅はかなり広くなり，より幅の広い閘門を備えたドックが必要となった。また鉄道時代の開始により，迅速で大量の輸送が可能となった。かくして，蒸気船が入渠でき，しかも周りに鉄道の側線を有し，貨車から直接荷役できる施設を備えた新ドックの建設が必要となった[56]。

　この点で最も進んでいたのはリヴァプールであった。ランカシャーを中心とする工業化の進展につれて，リヴァプールの貿易は1820年代以後の10年間に約2倍に増加した。そこで，著名な土木技師ジェス・ハートリー（Jesse Hartley）の指揮のもとで，一連のドック建設が開始された[57]。その端緒を切ったクラレンス・ドック（Clarence Dock: 1832年）は蒸気船を収容するために建設された最初のドックであった。それに続いてウォータールー，ヴィクトリア，トラファルガーなどのドックが建設され，さらに1840年代から50年代にかけてアルバート，ネルソン，ウェリントン，ハスキッソン，カナダなど10以上のドックが建設された。ここで興味深いのはこの間にドック入口の閘門の幅が倍以上に拡張されたことであった。初期には約45フィートであったが，ネルソン・ドックでは60フィート，1859年に建設されたカナダ・ドックでは100フィートに達していた[58]。これは言うまでもなく，蒸気船の大型化に対応していた。

　他方，お互いに競争関係にある民間会社によってドック建設が行われていたロンドンでは，既存のドック会社による反対や金融トラブルなどにより，交通エネルギー革命に対処できる近代的ドックの建設はリヴァプールに遅れをとった。新時代への対応は2人の著名な鉄道建設請負業者ブラッシーとピートーの指導の下で，1855年に開設されたヴィクトリア・ドック（Victoria Dock）まで待たねばならなかった。これは100エーカー近いスペースを持ち，鉄道と連絡され，しかも電信設備を備え，閘門開閉での水圧力の利用など，最新の設備を備えた当時最大のドックであった[59]。もっとも，テムズ河岸の波止場での荷役が行われなくなったわけではなく，ドック建設にもかかわらず，河岸での荷役は繁栄した。とくに石炭貿易や近海ヨーロッパ，沿岸貿易船は河岸の波止場を利用していた。低費用のおかげで，19世紀末になっても，なお入港船の約半分は河岸で荷役していた。

また19世紀半ばには，イギリス各地で鉄道会社を主体とするドックが数多く建設され，「パケット・ポート」(packet port) と呼ばれる定期旅客船用の港も発展した。1825年に営業を開始したストックトン・ダーリントン鉄道が建設したポート・ストックトン，同じくライバルの鉄道会社によるポート・クラレンスやハートルプールのドック，ノース・イースタン鉄道によるタイン河口でのジャロー・ドック（1859年），サンダーランドにおけるハドソン・ドック（1850年，55年），ヘンドン・ドック（1868年）などがそれにあたる。またイングランド西部ではファーニス鉄道会社によるバローの建設が有名であった[60]。

他方，パケット・ポートとしてはドーバー，フォークストン，ホリーヘッドが有名であるが，とりわけ大西洋横断の貿易や移民の増加とともに発展したのがサザンプトンであった。1840年におけるロンドン＆サザンプトン鉄道 (London & Southampton Railway，後の London & South Western Railway) の開通や，政府の定期郵便基地のファルマスからサザンプトンへの移転がこの港の発展に有利に作用した。ロンドンからの支援を得て，サザンプトン・ドック会社（the Southampton Dock Co.）が形成され，1842年にはアウター・ドック (Outer Dock) が開設されると，P&Oやロイヤル・メイル・ラインなどのイギリスの定期船会社ばかりでなく，ドイツやアメリカの海運会社もここを基地に使用したので，1851年にはさらにインナー・ドックが開設された[61]。

③第3局面（1870年代～第1次世界大戦）

1873年の恐慌以後の約20年間は「大不況期」と呼ばれ，資本主義経済の構造的変革期であった。経済成長率の鈍化，物価下落，カルテルやトラストの形成，企業合併，労働組合運動，社会主義運動，保護貿易運動，などがこの時期の大きな特徴であり，アメリカやドイツの工業化の進展や競争力の強化と対照的に，イギリス経済の相対的地位が低下する時代でもあった。この時期のイギリスの貿易に見られた大きな特徴は，石炭や穀物といった安価でバルキーな商品が急増したことであった。イギリスの石炭輸出は，1860～64年に年平均780万トンであったが，1910～13年には6,610万トンに増加した。石炭ばかりでなく，穀

物，酪農品，砂糖，羊毛，木材のような貨物の輸入も大きく増加した(62)。

こうした石炭輸出をはじめとするバルク貿易の飛躍的発展は，港湾の相対的地位にも影響を与えずにはおかなかった。最も急速に発展したのは，言うまでもなくカーディフ，ニューポート，スウォンジー，ポート・ターボットなどの南ウェールズ諸港や，ニューカッスル，サンダーランド，ハートルプールなど北東イングランドの石炭輸出港であった。また，これらの港と並んで，フォークストン，ハリッチ，ドーバーのようなパケット・ポートの出入港トン数も平均以上に増加した。これに対して，ロンドンやリヴァプールといった主要港の相対的地位は低下し，輸出トン数でみるとロンドンの割合は1870〜74年から1910〜14年の間に18.6％から14.9％に低下し，同時期にリヴァプールの割合は18.6％から13.4％に低下した。この時期に輸出トン数ではカーディフがロンドンを抜いて1位になったほどであった(63)。

また，後述する海運業との関係で，船舶の大型化が進行し，1870年における外国貿易船の平均サイズが800トンあまりであったのが，1913年には2,500トンに達していた(64)。こうしたバルク貿易の発展と船舶の大型化により，ますます水深が深くて大きなスペースを持つドックが必要になった。そのさい，港によって対応の仕方には大きな差異があった。The Mersey Dock & Harbour Board が全てのドックを管理するリヴァプールの場合，大型ドックの建設に必要な資金の調達は比較的容易であった(65)。それに対して，お互いにライバル関係にある民間会社がドックを所有するロンドン港の場合，大型ドック建設に伴う多額の出費と収入の伸び悩みにより，共倒れの危険性が生じ，最終的には1909年に創設された The Port of London Authority が民間ドック会社に肩代わりすることによって，ようやく問題は解決されたのである(66)。他方，この時期に最大の発展を示したカーディフの場合，本書第5章で詳述するように，炭鉱業者が中心となってカーディフ近郊のバリーに石炭貿易に専門化した大型ドックが建設されることとなった。

第1章　エネルギー革命と輸送の発展　19

表1-2　主要海運国の商船トン数

(単位：1万ネットトン)

年	連合王国		ドイツ		ノルウェー		合衆国		日本	
	帆船	汽船	帆船	汽船	帆船	汽船	帆船	汽船	帆船	汽船
1850	340	17	—	—	30	—	154	4	—	—
1860	420	45	—	—	56	—	245	10	—	—
1870	458	111	90	8	101	1	132	19	—	—
1880	385	272	97	22	146	6	121	15	4	—
1890	294	504	71	72	150	20	75	20	5	9
1900	210	721	59	135	100	51	49	34	32	54
1910	111	1,044	51	240	63	90	23	56	41	123

(出所)　Kirkaldy, A. W., *British Shipping*, London (1914) App. 17. なお、合衆国の数値は外国航路に従事する船舶のみで、五大湖の輸送に従事する船舶は除外されている。

(4) 海　運

　海運業におけるエネルギー革命は、鉄道に比べて長期間にわたり、木造帆船から鉄製蒸気船への移行にはほとんど1世紀を要した。表1-2で示されているように、イギリス海運業全体でみると、帆船から蒸気船への移行は19世紀前半ではなく、後半に生じたことが明らかになる。当時の世界最大の海運国はイギリスであったが、1860年頃までの帆船分野における革新の中心は、イギリスよりもむしろアメリカであった。帆船技術の分野では、スクーナー型帆船やクリッパー船の発展はアメリカ造船業者によって行われたし(67)、また大西洋航路における世界最初の定期船会社、ブラック・ボールラインに見られるように、海運業の組織面でもアメリカが世界をリードしていた(68)。しかし、アメリカ海運業は南北戦争を境にして衰退していった。

　船舶の推進手段としての帆から蒸気力へ、また造船材料としての木材から鉄や鋼への移行は、決して一朝一夕で終了したわけではなく、約1世紀にも及ぶ長期過程であった。この過程でイギリス海運・造船業が圧倒的優位を確立していった。蒸気船はまず最初に河川航行から沿岸輸送、次いで遠洋航海へと進出していった。1807年にフルトンのクラモント号がニューヨーク・オルバニー間の旅客輸送に成功して以後、1810〜20年代にアメリカやイギリスの河川輸送で蒸気船が急速に普及していった。やがて蒸気船はグラスゴー・ベルファスト間

の輸送を先駆として，沿岸航路にも進出していった。

　1830年代になると，遠洋航路にも蒸気船の実験が行われるようになり，1838年にはシリウス号とグレート・ウェスタン号が大西洋横断に成功した。この時期にはキュナード・ライン，P&O，ロイヤル・メイルをはじめとして，相次いで遠洋航路の蒸気船会社が設立された。しかし，当時の蒸気船が主として輸送したのは郵便や一部の旅客，そして高級貨物に限られており，しかも成功した蒸気船会社の多くは郵便運送契約の形態で政府の補助金を受けていたのである。当時の貨物や移民の大半は帆船によって輸送されていた。実際，ヨーロッパにおける工業化の開始と工業化初期の貧困，新大陸での豊かな生活に魅了されて，大量のヨーロッパ人が大西洋を渡ったが，その多くは帆船を利用していたのである。中でも悲惨だったのは1845年に始まるアイルランド馬鈴薯飢饉に伴う大量移民で，小型の木材運搬船にすし詰め状態で大洋を渡り，途中で多くの病死者を出したので，棺船（coffin ship）と呼ばれた[69]。その意味で，1850年にリヴァプールの企業家，ウィリアム・インマンが設立した汽船会社は，鉄製スクリュー船による補助金なしでの遠洋蒸気船会社という海運経営面で見ても，また蒸気船による移民輸送の開始という面からみても，画期的な出来事であった[70]。同社はしばらく大西洋横断移民輸送をほとんど独占していたが，南北戦争後の移民ブームとともに，ホワイト・スター・ラインやナショナル・ラインをはじめとして多くのライバルが出現し，老舗のキュナード社も移民輸送に乗りだし，競争は激化した[71]。

　さて，蒸気船が遠洋貨物輸送に進出し，世界の海上輸送で帆船に取って代わるのは1870～80年代においてであった。当時の蒸気船における最大の欠陥は燃費効率の悪さにあり，大量の石炭を消費したために，載貨スペースはほとんど犠牲にされたうえ，運賃も極端に高価であった。こうした問題への一つの解答はブルネルによって提出された。オーストラリア・ゴールドラッシュに伴う移民ブームに乗って建造されたグレート・イースタン号は，当時としては破格の2万トン近い巨船であったが，進水までの巨額の費用，それに伴う会社の破産，そして移民ブームの終焉などによって，経済的には成功せず，大西洋の海底電

線の敷設に活躍した(72)。結局，舶用機関の改良によって，この問題は解決された。ジョン・エルダーによって発明されたコンパウンド・エンジンはリヴァプールの海運業者，A. ホルトが実用化し，中国航路に就航したブルー・ファネル・ラインの船に装備された。また，1869年におけるスエズ運河の開通は，ヨーロッパ＝東洋間の航路の短縮，良好な給炭基地の利用などによって，蒸気船に有利にはたらき，快速帆船クリッパー船時代終焉のきっかけとなった(73)。もちろん，その後も帆船は，オーストラリアからヨーロッパへの羊毛や，南米からのグアノなどの輸送で活躍していたが，蒸気船のいっそうの技術革新，すなわち三段，四段膨張機関や蒸気タービンの発明などにより，帆船の衰運は決定的となったのである。

注
（１） 角山栄「エネルギー革命と経済発展」『季刊現代経済』第20巻（1975年）；同「エネルギーと経済発展」『エネルギー史研究ノート』No. 8.（1977）; E. A. リグリィ／近藤正臣訳『エネルギーと産業革命』同文舘（1991）参照。
（２） Mitchell, B. R., *British Historical Statistics,* Cambridge University Press (1988) p. 7.
（３） R. ウィルキンソン／斉藤修・安元稔・西川俊作訳『経済発展の生態学』筑摩書房（1975）148ページ。
（４） 中村進『工業社会の史的展開』晃洋書房（1987）75-76ページ。
（５） Neff, J. U., *The Rise of the British Coal Industry,* London (1932) vol. 1, p. 20.
（６） *Ibid.,* chap. 2; 中村，前掲書87ページ。
（７） アシュトンによれば，木材不足により製鉄業はウェールズのような遠隔地域に移っていったという。 Ashton, T. S., *Iron and Steel in the Industrial Revolution,* Manchester University Press (1924) pp. 13-14, pp. 15-18.
（８） Flinn, M. W., 'The Growth of the British Iron Industry, 1660-1760', *Economic History Review,* 2nd Ser. Vol. 2 (1958); Hammersley, G., 'The Charcoal Iron Industry and Its Fuel, 1540-1750', *Economic History Review,* 2nd Ser. Vol. 26 (1973). また反批判としては Thomas, B., 'Was There an Energy Crisis in Great Britain in the 17th Century', *Explorations in Economic History,* Vol. 23 (1986) がある。
（９） J. R. ハリス／武内達子訳『イギリスの製鉄業』早稲田大学出版局（1998）33-35ページ参照。
（10） Ashton, *op. cit.,* pp. 10-12; P. マントウ／徳増栄太郎・井上幸治・遠藤輝明訳

『産業革命』東洋経済新報社（1964）383-393ページ参照。
(11)　バリー・トリンダー／山本通訳『産業革命のアルケオロジー』新評論（1986）。
(12)　Ashton, *op. cit.,* p. 33-35.
(13)　J. R. ハリス／武内達子訳，前掲訳書45ページ。銑鉄総生産高に占めるコークス銑鉄の比率は1750年にはわずか5％であったが，1775年頃には55％，1791年には90％に達した。両角成広「産業革命期イギリス製鉄業の経営構造」『経営史学』第26巻第1号（1991）。
(14)　Ince, L., *The South Wales Iron Industry 1750-1885,* Ferric Publications (1993) p. 171.
(15)　アルビン・トフラー／徳山二郎監修，鈴木健次・桜井元雄他訳『第三の波』日本放送出版協会（1980）参照。
(16)　もっとも運河が嵩高貨物輸送において重要な役割を演じたのはイギリスだけではなく，アメリカやカナダでも同様であった。この点についての詳細は加勢田博『北米運河史研究』関西大学出版部（1993）参照。
(17)　Bagwell, P. S., *The Transport Revolution from 1770,* B. T. Batsford (1974) p. 13.
(18)　Chartres, J. A. & Turnbull, G. L., 'Road Transport', in Aldcroft, D. H. & Freeman, M. (eds.), *Transport in The Industrial Revolution,* Manchester University Press (1983) pp. 81-82参照。
(19)　Bagwell, P. S., *op. cit.,* p. 15; Stephens, W. B., 'The Exeter Lighter Canal, 1566-1698', *Journal of Transport History,* vol. 3 (1957).
(20)　Porteous, J. D., *Canal Ports: The Urban Achievement of the Canal Age,* Academic Press (1977) p. 10; Willan, T. S., *River Navigation in England 1600-1750,* Cass (1936). またテムズ川の輸送については H. I. H. Prince Naruhito, *The Themes as Highway,* Oxford University Press (1989) 参照。
(21)　P. マントウ，前掲訳書，150ページ。
(22)　ブリッジウォーター運河については Malet H., *Bridgewater, The Canal Duke 1736-1803,* Manchester U. P. (1977); 小松芳喬「ブリッジウォーター運河建設前史」『早稲田政治経済学雑誌』第200号をはじめとする同氏の一連の論文；加勢田博「新交通体系の創始者」荒井政治・内田星美・鳥羽欽一郎編『産業革命を生きた人びと』有斐閣（1981）所収，などを参照。
(23)　Barker, T. C., & Harris, J. R., *A Merseyside Town in the Industrial Revolution St. Herens 1750-1900,* Frank Cass (1954) Chap. 3.
(24)　Priestry, J., *Historical Account of the Navigable Rivers, Canals and Railways throughout Great Britain.* (First ed. 1831 rep. 1967) pp. 160-163.
(25)　Flinn, M. W., *The History of the British Coal Industry vol. 2, 1700-1830. The Industrial Revolution,* Oxford U. P. (1984) p. 184.

(26) 小林照夫『スコットランド産業革命の展開』八千代出版 (1981) 第3章参照。
(27) Porteous, *op. cit.*, p. 16; Dyos, H. J. & Aldcroft, D. H., *British Transport*, Perican Books (1974) p. 111.
(28) Langton, J., 'The Industrial Revolution and the Regional Geography of England', *Transactions of the Institute of British Geographers*, No. 9 (1984) pp. 146-147. また産業革命と運河と地域経済をめぐる論争については, Crompton, G. W., 'Canals and the Industrial Revolution', *Journal of Transport History*, Third series, Vol. 14 (1993); 道重一郎「イギリス産業革命期における地域経済と交通」東洋大学『経済論集』第22巻第1号 (1996) 参照。
(29) Ward, J. R., *The Finance of Canal Building in the Eighteenth Century England*, Oxford U. P. (1974); 湯沢威「18世紀イギリスの有料道路・河川・運河経営」福島大学『商学論集』第45巻第1号 (1976); 稲富信博「イギリス運河会社経営の特徴」『修道商学』第24巻第2号 (1983) などを参照。
(30) Turnbull, G., 'Canals coal and regional growth', *Economic History Review*, vol. 40 (1987).
(31) この点については湯沢威『イギリス鉄道経営史』日本経済評論社 (1988) 156ページ参照。
(32) 中村萬次『英米鉄道会計史研究』同文舘 (1991) 参照。
(33) Flinn M. W., *op. cit.*, chap. 5.
(34) 小松芳喬『鉄道の生誕とイギリスの経済』清明会 (1984) 50ページ。
(35) 例えば, 1826年7月1日〜1827年6月末までの1年間における同社の総収入の80%近くが石炭輸送から得られた。小松, 前掲書, 155ページ。
(36) Gourvish, T. R., 'Railways 1830-70: the formative years', in Freeman, M. J. & Aldcroft, D. H. (eds.), *Transport in Victorian Britain*, Manchester U. P. (1988) pp. 57-58.
(37) *Ibid.*, p. 64.
(38) *Ibid.*, p. 66.
(39) この点についての詳細は荒井政治『イギリス近代企業成立史』東洋経済新報社 (1963) とくに第4章参照。
(40) この論争の経過については Ville, S. P., *Transport and the Development of the European Economy 1750-1918*, Macmillan (1990) pp. 166-171 参照。
(41) Gourvish, 'Railways 1830-70: the formative years', pp. 67-68.
(42) Atkinson, M. & Baber, C., *The Growth and Decline of The South Wales Iron Industry 1760-1880*, University of Wales Press (1987) pp. 71-72.
(43) Gourvish, 'Railways 1830-70: the formative years', p. 69.
(44) *Ibid.*, p. 70.

(45) *Ibid.*, pp. 69-72.
(46) *Ibid.*, p. 73.
(47) イギリス主要港の大潮時の干満差は，例えばロンドンでは約7m，リヴァプールで8m，ハルでは7m，カーディフでは約10m，ブリストルでは12mに達した。Gaudie, A. S. & Brunsden, D., *The Environment of the British Isles: An Atlas*, Clarendon Press, Oxford (1994) p. 154; Bird, J., *The Major Seaport of the United Kingdom*, Hutchinson of London (1963) p. 25.
(48) Jackson, G., *The History and Archaeology of Ports*, World's Work Ltd. (1983); do., 'The Ports' in Freeman, M. J. & Aldcroft, D. H., *op. cit.*, pp. 218-252.
(49) *Ibid.*, p. 44.
(50) *Ibid.*, p. 47.
(51) ロンドンのドック建設については，Owen, D. J., *The Port of London, Yesterday and Today*, The Port London Authority (1927) をはじめ，多くの文献が存在する。また，邦語文献としては高見玄一郎『港の世界史』朝日新聞社 (1989) 第Ⅶ章；ガヴィン・ウェイトマン，植松靖夫（訳）『テムズ河物語』東洋書林 (1996) 第2章参照。
(52) *Ibid.*, pp. 56-58.
(53) Porteous, J. D., *op. cit.*, pp. 29-30.
(54) *Ibid.*, pp. 41-43.
(55) *Ibid.*, Chapter 4-7.
(56) Jackson, 'The Port', pp. 222-226.
(57) Marriner S., *The Economic and Social Development of Merseyside*, Croom Helm (1982) pp. 30-33.
(58) Jackson, *The History and Archaeology of Ports*, pp. 77-78.
(59) Jackson, 'The Port', p. 227; Do., *The History and Archaeology of Ports*, pp. 80-81.
(60) Jackson, 'The Port', pp. 229-232.
(61) Jackson, *The History and Archaeology of Ports*, pp. 92-96.
(62) *Ibid.*, p. 114.
(63) *Ibid.*, pp. 116-119.
(64) *Ibid.*, p. 115.
(65) *Ibid.*, pp. 120-121.
(66) *Ibid.*, pp. 122-125.
(67) 杉浦昭典『蒸気船の世紀』NTT出版 (1999) 第4章；同，『大帆船時代』中公新書 (1979) 参照。
(68) 豊原治郎『アメリカ海運通商史研究』未来社 (1967) 第1章参照。
(69) Greenhill, B., *The Great Migration Crossing the Atlantic under Sail*, National Mari-

time Museum (1968) 参照。
(70) 拙稿「イギリス近代海運企業設立者の諸類型」関西大学『経済論集』第27巻第6号 (1978)。
(71) Lindsay, W. S., *History of Merchant Shipping and Ancient Commerce*, vol. 4 (1876) p. 257.
(72) 杉浦昭典『蒸気船の世紀』第6章；富田昌宏「航洋蒸気船建造におけるI. K. ブルネル」,『国民経済雑誌』第17巻第6号 (1983) 参照。
(73) Harley, C. K., 'The Shift from Sailing Ships to Steam-Ships, 1850-85', in McClosky, D. N. (ed.), *Essays on a Mature Economy: Britain after 1840*, Prinston University Press (1971); 拙稿「イギリス不定期蒸気船業の発展」関西大学大学院『千里山経済学』第15号 (1982) 参照。

第2章　南ウェールズ経済の盛衰──概論──

I　はじめに

　前章で見てきたように，19世紀のイギリスの交通発展は自然や動物の力から化石エネルギー，とりわけ石炭へのエネルギー転換と密接に関係していた。実際，イギリス工業化の主導部門となった木綿，毛織物などの繊維産業，製鉄業，機械工業，造船業，製陶業などの産業はいずれも炭鉱地帯に立地し，発展した。中でも19世紀を通じて最大の輸出産業であった木綿工業はランカシャーやスコットランドの炭田地帯に立地した。他方，近世イギリスの中心産業であった毛織物工業は，当初は広く全国的に分散していたが，19世紀になるとますますヨークシャー炭田の北部，ウェストライディング地方に集中するようになった。同様に木造帆船時代に全国的に分散していた造船業も，鉄製蒸気船時代になるとクライドサイドや北東イングランドに集中するようになった。18世紀後半から20世紀初期にかけてのイギリスは「世界の工場」として未曾有の繁栄を謳歌したのであるが，その繁栄のコーナーストーンとなったのが，他ならぬ石炭であった。本書の研究対象である南ウェールズもその発展基盤を鉄と石炭においていたのである。

　しかし石炭を基盤とする「パックス・ブリタニカ」の時代は決して永遠には続かなかった。1873年以後のいわゆる「大不況期」に入ると，鉄鋼，化学，機械，電機などの新興産業を中心にドイツやアメリカがイギリスに対する強力な

ライバルとして現れ，新たなエネルギー源として石油が登場してきた。石油の用途は最初灯油や潤滑油など比較的狭く限定されていたが，19世紀末から20世紀にかけて，自動車や航空機，船舶，あるいは工業用エネルギー源としてますますその用途が拡大していった。イギリスでもこれらの新興産業が発展したし，新エネルギー源への転換も無視されたわけではなかったが，世界全体の中で，決してそれらの発展の中心国にはならなかった。その結果，20世紀，とりわけ第1次世界大戦後の時代になると，世界経済の中心はイギリスからアメリカへ移動し，「パックス・アメリカーナ」時代の幕開けとなった。こうした国際経済の構造変化は，それまで繁栄を謳歌していた南ウェールズ経済に対して深刻な影響を与えずにはおかなかった。第1次世界大戦を境にこの地域は一転して大不況地域に転落したのである。多くの炭鉱が閉鎖され，失業者の数が鰻登りに増加した。それに伴い，石炭輸出に従事していた多くの海運業者が破産した。本章では，まず18世紀後半から第1次世界大戦前夜にかけての南ウェールズ，とりわけカーディフとその後背地域の工業化過程を，3つの局面に分けて概説し，次いで第1次世界大戦後の変化について簡単に見ていくことにしよう。

II 南ウェールズの工業化過程

W. E. ミンチントンは18世紀半ばから第1次世界大戦に至る南ウェールズ経済を大まかに2つの時期に区分し，1750～1850年を「鉄の時代」，そして1850年以後を「石炭の時代」と見ている[1]。しかし，製鉄業を中心とする時代から炭鉱業を中心とする時代への移行はそれほど明白に区分することはできず，かなり長期にわたる重複期があったことを考慮して，幾分重複する次の3局面に分けるのがよりいっそう適切と考える[2]。すなわち，(1)製鉄業の時代（18世紀後半～1840年代），(2)製鉄業から炭鉱業への移行期（1840年代～1870年代），そして(3)炭鉱業の黄金時代（1870年代～第1次世界大戦），がそれである。

(1) 製鉄業の時代（18世紀後半〜1840年代）

①製鉄業の開始

　南ウェールズにおいて大規模な製鉄業が開始されるのは，コークスと蒸気力の時代が始まる18世紀後半以後であった[3]。だが，それよりも数百年も前から，ニース（Neath），ティンターン（Tintern），カーフィリー（Caerphilly），キドウェリー（Kidwelly），ポンティプール（Pontypool）など広範な地域で，木炭を燃料とする製鉄業が繁栄していた。それらの製鉄所の中には18世紀末まで続くものもあったが，概してその生産規模は小さく，木材不足や製鉄会社間の競争の激化により，ある特定企業が長期にわたって繁栄することは少なかった[4]。

　コークスを燃料とする近代的製鉄業は，18世紀後半になって急速に発展した。南ウェールズの地理的条件は製鉄業の発展に最適であった。カーディフやニューポートから20〜25マイル北部の渓谷地帯には，地表近くで鉄鉱石が採掘できたし，コークス製鉄用燃料の石炭，さらには溶鉱プロセスで触媒として使用される石灰石も豊富に産出した。溶鉱炉や種々の補助設備を建設するための石材も，また水車を運転するための河川も利用できた。その場合，注意を要するのは，木炭に代わってコークスが新製鉄業発展の原動力となったが，溶鉱炉への送風には長らく水車が原動力として使用されていたことである。例えば，ダウレス製鉄所ではじめて蒸気機関が設置されたのは1798年のことであった[5]。

　1760年頃から19世紀半ばにかけて，製鉄業は南ウェールズ全体に拡大したが，その中心地域はマーサー・ティドヴィル（Merthyr Tidfil，以下マーサーと略記），アバーデア（Aberdare），ラムニー（Rhymney），エブ・ヴェイル（Ebbw Vale），トレデガー（Tredegar），ブラナヴォン（Blaenavon）など南ウェールズ炭田の北縁であった。表2-1は18世紀後半に設立された南ウェールズの主要製鉄所と，それらの創設にかかわった主要企業家，およびその出身地を示している。この表を見るかぎり，ウェールズ出身の企業家もかなり含まれていたものの，主要製鉄会社のほとんどがロンドン，ブリストル，シュロップシャー，

表2-1　南ウェールズの主要製鉄企業とその設立者の出身地

企業名	主要企業家	出身地	備考
Hirwaun (1757)	John Maybery Anthony Bacon S & L. Oliver	Brecon London Bristol	Maybery が創業したが，その後多くの企業家の手中にわたり，1813年に破産後，W. クローシェイが再建。
Dowlais (1759)	Thomas Lewis Thomas Price N. Webb Isaac Wilkinson John Guest	Llanishan (Monmouth) Caerphilly Bristol Wrexham (Denbigh) Broseley (Shropshire)	9名のパートナーシップ（そのうち4名がブリストル出身）として形成。John Guest は1767年にマネジャーとなり，1782年にパートナーとなる。
Plymouth (1763)	Isaac Wilkinson John Guest Anthony Bacon Richard Hill	Wrexham (Denbigh) Broseley (Shropshire) Cumberland Cumberland	Earl of Plymouth よりリース。1766年に A. Bacon の手中に。Bacon の死後，R. Hill が購入。
Cyfarthfa (1765)	Anthony Bacon William Browntig Richard Crawshay	Cumberland Whitehaven (Cumberland) Normanton (Yorkshire)	Bacon はロンドン商人として成功後，同製鉄所を設立。彼の死後，クローシェイ家の手中に。
Sirhowy (1778)	B. Hudson W. Barrow R. Fothergill	London London	ロンドン商人を中心に設立。後に Fothergill の所有になる。
Beaufort (1779)	Jonathan Kendall Henry Kendall Edward Kendall	Drayton (Shropshire) Alverston (Lancaster) Worlington (Cheshire)	Kendall 家は木炭製鉄時代から存在するミッドランドや湖水地方の製鉄業者。
Penydarren (1784)	Francis Homfray Samuel Homfray Jeremiah Homfray Richard Forman	Broadwaters (Worcester) Broadwaters (Worcester) Broadwaters (Worcester) London	Homfray 家はウスターシャー，シュロップシャー，スタッフォードシャーの製鉄業者。
Blaenavon (1789)	Thomas Hill B. Pratt T. Hopkins	Dennis (Staffordshire) Stourport (Worcester)	Pratt はストゥアポートの製鉄業者。Hill は銀行家。Earl of Abergavenny の土地をリースして生産開始。
Ebbw Vale (1790)	C. Cracroft J. Homfray F. Homfray Harford, Partridge & Co.	Crichowell (Breconshire) Broadwaters (Worcester) Broadwaters (Worcester) Bristol	当初，C. Cracroft 等3人のパートナーシップ。後にブリストルからの資本投資。
Nantyglo (1791)	Hill & Co. Harford, Partridge & Co.	Cumberland Bristol	一時 Blaenavon 製鉄所の手中に入る。Bailey 兄弟の経営により発展。
Tredegar (1794)	Harford, Partridge & Co. Samuel Homfray M. Monkhouse W. Thompson	Bristol Penydarren Cumberland London	18世紀初期から創業。18世紀末にブリストル商人に買収。1800年に S. Homfray 等にリースされ，大規模に発展。
Rhymney (1800)	David Evans & Co R. Crawshay & Co. Benjamin Hall W. & T. Forman	Bristol Cyfarthfa	Union Ironworks がその前身でブリストル商人を中心に設立。後に R. Crawshay に販売。その後 Bute Ironworks と合併。
Aberdare (1800)	G. & J. Scale J. Thompson J. Hodgett	Birmingham Quatt (Shropshire) Staffordshire	Llwydcoed Ironworks ともいい，当初 Scale 兄弟が他のパートナーとともに事業を開始した。1819年に隣接の Abernant Ironworks を合併。
Abernant (1801)	J. Homfray J. & F. Tappenden	Broseley (Shropshire) Kent	J. Homfray は Penydarren 製鉄所の経営者，J. Birch はその会社のマネジャー。

(出所)　Ince, L., *The South Wales Iron Industry 1750-1885*, Ferric Publications (1993); Owen, J. A., *The History of the Doulais Iron Works, 1759-1970*, Starling Press, Risca (1977) p. 10; Grant, R., *Cynon Valley in the Age of Iron*, Cynon Valley Borough Council (1991); Wilkins, C., *The History of the Iron, Steel, Tinplate and other Trades of Wales*, Joseph Williams Printer & Publishers (1903); Atkinson, M. & Baber, C., *The Growth and Decline of the South Wales Iron Industry, 1760-1880*, University of Wales Press (1987) pp. 47-50より作成。

あるいはスタッフォードシャーなど，イングランド出身の企業家を中心に設立されたことが明らかである。

　南ウェールズの製鉄業は炭田の北縁でかなり広範囲にわたって発展したが，中でも最も早く，しかも大規模に発展したのがマーサー周辺であった。本書ではカーディフとマーサーを連絡する交通が主要論点になるので，以下ではマーサーとその周辺の近代製鉄業の発展を概観しておこう。

②コークス製鉄業の発展

　マーサー地方において，コークスを燃料とする大規模な製鉄業は，1757年にトマス・ルイスやアイザック・ウィルキンソンを中心とする9人の企業家が，近郊のダウレスの地に借地権を獲得し，溶鉱炉を建設したことによって始められた。1767年にブローズリ（シュロップシャー）出身のジョン・ゲストがこの製鉄所のマネジャー，後にパートナーになった[6]。またダウレス製鉄所のライバルとなるカヴァースヴァ製鉄所は，もともと1765年にロンドン商人，アンソニー・ベイコンがウィリアム・ブラウンリグと共同でカヴァースヴァの地の広大な地域をリースし，ここで製鉄業を開始したことに始まる[7]。ベイコンの製鉄所は，アメリカ独立戦争中に政府との契約で軍隊に大砲を供給することによって繁栄した。後に同製鉄所の支配者となるリチャード・クローシェイがこの製鉄所と関係するようになったのも，政府との軍需品販売契約と関係していた。軍需品生産に刺激されて，ベイコンの事業はカヴァースヴァ以外にも拡大し，ハーウェインやプリマス，そしてペニダレンでも溶鉱炉や鍛造所を設立することにより，生産を開始した。

　戦後，ベイコンは事業を退き，軍需品生産の契約権はスコットランドのキャロン社へ転売された。そしてマーサーにおける3製鉄所もそれぞれ他の企業家の手中にわたった。最大の規模を持つカヴァースヴァ製鉄所は，すでに戦時中にパートナーに加わっていたリチャード・クローシェイの支配下に入った。プリマス製鉄所はリチャード・ヒルによって引き継がれ，ペニダレン製鉄所は1780年代にホンフレイ家によって発展させられた。

さて，戦争と並んでマーサー製鉄業発展の大きな原動力となったのが精錬技術の革新であった。その一つはウッド兄弟が1761年に特許を取り，その後コックシャット（John Cockshutt）やジェソン（Richard Jesson）とライト（John Wright）によって改良された「破砕壺入れ法」(potting & stamping process)であった。これは銑鉄を粉砕して溶剤として使用する石灰とともにポットに入れ，コークスを燃料とする精錬炉で加熱する方法であった。この方法は，とくに1770年代以降，カヴァースヴァ製鉄所で採用され，従来の木炭精錬法に比べると，かなりのコスト節約が可能であったため，大きな成功を収めた。もう一つの技術革新はヘンリー・コートが1783～84年に特許を取った「パドリング＆ローリング法」であった。しかし，この方法が普及するのは，ようやく1795年以降のことであった[8]。この発明の実用化に際して，南ウェールズの製鉄業者，とりわけカヴァースヴァ製鉄所が果たした役割は決して小さくはなかった。今やイギリス国産品が輸入品に取って代わり，それによって棒鉄輸入量は1780年代には年平均4万4,000トンにも達していたのが，1815～19年には1万4,000トンに減少した[9]。実際，パドリング法はグラモーガン地方製鉄業の中核をなすに至った。しかも，この技術の普及と並んで基礎的エネルギー源としてのコークスの使用が拡大し，木炭炉よりも遙かに大規模な生産が可能となった。

さて，生産財産業の一つである製鉄業はきわめて好不況の激しい産業であった。フランス革命からナポレオン戦争にかけて繁栄していた南ウェールズ製鉄業は，戦後の需要低下により，一時不況に陥り，価格は低下した。その後20年代になり，民需の拡大とともに好況に向かっていった。この間に南ウェールズはイギリス最大の製鉄地域となり，イギリスの銑鉄生産全体に占める割合は40％にも達していた（表2-2）。

平時の生産物は多様であったが，中でもブリキ産業や一般産業用素材としての棒鉄が重要であった。それに加えてますます重要性を増してきたのが，鉄道用レールの生産であった。南ウェールズのほとんどの製鉄業者はすでにトラムロードの時代からレール生産に従事していた。初期の鉄道会社は近隣の製鉄業者にレールの注文を行うのが普通であり，イギリス南部には他に大規模な製鉄

表 2-2 南ウェールズと連合王国の銑鉄生産

(単位：千トン)

年	南ウェールズ	連合王国	南ウェールズの割合 (%)	年	南ウェールズ	連合王国	南ウェールズの割合 (%)
1788	13	63	18.3	1847	707	1,999	35.3
1796	34	125	27.3	1852	840	3,218	26.1
1806	78	258	30.2	1860	969	3,827	25.3
1823	182	455	40.0	1865	845	4,819	17.5
1830	278	677	41.0	1870	979	5,964	16.4
1839	454	1,249	36.3	1875	542	6,365	8.5
1840	505	1,396	36.2	1880	890	7,749	11.5
1843	457	1,215	37.6				

(出所) Atkinson, M. & Baber, C., *The Growth and Decline of the South Wales Iron Industry 1760-1880*, University of Wales Press (1987) p. 5.

業が発展していなかったことが南ウェールズに有利に作用した。そして，本格的鉄道時代になると，南ウェールズ製鉄業者は単にイギリスだけでなく，海外の鉄道会社のレールも生産するようになった。例えばダウレス製鉄所はリヴァプール・マンチェスター鉄道やグレート・ウェスタン鉄道をはじめとするイギリス国内の鉄道ばかりでなく，ドイツ，ロシア，オランダ，ハンガリー，北アメリカなど世界中の鉄道にレールを供給していたのである[10]。

1830年代にマーサー製鉄業で生じた注目すべき変化として，ダウレス製鉄所の飛躍的発展があげられる。同社はこの時期にクローシェイ家が所有するカヴァースヴァとハーウェイン製鉄所を凌駕して，第1位の地位に躍り出るのである。そのことを明白に示しているのが，グラモーガンシャー運河による輸送実績である。内陸製鉄所で生産された鉄の大部分が運河によってカーディフへ輸送されていたことを考慮すると，運河輸送統計はマーサー製鉄業者の相対的地位の変化をかなり正確に示しているといえる。それによると，ダウレス製鉄所がカヴァースヴァとハーウェイン両製鉄所の運河輸送の合計をはじめて上回るのは1830年であった。それ以後，1833～34年に再び両社の地位は逆転するものの，1830年代を通じてダウレス製鉄所が優位を維持し続けるのである（表2-3）。ダウレス製鉄所の溶鉱炉の数は，1815年にはわずか4基に過ぎなかったのが，1825年には11基，35年には13基，そして1840年には17基に増加した。ま

表2-3　グラモーガンシャー運河による各製鉄所の鉄輸送

(単位：百トン)

年	Cyfarthfa	Dowlais	Penydarren	Plymouth	Total
1818	157	97	88	74	416
1820	190	111	87	79	468
1822	171	146	99	88	504
1824	204	126	104	95	529
1826	202	166	87	78	533
1828	300	236	102	130	768
1830	199	276	117	122	715
1832	247	294	106	92	739
1834	350	335	128	121	933
1836	347	393	125	136	1,000
1838	370	394	127	161	1,052
1840	355	462	161	129	1,098

(出所)　Scrivenor, H., *History of the Iron Trade*, Longman, Brown, Green, and Longmans, London (1854) p. 124, p. 257より作成。

た，溶鉱炉1基の週当たり生産量も1815年には58トンであったのが，1840年には88トンに増加した[11]。

こうしたダウレス製鉄所の飛躍的発展の要因としてまず指摘されるのはJ. J. ゲストによる革新的企業者活動であった。彼は大型で効率的な溶鉱炉を増設することにより，生産性の向上に努めた。その一つがニールソンの発明になる熱風炉の採用であった。ダウレス社がはじめて熱風炉を採用するのは1830年代半ばであったが，1839年にその数は5基に増加していた。それによって，銑鉄1トンの生産に要する石炭量は2～3トンに削減された。18世紀末には7～8トンも要していたことを思えば大変な節約である[12]。熱風炉以外の重要な技術革新としてランニング・アウト式溶鉱炉 (running out furnace) があげられる。これは溶鉱炉で作られた鉄を溶けたまま直接精錬炉へ流し込む方法であり，石炭と労働力をかなり削減したばかりでなく，一定時間内での錬鉄生産量の増加をもたらしたのである[13]。

これまで圧倒的に優位にあったクローシェイ家もカヴァースヴァ製鉄所の他に，その近くにアニスファッハ工場を建設するなど，生産設備を拡充したが，生産はあまり延びなかった。J. J. ゲストの革新的企業者活動とは対照的に，カ

ヴァースヴァの経営者ウィリアム・クローシェイ2世は保守的経営戦略を採用した。とりわけ不況期にJ. J. ゲストが，同業者よりも低い価格で販売を増加させる戦略を採用したのと対照的に，ウィリアム・クローシェイ2世は，製品価格が低下している時期に販売を控え，在庫を抱える消極策を取ったことはその一つの現れである。クローシェイ2世は製鉄業への投資よりも，鉄道株の買い増しや，土地購入に投資し，1825年にはカヴァースヴァ城の建設に3万ポンドを費やした[14]。

(2) 製鉄業から炭鉱業への移行期（1840年代〜1870年頃）

①内陸製鉄業の衰退

まず注意を要するのは，19世紀後半になって南ウェールズの全ての製鉄会社が衰退していったのではなく，ダウレスやエブ・ヴェイルなど一部の企業は，いち早く錬鉄から鋼鉄への転換に成功することによって，ますます発展していったことである。その結果，19世紀末から両大戦間時代にかけて，鋼鉄の生産に関するかぎり，南ウェールズは，北東イングランドと並んで，主要地域としての地位を維持していたのである[15]。しかし，少なくとも銑鉄の生産に関するかぎり，南ウェールズの繁栄はさほど長くは続かなかった。その生産の絶対量は60年代まで増加し続けるが，表2-2で示されているように，イギリス全体の銑鉄生産に占める相対的地位は低下し，60年代後半には生産の絶対量も低下していった。製鉄所の閉鎖も相次ぎ，1861年にはハーウェインやペニダレン製鉄所，1870年代半ばにはビューフォート，ナンティグロ，プリマス製鉄所が閉鎖に追い込まれた[16]。

南ウェールズ製鉄業の一般的衰退をもたらした要因は決して単一ではなく，多様な要因の複合物であったと考えられる。その1つの要因は鉱区使用料の引き上げであった。カヴァースヴァやダウレス製鉄所が営業を開始した時には，その地代はほとんど取るに足らない額であった。ダウレス製鉄所のオリジナルの借地料は年間31ポンドに過ぎなかったし，カヴァースヴァの場合も100ポンドであった[17]。しかしその後の契約更新に当たって，地主は製鉄業の繁栄に

伴う高い資産価値に応じた借地料や鉱区使用料を要求するようになった。ダウレス製鉄所の場合，その条件があまりに厳しいものであったため，経営者のJ. J. ゲストはリースの更新よりもむしろ工場の閉鎖を考えたほどであった。しかしリース期間満期直前における第2代ビュート侯の死去というアクシデントもあって，1848年4月に新リース協定が締結された(18)。その条件は，交渉中に幾分製鉄所側に有利になったとはいえ，それでも当初の契約に比べて遙かに地主側に有利となり，単に地代だけでなく，石炭採掘量に応じて1トン当たり年間4ペンスの鉱区使用料も支払わねばならなくなり，地主への支払額は年間3万ポンド以上にも達した(19)。他方，カヴァースヴァのリースは1862年に更新されたが，今やその地代は7,000ポンドに引き上げられ，さらに石炭産出量に応じてトン当たり年間6〜9ペンスの支払いを強要されることとなった(20)。

　リース料の引き上げは製鉄所の利潤を圧迫したが，それに加えて大きな問題は鉄鉱石の枯渇問題であった。地元の鉄鉱石はすでに1830年頃には枯渇しはじめ，それを補うためにカンバーランドやデヴォン，コーンウォールなどイギリスの他の地方から移入しなければならなくなった。さらに後になると，スペインのビルバオなど外国からの輸入も増加した。例えば，1855年には地元南ウェールズの鉄鉱石産出量約167万トンに比して，ファーニスや西カンバーランドからの移入量は約32万トンであった。その15年後の1870年には，地元での産出量は47万トン，カンバーラントからの移入は25万トンに低下し，外国からの輸入量が14万トンになった。1880年には地元での産出量は28万トンに低下したのに対し，外国からの輸入は137万トンに増加している(21)。カンバーランド地方からの鉄鉱石の輸送費はコスト全体の半分近くに達した(22)。長距離輸送に伴う高輸送費はコストの増加につながり，競争力低下の大きな要因となったことは疑いない。

　棒鉄や鉄道用レールへの過度の依存という市場構造上の問題も看過できない。南ウェールズの製鉄業者のほとんどがレールを中心とする鉄道用資材の生産に集中していた。例えば，ブラナヴォン（Blaenavon）製鉄所では1870年代の生産物のうち73〜88％がレールであった(23)。錬鉄製レール市場は19世紀半ばま

では南ウェールズ製鉄業発展の原動力となっていたが,その市場が飽和状態に達すると,その発展の基盤が崩された。それに加えてレールの材料もやがて錬鉄から鋼に取り替えられるが,旧来の錬鉄生産に執着し,鋼への転換を躊躇したほとんどの製鉄所が衰退を余儀なくされた。北東イングランドやスコットランド,あるいはミッドランド地方の製鉄地域と対照的に,南ウェールズでは造船業や機械工業といった完成品産業がほとんど発展しなかったことも重要であった[24]。もちろん,ポンティプリーズのブラウン・レノックス社のチェイン工場,カーディフ郊外,メリングリフィスのブリキ工場[25]など,完成品工場もなかったわけではないが,それらの企業からの需要はごく限られていた。

　南ウェールズの製鉄業者の多くはこうした諸問題を克服することができずに衰退していった。その場合に問題になるのが企業者行動や企業組織上の問題であろう。大多数の製鉄会社は同族企業にとどまっており,所有と経営が分離した経営者企業へと組織転換を達成できなかった[26]。必ずしも一概には言えないにせよ,概して同族企業の多くは初代から2世,3世と世代を重ねるにつれて,保守的経営に甘んじるようになっていった。また同族企業にとどまっているかぎり,新製鋼法に代表されるような革新的技術革新を採用するのに十分な資金を確保することが困難である場合が多かった[27]。

　しかし,このことは全ての南ウェールズ製鉄業者に当てはまったわけではなかった。中には同族企業から経営者企業への組織転換に成功し,積極的に革新的企業活動を行うことにより,イギリス屈指の鉄鋼会社に発展していく企業も見られた。その最も顕著な例がダウレス製鉄所であった。すでに1830年代に同社はJ. J. ゲストの積極的経営政策により,それまでトップの地位にあったカヴァースヴァ製鉄所を抜いて南ウェールズ最大の製鉄会社に躍り出ていたが,その後家族企業から経営者企業への組織転換に成功し,有能な経営者の下で,次々と革新を実行していった[28]。すなわち,いち早くベッセマー製鋼法を採用することにより,鉄から鋼への転換を成し遂げ[29],地元鉄鉱石の枯渇に対処するためにビルバオで子会社を設立し,安価な鉄鉱石を確保することに成功した[30]。1891年にはカーディフ・ドック近くのイースト・ムーアと呼ばれる

場所に新しい工場を設立することによって、原料輸送コストの削減を図った(31)。同社は1901年にはブラックカントリーの the Patent Nut & Bolt Co. と合併して Guest Keen & Co. となり、翌年にはバーミンガムの Nettlefolds 社を合併することにより、Guest Keen & Nettlefolds 社として発展していった(32)。しかし、こうした一部の例外を除いて、南ウェールズの多くの製鉄業者は衰退を余儀なくされた。ラムニー製鉄所は1891年に、トレデガー製鉄所は1900年に閉鎖され、カヴァースヴァ製鉄所もダウレス社に合併された後、1910年に閉鎖され、第1次世界大戦中に一時再開されたものの、1921年に最終的に放棄されている(33)。

②販売用炭鉱業の開始

　製鉄業に代わって南ウェールズの中心産業になったのが炭鉱業であった。南ウェールズ炭田は東部のポンティプール（Pontypool）地域から西部ペンブロークシャー西海岸のセントブライズ湾（St. Bride's Bay）に達しており、ブリストル湾に平行して走っている。炭鉱の多くは細長くて険しい渓谷地帯に立地した。この炭田では主として無煙炭、スティーム炭、そして瀝青炭の3種類の石炭を産出した。このうち無煙炭は最も炭素含有量が多く、堅くて光沢がある石炭で、火力が強く煙を出さないが、火付きが悪いのが欠陥である。主としてシャネシ（Llanelli）やスウォンジー近辺の西部で採掘されていた。瀝青炭は炭田の南東部で採掘され、燃焼するとガスを発生し、黒い煙を出すが、乾留することによってコークスの生産に使用された。スティーム炭はアバーデアやロンザ渓谷の地底深くから採掘され、無煙炭と瀝青炭の中間の性質を持ち、主として蒸気船や鉄道の燃料として使用された(34)。

　南ウェールズ炭鉱業の大規模な発展を引き起こした大きな要因として、1840年前後に生じた需要の変化をあげることができる。それ以前の主たる石炭需要は銅精錬、ブリキ工業、および製鉄業用燃料としての地方産業からの需要であった。しかしこれらの伝統的需要は、その後の炭鉱業発展にとってそれほど大きな原動力にはならなかった。銅精錬工業の成長は鈍化していたし、ブリキ工

業からの需要はそれほど多くはなかった。製鉄業の成長は頭打ちとなり，やがて衰退していった[35]。しかし今や地方産業からの伝統的需要に代わって炭鉱業の飛躍的発展を可能にする新たな需要が生まれてきた。すなわち国内や海外からの販売用石炭需要，とりわけスティーム炭に対する需要がそれである。イギリス国内，あるいは海外諸国の工業化は一方では人口，とりわけ都市人口の増加を伴い，家庭用・工業用燃料としての石炭需要が増加した。また，それと並行して交通機関の発展が生じ，蒸気船や鉄道の燃料としてのスティーム炭需要を増大させた。これらの新需要の拡大により，それまで製鉄業を中心とする地方産業の補助産業の地位に甘んじていた炭鉱業は，独立産業として自立することとなった。

　販売用石炭需要の一つはロンドン市場から生じた。もともとニューカッスルを中心とする北東イングランド炭がロンドン市場を独占しており，「海炭」（sea-coal）として主に家庭用・工業用燃料に使用されていた[36]。19世紀になると南ウェールズ炭の販売が開始された。すでに1820年代頃からスウォンジーやシャネシを中心とする西部諸港からの石炭がロンドン市場で販売されはじめていた。例えば1832年にこの市場で販売されていた約4万トンのウェールズ炭のうち，カーディフ炭は4千トン足らずに過ぎず，残りの大半が西部から輸送されていた[37]。市場開拓で重要な役割を演じたのがネヴィル（R. J. Nevill）であり，彼は政府が所有する蒸気船に対するウェールズ炭供給のパイオニアでもあった[38]。ロンドン市場にはじめて供給されたカーディフ炭はマーサー近郊の Waun Wyillt 炭鉱で生産された石炭であり，ジョージ・インソール（George Insole）によってロンドン市場での販売が行われた[39]。

　第2の大きな需要は海事産業から生じた。19世紀半ばにイギリス海軍は快速で機動性の高いスクリュー蒸気船の実験に取り組んでいたが，それと並行して良質スティーム炭の開発にも大きな関心を示していた。海軍による一連の実験によって南ウェールズ炭の優秀性が実証されると，その名声は高まり，民間の海運業者からの燃料需要も増加した[40]。19世紀後半は海運業におけるエネルギー革命の時代であった。蒸気船はまず最初に河川や沿岸航路で帆船を駆逐し，

表2-4 イギリス石炭輸出市場, 1869年

(単位:千トン, %)

輸出先	連合王国輸出全体	南ウェールズ(%)	北東イングランド(%)
フランス	2,562	49.4	43.4
地中海地方	1,305	50.7	39.2
バルト海・北海地方	3,261	6.2	76.8
南アメリカ	628	63.3	10.2
アフリカ	569	44.5	37.7
北アメリカ	691	44.5	16.9
インド・極東	706	56.1	27.5

(出所) Morris, J. H. & Williams, L. J., *The South Wales Coal Industry 1841-1875*, Univ. of Wales Press, Cardiff (1958) p. 42; Williams, J., 'The Coal Industry, 1750-1914' in *Glamorgan County History*, vol. 5 (1980) p. 195.

次いで遠洋航路の郵便や旅客，高価な貨物輸送に進出していった。こうした蒸気船の着実な発展が南ウェールズ炭鉱業の発展に大きな刺激を与えたことは疑いない。

海事産業からの需要と関連して，海外需要も飛躍的に増加した。実際，イギリスの他の炭鉱地帯と比較して，南ウェールズの大きな特徴は輸出依存度の急速な高まりであり，しかも遠隔諸国への輸出が増加していった。

表2-4からも明らかなように，1869年に南ウェールズ炭がとくに大きなシェアを占めたのは南北アメリカ，地中海，および極東市場であり，これに対して北東イングランド炭が大きなシェアを占めたのはバルト海，北海など近隣のヨーロッパ市場であった。このことからも南ウェールズ炭が蒸気船燃料として遠方の給炭基地へ輸出されていたことが推察される。実際，1840年代以後の南ウェールズ炭鉱業発展に最大の影響を与えたのは，外国からのスティーム炭に対する需要であった。そしてこのことはスウォンジーおよびその近郊のニースとカーディフからの石炭搬出量の趨勢を見れば明らかになる。後背地の炭田の性質から判断して，西部に位置するスウォンジーやニースから積み出されたのは主に無煙炭であり，カーディフからは主としてスティーム炭が搬出されていた。表2-5から明らかなように，1840年にはスウォンジーとニースからの搬出量がカーディフからの数字を大きく上回っており，後者が約16万トンであったのに対して前者は約80万トンに達していた。しかし，その後カーディフから

表2-5　グラモーガン諸港からの石炭搬出量

(単位：トン)

	外国への輸出		国内向け	
	1840年	1870年	1840年	1870年
カーディフ	3,826	2,360,259	162,283	885,646
スウォンジーとニース	33,089	541,467	460,201	438,734

(出所)　Williams, J., 'The Coal Industry, 1750-1914' in *Glamorgan County History*, vol. 5, p. 180.

　の出荷量は西部2港より遙かに急速に増加し，1870年には後者が98万トンであったのに対して前者は325万トンに達していた。しかもこの年のカーディフ港から出荷された石炭のうちの73％が外国への輸出であった。このようなカーディフ炭輸出の急速な増加の多くは世界中で活躍する蒸気船によるスティーム炭需要によっていたのである。

　スティーム炭が主として採掘されたのは，アバーデアおよびロンザ渓谷であった。そこで以下ではこれらの地方における炭鉱開発の開始について簡単に見ておこう。アバーデア地方（カノン渓谷）における炭鉱開発はすでに18世紀末から製鉄会社によって開始されていたが，それらは販売用ではなく，製鉄所の燃料用として自家消費するためであった。この地方で販売を目的とする炭鉱開発が開始されるのはようやく1837年からであり，トマス・ウェイン（Thomas Wayne）がそのパイオニアであった。彼が良質のスティーム炭の採掘に成功すると，多くの者が炭鉱業を開始した。その一人がトマス・パウエル（Thomas Powell）であった。彼はモンマスシャー地方での炭鉱開発に続いて，1840年からアバーデア地方でも事業を開始した[41]。その他の企業家としてはウィリアム・トマス（William Thomas）やデヴィッド・デイヴィス（David Davis of Blaengwawr）があげられる[42]。とりわけアバーデア鉄道の開通後，スティーム炭の開発が急速に進展した。中でも大きな役割を演じたのがトマス・パウエルによって開始されたパウエル・ダフリン社であった。これらの発展により，アバーデア渓谷の石炭産出量は1840年には20万トンであったのが，20年後にはその10倍の200万トンに達しており，大半がカーディフ向けのスティーム炭であった[43]。

他方，ロワー・ロンザ地方の炭鉱開発[44]はすでに19世紀初期にドクター・リチャード・グリフィス（Dr. Richard Griffiths）やウォーター・コフィン（Walter Coffin）によって開始されていた。このうちとくに重要な役割を果たしたのがコフィンであり，1809年からロワー・ロンザのディナスで石炭の採掘を始め，同時にそれを輸送するためにトラムロードの建設を開始した[45]。そして1840年代になると，ジョージ・インソールやジョン・カルバート（John Calbert）がカマーやニューブリッジで炭鉱業を開始していた[46]。しかし，ロンザ渓谷での大規模な炭鉱開発のためには輸送という難問題を克服する必要があったのである。

(3)炭鉱業の黄金時代（1870年代～第1次世界大戦）

①海運エネルギー革命とロンザの炭鉱業

1870年代から第1次世界大戦にかけて南ウェールズ炭鉱業は黄金時代を迎えた。中でも大規模に行われたのがスティーム炭の開発であった。そして，その場合，この時期に生じた海運業のエネルギー革命，蒸気船による帆船の駆逐に伴う石炭需要の大規模な増加が発展の大きな要因となった。蒸気船は1870年にはイギリス商船トン数全体の5分の1に過ぎなかったのが，1913年には90％以上に増加した[47]。また，1890年代以後になると，外国海運業も急速に発展し，石炭需要を増加させた。これらの需要に応じるために，世界中に給炭基地が設置され，コリー兄弟をはじめとするカーディフの石炭商人により，主にイギリスの不定期船によって石炭が補給された。この時期に運賃率は低下傾向にあり，ウェールズ炭はそれらの基地において有効に競争できたのである。こうした需要に応じて南ウェールズの炭鉱開発は頂点に達した。

アバーデア渓谷の炭鉱開発は1860年代半ば頃にはすでに盡くされていたので，1870年代に最大の発展を示したのはロンザ渓谷であった。1865年から75年にかけてロンザ渓谷で20近くの炭鉱が開発された。1865年にロンザ渓谷の産炭量はアバーデア地方の4分の1程度であったのが，その10年後にはロンザからの産出量は200万トンに達し，アバーデアのそれを上回り，その後も飛躍的に増加

第2章　南ウェールズ経済の盛衰　43

表2-6　南ウェールズの主要炭鉱業者の出自

氏　名	主要炭鉱名	前　職	出身地
James Barrow	Garth & Oakwood Col.	mining engineer	Lancashire
T. & T. Beynon	T. Beynon & Co.	coal merchant	Newport
John Calvert	Hafod Colliery (etc.)	railway contractor	Yorkshire
R. & J. Cory	Cory Brothers Ltd.	coal merchant	Cardiff
John Crossley	Fernhill Colliery	carpet maker	Harifax
David Davies	Ocean Coal Co.	railway contractor	Montgomeryshire
David Davis	David Davis & Sons	draper	Carmarthenshire
George Elliot	Powell Duffryn Coal Co.	mining engineer	Durham
Evan Evans	Cyfarthfa levels	collier	Merthyr
H. J. Evans	Cwmaman Coal Co.	banker	Brecon
T. Forster-Brown	Great Western Col. Co.	mining engineer	Northumberland
Alaw Goch	Merthyr Dare Col.	collier	Cowbridge
Louis Gueret	Naval Collieries	coal merchant	France
E. M. Hann	Powell Duffryn Coal Co.	mining engineer	Yorkshire
F. W. Harris	Harris Nav. Coal Co.	coal merchant	London
Archibald Hood	Glamorgan Coal Co.	mining engineer	Scottland
G. Insole	Insoles Ltd.	coal merchant	Cardiff
J. H. Johnson	United National Col.	corn merchant	London
Edward Jones	Snatchwood	mining engineer	Pontypool
G. W. Lancaster	Lancaster Speir Co.	coal merchant	London
Rees Llywellyn	Bwllfa & Merthyr Dare Col.	mining engineer	Rhondda
George Locket	Locket's Merthyr Col.	coal merchant	London
James Marychurch	Bwllfa Coal Co.	coal merchant	Cardiff
John Nixon	Nixon's Navigation Col.	mineral agent	Durham
Thomas Powell	Powell Duffryn Coal Co.	timber merchant	Chepstow
James Thomas	Troedyrhiw Coal Co.	mining engineer	Monmouthshire
Samuel Thomas	Cambrian Collieries Ltd.	grocer	Merthyr
Wm. Thomas	Locket's Merthyr Steam Col Co.	mining engineer	Merthyr
John Vipond	John Vipond & Co.	coal merchant	Cheshire
E. H. Watts	Watts Milburn & Co.	shipowner	Newcastle

(出所)　Walters, R. H., *The Economic and Business History of the South Wales Steam Coal Industry, 1840-1914*, Arno Press, N. Y. (1977) pp. 51-83より作成。

し，1913年のピーク時には960万トンにも達した(48)。

表2-6は南ウェールズにおける主要炭鉱企業家の前職と出身地を示している。この表と前出の表2-1で示した主要製鉄業者の出身地とを比較して見られる顕著な相違は，製鉄業企業家のほとんどがブリストル，ミッドランド，ロンドンなどを中心とするイングランド出身であり，ウェールズ出身者はほんの

わずかに過ぎなかったのに対し，19世紀後半に出現した主要炭鉱の多くが地元ウェールズ出身の企業家によって設立された点である。

その代表的事例として，中部ウェールズ農村出身のデヴィッド・デイヴィス (David Davies of Llandinam) があげられる[49]。モンゴメリーシャー，シャンディナムに9人兄弟の長男として生まれた彼は，少年時代には両親を助けて農作業や木挽きの仕事に精を出していた。人一倍才能に恵まれ，仕事熱心な彼は，その青年期から壮年期にかけて，鉄道や橋梁建設請負業者としての仕事を通じて，卓越した企業家としての才能を開花させた。1871年までにデイヴィスが建設した鉄道は全長144マイルにも達し，そのほとんどが中西部ウェールズの鉄道であった。やがて彼はロンザ渓谷における炭鉱業の可能性に注目し，1864年に仲間の企業家とともに，当時の著名な製鉄・炭鉱業者であったクローシェイ・ベイリーからロンザ渓谷の土地をリースし，南ウェールズを代表する大炭鉱会社となるオーシャン炭鉱会社の基礎を築いていった。1890年にデイヴィスが所有する7つの炭鉱は約5,600人を雇用し，その産炭量は173万トンに達していた[50]。

19世紀第4四半期から第1次世界大戦にかけての時期が南ウェールズ炭鉱業の全盛時代であり，この時期にグラモーガン地方の石炭生産は1876年における1,170万トンから1913年には3,800万トンに，また雇用者数は4万4,000人から15万7,000人に増加した。石炭の搬出量は1876年には520万トンであったのが1913年には2,910万トンに達し，その大半が海外への輸出であった[51]。

しかしこの繁栄の絶頂期にはすでにその後の命運を暗示する問題が潜在していた。その一つは新炭鉱開発の鈍化であった。1872年から82年にかけて23もの新炭鉱が開発されたが，その後30年間に開発されたのはわずか7炭鉱に過ぎなかった。炭価も上昇しており，カーディフにおけるスティーム炭の平均価格は1869年には8シリング9ペンスであったが，73年には23シリング3ペンスに上昇した[52]。

Ⅲ　両大戦間時代――石油時代の開始と南ウェールズ経済――

　最後に，第1次世界大戦後に生じた変化が南ウェールズ経済に与えた影響に論究して，本章を終えることにしよう。両大戦間時代のイギリス経済はかなり評価が困難な時代であった。この時期には国民の生活水準や福祉水準が向上したし，またマクロ的に見るとかなりの経済成長が見られた。例えば A. マディソンによれば，1913～38年におけるイギリスの年平均 GDP 成長率は1.9％であり，この数字は1870～1913年の2.2％と比べてわずかに低い程度であったし，同時期のドイツ（1.6％）やフランス（0.3％）より高かった[53]。しかし反面，この時期の失業率はきわめて高く，全労働人口の失業率を見ると，比較的好況の時期であった1927～28年でさえ，7％前後という高率の失業率を記録していた[54]。この時期はイギリスの産業構造の大きな転換期であり，自動車，電気，化学工業などの新興産業で相当な成長が見られたのに対して，木綿，造船，炭鉱業など輸出市場への依存度の高い重要産業は，外国との激しい競争にさらされることになり，急激な生産低下，過剰設備，そして大量失業に直面した時期であった[55]。一般的に見て新興工業や金融，商業などのサービス産業が中心の「内域」（Inner Britain），すなわちロンドンを中心とする南部やミッドランド地方と，旧産業が支配的な「外域」（Outer Britain）とではその経済的パフォーマンスは対照的であったと言えよう[56]。

　そして典型的な「外域」である南ウェールズ経済にとって，第1次世界大戦以前と以後とでは，その経済環境はまさに天国と地獄ほど激変した。この時期の南ウェールズ経済はほとんどモノカルチャーと言ってよいほど炭鉱業に依存していたのであるが，イギリスのどの地域よりも輸出依存度が高い南ウェールズ炭鉱業は，戦後未曾有の試練にさらされることになったのである。第1次世界大戦後のイギリス炭鉱業者を取り巻く環境は，短期的にも長期的にも悪化した。短期の問題として，第1次世界大戦中のイギリス石炭輸出の低下に伴う輸入国の自給体制の確立（輸入代替化），戦後不況やストライキなどが炭鉱業者

の経営を圧迫した。他方, 長期的問題として特に重要なものに, 戦時の石炭不足に伴う石油, ガス, 水力発電などの代替エネルギー源の開発に加えて, ポンドの過大評価, イギリス炭鉱の枯渇とそれに伴うコストの増大などがあげられる(57)。そして, 炭鉱業者を取り巻く種々の経済環境が悪化したばかりでなく, 炭鉱業の規模など産業構造にも問題があったし, 炭鉱企業家の側にも責任の一端があったことが指摘されている(58)。

以上はイギリス炭鉱業全体にかかわる問題であるが, それに加えて南ウェールズ炭鉱業者が抱えていた独自の問題が存在した。すなわち石炭から石油への船舶機関のエネルギー革命がそれである。そしてこの新たなエネルギー革命は南ウェールズ経済の存在基盤を根底から揺り動かすものであった。本書の最後の２章はこうした困難な状況の中で南ウェールズの炭鉱業者や海運業者がいかに対応したかを考察する。

注
（１） Minchinton, W. E., 'Industrial South Wales, 1750-1914', in Minchinton, W. E. (ed.), *Industrial South Wales 1750-1913 Essays in Welsh Economic History*, Augustus M. Kelley publishers N. Y. (1969) 参照。
（２） モリスとウィリアムズも1840年代を南ウェールズ炭鉱業発展の転換期とみている。Morris, J. M. & Williams, L. J., *The South Wales Coal Industry 1841-1875*, University of Wales Press (1958).
（３） 南ウェールズ製鉄業の歴史については数多くの文献が存在する。我が国での研究としては, 例えば南部宣行「マーサー・ティドヴィル産業革命研究前史」『早稲田政治経済雑誌』第280・281号合併号 (1985); 工藤教和「産業革命期南部ウェールズ製鉄業の資本調達に関する一考察」『三田商学研究』第16巻第6号 (1973); 安部悦生「南ウェールズ製鉄業における経営活動の分析――クローシェイの事例――」『社会経済史学』第42巻第6号 (1973); 同『大英帝国の産業覇権』有斐閣 (1993); 角山栄「産業革命期南ウェールズ製鉄業における企業者活動」京都大学『経済論叢』第99巻第1号 (1967); 桑原莞爾「南部ウェールズ製鉄業の形成過程に関する覚書」東北大学『文化』第21巻第3号 (1968); 同「産業革命期南部ウェールズ製鉄業の再編過程」熊本大学『法文論叢争』第23号; 両角成広「19世紀中葉南ウェイルズ製鉄業における資本―賃労働関係」, 「19世紀中葉ウェイルズ製鉄業資本による地域支配」『大阪経大論集』第44巻第1号 (1993),

同第45巻第3号（1994）がある。
(4) Rees, D. M., *The Industrial Archaeology of Wales,* Newton Abbot (1975) pp. 30-31; Ince, L., *The South Wales Iron Industry, 1750-1885,* Ferric Publications (1993) pp. ix-x.
(5) Owen, J. A., *The History of the Dowlais Iron Works, 1759-1970,* The Starling Press Ltd., Risca (1977) pp. 12-13.
(6) *Ibid.,* p. 13.
(7) アンソニー・ベイコンの企業者活動については Namier, L. B., 'Anthony Bacon, M. P. An 18th Century Merchant', in Minchinton (ed.) *op. cit.* 参照。
(8) Hyde, C. K., 'Technological Change in the British Wrought Iron Industry, 1750-1815: A Reinterpretation', *Economic History Review,* 2nd ser. Vol. 27 (1974).
(9) *Ibid.,* Table 10.
(10) ダウレス製鉄所は，ドイツのベルリン・ライプツィヒ鉄道（1836年），ロシアのセント・ペテルスブルグ・パウロスキー鉄道（1836年），アメリカのバルチモア・サスケハナ鉄道（1835年）など多くの外国の鉄道にレールを供給していた。この点については Owen, *op. cit.,* p. 29, p. 33, p. 39; Jones, E., *History of G. K. N.,* vol. 1, pp. 74-75, p. 104 参照。
(11) Jones, E., *History of GKN,* The Macmillan Press Ltd. (1987) vol. 1, pp. 63-64.
(12) *Ibid.,* vol. 1, p. 68; Owen, *op. cit.,* p. 31.
(13) *Ibid.,* vol. 1, p. 69; Owen, *op. cit.,* pp. 26-27.
(14) Jones, E., *op. cit.,* p. 90; Addis, J. P., *The Crawshay Dynasty: A Study in Industrial Organization and Development 1765-1867,* Univ. of Wales Press, Cardiff (1957). また安部悦生氏はカヴァースヴァ文書を詳しく分析することにより，クローシェイ家が1850年代以後工業投資よりも証券投資に重点を置くようになった事情をダウレス製鉄所の場合と比較しつつ詳細に分析しておられる。安部悦生『大英帝国の産業覇権──イギリス鉄鋼企業興亡史──』有斐閣（1993）第1章, 38-90ページ参照。
(15) 安部悦生，前掲書，95ページ 参照。
(16) Atkinson & Baber, *op. cit.,* p. 13.
(17) ダウレス社の当初のリースは1763年，カヴァースヴァの場合1765年に行われ，その期間はいずれも99年となっていた。 Atkinson & Baber, *op. cit.,* p. 23.
(18) Jones, *op. cit.,* pp. 110-115; Owen, *op. cit.,* pp. 39-40.
(19) Atkinson & Baber, *op. cit.,* p. 25.
(20) *Ibid.,* p. 25.
(21) *Ibid.,* p. 32.
(22) *Ibid.,* p. 33.

(23) *Ibid.*, p. 68.
(24) この問題については Evans, N., 'Two paths to economic development: Wales and north-east of England', in Hudson, P. (ed.), *Regions and Industries—A Perspective in the Industrial Revolution in Britain—*, Cambridge U. P. (1989) 参照。
(25) メリングリフィスのブリキ工場の歴史については Chappell E. L., *Historic Merringriffith*, Merton Priory Press (1940, 1995) 参照。
(26) 安部悦生，前掲書，第1章参照。
(27) 例えばこの点についてはブラナヴォン製鉄所について当てはまった。 Atkinson & Baber, *op. cit.*, pp. 57-58参照。
(28) 安部悦生，前掲書，71-85ページ。
(29) Owen, *op. cit.*, pp. 51-52.
(30) ダウレス社は1873年にスペインのビルバオ鉱山を開発するために The Orconera Iron Ore Co. Ltd. を設立した。 Owen, *op. cit.*, pp. 77-78.
(31) *Ibid,.* p. 84.
(32) *Ibid.*, pp. 90-92.
(33) Boyns, T., Thomas, D. & Baber, C., 'The Iron, Steel and Tinplate Industries, 1750-1914', in *Glamorgan County History*, vol. 5, pp. 127-128.
(34) Egan, D., *Coal Society, A History of the South Wales Mining Valleys 1840-1980*, Gomer Press (1987) p. 6.
(35) Morris, J. H. & Williams, L. J., *The South Wales Coal Industry 1841-1875*, University of Wales Press (1958) chap. 1参照。
(36) 北東イングランド炭鉱業者の市場独占の詳細については，若林洋夫「産業資本主義段階における近代的独占の存在形態──北東イングランド石炭独占の歴史的性格──」(1)〜(5) 『立命館経済学』第24巻第5・6合併号，第25巻第2・3合併号，第25巻第2号，第27巻第1号，第27巻第2号参照。
(37) Morris & Williams, *op. cit.*, p. 21.
(38) *Ibid.*, pp. 21-25.
(39) *Ibid.*, pp. 19-20.
(40) *Ibid.*, pp. 34-41.
(41) Powell Duffryn 社の発展については Price W. W., 'The History of Powell Duffryn in the Aberdare', *Old Aberdare*, vol. 4 (1984); Phillips, E., *A History of the Pioneers of the Welsh Coalfield*, Western Mail Ltd. (1925) pp. 127-129 参照。
(42) Egan, *op. cit.*, p. 14.
(43) Williams, J., 'The Coal Industry, 1750-1914' in *Glamorgan County History*, vol. 5, p. 181.
(44) ロンザ渓谷の炭鉱業の発展については Lewis, E. D., *The Rhondda Valleys*, Uni-

versity College Cardiff Press (1958) 参照。
(45) コフィンの企業者活動については Lewis, *op. cit.*, pp. 40-45 参照。
(46) *Ibid.*, pp. 46-51.
(47) Kirkaldy, A. W., *British Shipping*, London (1914), App., 17.
(48) Williams, J., 'The Coal Industry, 1750-1914', in *Glamorgan County History*, vol. 5, p. 183.
(49) デヴィッド・デイヴィスについての以下の記述は Thomas I., *Top Sawyer—A Biography of David Davies of Llandinam—*, Longmans, Green & Co. (1938) によっている。
(50) *Ibid.*, p. 157.
(51) Williams, *op. cit.*, p. 182.
(52) *Ibid.*, p. 183.
(53) 坂本倬志「戦間期のイギリス」湯沢威編『イギリス経済史』所収147ページ。
(54) 同上，150ページ。
(55) 原田聖二『両大戦間イギリス経済史の研究』関西大学出版局 (1995) 参照。
(56) 坂本倬志「戦間期のイギリス」湯沢威『イギリス経済史』第8章参照。
(57) Buxton, N. K., *The Economic Development of the British Coal Industry from Industrial Revolution to the Present Day*, Batsford Academic (1978) chap. 7, pp159-188.
(58) Dintenfass, M., 'Entrepreneurial Failure Reconsidered: The Case of the Interwar British Coal Industry', *Business History Review*, vol. 62. no. 1 (1988); Do., *Managing Industrial Decline: Entrepreneurship in the British Coal Industry Between the Wars*, Colunbus (1992); 拙稿「両大戦間におけるイギリス石炭産業衰退論」帝塚山大学経済経営研究所『経済経営研究』第1号 (1993) 参照。

第3章　鉄道時代前夜東グラモーガン地方の交通発展
――グラモーガンシャー運河を中心として――

I　はじめに

　工業化初期の南ウェールズ，とりわけ東グラモーガン地方の経済発展について考察する場合に重要なことは，それが交通機関の改善と密接に関連していたことである。この地方の工業化はマーサー周辺を中心とする製鉄業によって開始されたのであるが，当時の製鉄業者は，生産された鉄製品を市場で販売するための交通路を自ら建設する必要があった。鉄や石炭のような嵩の高い商品を運ぶための当時の最も安価な輸送手段は運河であった。南ウェールズの主要運河は西から順に，スウォンジー運河，ニース運河，グラモーガンシャー運河，モンマスシャー運河，およびその延長のブレコン・アバーガベニー運河であるが[1]，そのいずれも1790年代初期のいわゆる「運河狂時代」に，内陸の鉱工業地帯と港とを結合するために建設された。これらの運河の中で最も早く建設され，しかも最も重要な役割を演じたのが，グラモーガンシャー運河であった。だが，ここで想起すべき点は，たいていの場合，運河だけで輸送を完結することはほとんど不可能であったことである。南ウェールズの多くの製鉄所や炭鉱はトラムロードによって運河と連絡されていた。そうしたトラムロードは，場合によっては運河会社自らによって建設されることもあったが，たいていの場合には運河会社とは別の経営主体によって建設され，運河と補完的な役割を演じた。また，時には本書で取り上げるペニダレン・トラムロードのように，運

河と競合する場合もあった。トラムロードは後に運河の手強い競争相手となる鉄道の先駆形態でもあった。

しかし，いずれにせよ，こうした運河やトラムロード，さらには港湾建設なくしては工業化初期の南ウェールズの経済発展はあり得なかった。本章ではとりわけカーディフの後背地域における産業発展との関連で，当時の重要な輸送手段であったグラモーガンシャー運河とその支線のアバーデア運河，およびそれらの運河と連絡するトラムロードの建設とそれに伴う交通発展について考察する。

II グラモーガンシャー運河の建設

(1) 運河会社の設立

グラモーガンシャー運河の設立主導者はカヴァースヴァ製鉄所のリチャード・クローシェイであり[2]，彼は他のマーサーの製鉄業者，メリングリフィス・ブリキ工場のハーフォード家[3]，その他，ブレコンとカーディフ実業家の支援を受けて，マーサーからカーディフに至る運河建設法案を議会に提出した。

1790年に成立した運河法によって，運河会社はマーサーからカーディフ近辺の「バンク」(The Bank) と呼ばれるタフ川の堤防までの運河建設を認可された。運河法の冒頭部分には主要発起人72名の名があげられているが，その中にはクローシェイ家の人々，ジェレミーとサミュエル・ホンフレイ，リチャード・ヒル，ハーフォード家の人々，トマス・ゲスト，トマス・ダッドフォード父子，そして，ロード・カーディフ（彼は1796年に第1代ビュート侯となった）の名前がみられた。以下，この運河法で重要な部分を若干紹介しておこう[4]。

①資金調達に関する規定——創業資本金は6万ポンドで，一株100ポンド，600

株に分割された。株式には番号が付されていたが，その移転は認められていた（第20条）。また，会社はこの金額で不十分ならば，さらに3万ポンドの資金を調達する権限が与えられていた（第22条）。また，出資を促進するために，運河の完成以前にも株主に年間5ポンドの配当が与えられることが認められていた（第23条）。株主はすべての総会，および特別総会において1株1票の投票権を有していた（第24条）。

②通行料規制——多くのイギリスの運河と同様，運河の最高通行料は制限されていた。当初の通行料は鉄，木材，一般商品についてはトン・マイル当たりにつき5ペンス，鉄鉱石，石炭，石灰等の原料についてはトン・マイル当たり2ペンスであった（第41条）。この通行料はその後の情勢変化に応じて変更することが出来た（第45条）。通行料とともに運河会社が所有する埠頭使用料についての規定も定められていた（第44，45条）。

③利潤規制——運河の利潤は年間8％に制限されていた。そして，毎年の収支勘定を記録する適切な会計簿の維持が義務づけられていた（第46条）。

④運河船の積荷重量規制——この運河のバージの貨物積載量は当初は20トンであった（これは後に25トンまで積載可能になった）が，運河会社は真に規定の重量が守られているかどうかをチェックする必要があった。このため運河会社は運河船の使用者がボートの側面に目盛りを記すように義務づけていた（第51条）。また，後には貨物を測量するための機械が設置されたが，その機械はポンティプリーズのブラウン・レノックス社によって製造された[5]。

⑤鉄道建設に関する権限——運河会社，または荷主は運河から半径4マイル以内で鉄道（トラムロード）を建設する権限が与えられていた（第57条）。ちなみに後のペニダレン・トラムロードはこの規定によって建設された。

⑥既得権益者の保護——運河の建設に際して，既得権益者の利益を守るために様々な規制が行われていた。例えば，カーディフ城近辺では，運河の西側に曳き船道を建設することは禁止されていた（第3条）。この規定は運河の建設に際して，ビュート侯との利害の調整の結果定められた。また同様に，タフ川からの取水に際して，プリマス卿（Lord Plymouth）の製鉄所に損害を

与えてはならない（第4条）ことや，同様にタフ川からの取水に際して，カーディフ近郊のメリングリフィスのブリキ工場に損害を与えてはならないという規定（第5条）もあった。しかしこれらの規定を守るのはきわめて困難であった。運河の議事録をみれば明らかなように，特に夏の渇水期に取水をめぐるトラブルが絶えなかったのである。

J. R. ウォードの研究によれば，イギリスの運河への資金提供において，商人や銀行家，地主階級が重要な役割を演じた。すなわち運河建設の全盛時代において，商人と（資本家と分類されている）金融業者はイギリスの運河への出資額全体の約39％を提供していた。というのも彼らは内外の通商活動を通じて巨大な資本力を有していたが，固定資本に対する需要はそれほど大きくなく，また商業活動を活発にするには良好な交通が重要であったからである。これに対して地主・貴族の出資額は約24％であったが，彼らは単に資金面で貢献したばかりでなく，当時のイギリス政治の支配者として，運河法案の議会通過にも貢献した[6]。他方，イギリス産業革命期に活躍した著名な工業企業家の中にも運河建設に資金を提供していた者もいた。ジョサイア・ウェッジウッド（トレント・マージー運河），マシュー・ボールトン（バーミンガム運河），ジェームズ・ワット（モンクランド運河），リチャード・アークライト（クロムフォード運河）などがその顕著な事例である[7]。しかし，一般的に見れば，工業企業家は，工場設備の建設や拡張のために多額の資本を必要としたため，運河建設に対する資金上の貢献度は比較的少なく，ウォードの研究では全体の約15％であった[8]。

また，一般的にみて運河投資は地方的に行われていた。ほとんどの出資者はその運河の建設によって何らかの恩恵を受ける地元の人々であった。また，たとえ遠方から出資が行われるとしても，彼らの多くは運河が建設される地方の人々と何らかの人的関係を持っていることが多かった。もちろん特定地域の運河に対してロンドン資本が大きな役割を演じることがあったし，1790年代初期の「運河狂」時代に幾分の投機熱がみられたが，その程度は限られていた[9]。

表3-1 グラモーガンシャー運河の主要出資者

(単位:ポンド)

氏 名	居住地	職 業	出資額
Richard Crawshay (and his family)	London	製鉄業	13,100
Harford, Partridge Co. (and other Harford's)	Melingriffith (cardiff)	ブリキ工業	6,000
John K. Tynte	Kevenmably (Glamorgan)	地主	5,000
Wm. Stevens	London	製造業	5,000
J. Batler	Caerleon	地主	2,000
Wilkins, Jeffreys & Co.	Brecon	銀行業	1,800
Richard Hill	Merthyr Tydfil	製鉄業	1,500
Wyndham Lewis	Llanishen (Cardiff)	製鉄業	1,500
James Cockshutt	Merthyr Tydfil	製鉄業	1,500
F. & J. Homfrey	Stourbridge	製鉄業	1,000
Wm. Taitt	Dawlais	製鉄業	1,000
Richard Forman	London	製鉄業	1,000
John Morgan	Tredegar (Monmouth)	地主	1,000
Thomas Dadfords'	Gloucester	運河技師	1,000
W. & J. Powell	Brecon	不明	600
Others			17,600
Total			60,000

(出所) G. C. C., *General Assembly Minutes* (Wed. 30 June 1790).

以上の一般的傾向を念頭において,グラモーガンシャー運河の出資者について考察しよう。この運河の議事録の冒頭部分に設立当時の名簿が掲載されている。そのリストには,出資者の氏名とともに,居住地,そして一部の者についてはその身分が記載されている。その数は全部で72名である。表3-1はそのリストの中から主要な出資者を選び出したものである。以下,同表,および出資者リストを参照しながら,この運河の資金提供者を地域的,職業的に考察してみよう。まず,出資者の居住地域であるが,この運河の場合にはほとんどの出資者がその居住地を記載していた。その実態を示したのが図3-1である。

この図から明らかなように,出資全体の48.7%がウェールズから提供されており,そのうち37%がグラモーガンシャー地方からであり,隣接のブレコンやモンマスシャーからは11.7%が提供されていた。他方,イングランドからの出資は全体の約40%で,その大半がロンドンからでていた。

図 3-1　出資者の住所

(単位：％)

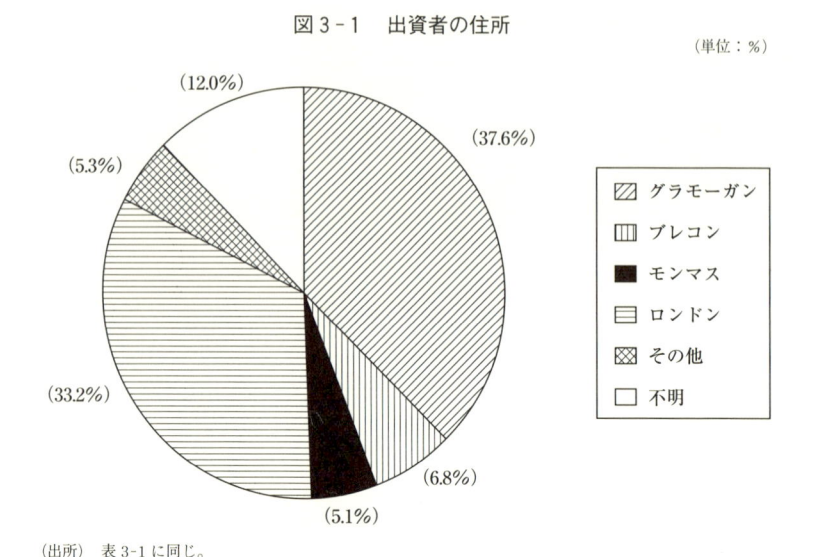

(12.0％)　不明
(5.3％)　その他
(37.6％)　グラモーガン
(33.2％)　ロンドン
(5.1％)　モンマス
(6.8％)　ブレコン

凡例：
グラモーガン
ブレコン
モンマス
ロンドン
その他
不明

(出所)　表3-1に同じ。

　出資者の職業あるいは階級については，その住所ほど明白ではない。というのも運河会社の出資者リストには，かなりの数の者がその職業を記載しておらず，したがって不明な点については他の資料で補う必要があった。それらによると，この運河の出資者の過半数が工業企業家，とりわけマーサーの製鉄業者であったことがわかる。中でもカヴァースヴァ製鉄所のリチャード・クローシェイを筆頭とするクローシェイ家の人々，およびその仲間の企業家が全体の約22％に相当する1万3,100ポンドを出資していたのである。これに対して，その他の製鉄業者の出資額は少なく，プリマス製鉄所のヒル家とペニダレン製鉄所のホンフレイ家がそれぞれ1,500ポンド，そしてダウレス製鉄所のテイトとゲスト家が併せて1,500ポンド，全体で4,500ポンド（7.5％）に過ぎなかった。この数字が物語るように，この運河は設立当初からクローシェイ家が主導権を握っていたのである。

　工業企業家に次いで多くの投資を行っていたのが地主であり，全体の28％あまりに達している。中でも大きな割合を占めているのはジョン・ティント（J. K. Tynte），およびニューポートのモーガン家であった。しかし地主の出資で

特徴的なことは，運河沿いの大地主であるビュート侯やプリマス家の名前が見られないことであり，このことは運河会社に対する彼らの姿勢を暗示している。

　銀行業者や炭鉱業者，そして専門職の者も若干含まれていた。主要な銀行業者はこの運河の出納係（treasurer）に指名されたブレコンのウィルキンス家であり，彼らは1,800ポンドを出資していた。同家はこの運河だけでなくモンマスシャー運河など南ウェールズの他の運河建設においても重要な金融的役割を演じていたのである。また運河技師兼コントラクターとなったトマス・ダッドフォード達も1,000ポンドを出資していた。その他，運河会社の書記や炭鉱業者の出資も見られたがその金額はわずかであった。

(2) 運河建設

　1790年7月19日にカーディフ・アームズ・イン（Cardiff Arms Inn）で開催された運河の2回目の委員会で，トマス・ダッドフォード父子とトマス・シースビーが技師・兼コントラクターに指名された。その契約金は土地購入費を除外して4万8,288ポンドであったが，この点について運河委員会は次のように述べている。「1790年7月15日に行われたグラモーガンシャー運河の株主総会の決議にしたがって，リチャード・クローシェイ氏は，トマス・ダッドフォード（父），トマス・シースビー，およびトマス・ダッドフォード（息子）と運河の建設，およびその完成について，4万8,288ポンドで契約を結ぶように指令する」[10]。この運河だけでなく，南ウェールズの運河のほとんどがダッドフォード達によって建設されたのである。この運河の建設に際して，彼らは単に技師としてだけでなく，請負業者としての役割も演じており，労働者の雇用や建設資材の提供など，運河建設全体を委託されていたのである。

　建設作業は8月にマーサー側から開始された。当初の予定ではマーサー・ブリッジからダウレス製鉄所までの支線運河（約1.6マイル）も建設されることになっており，全線26マイル600フィートの予定であった。だが，この支線の建設は実行されず，そのことが運河建設の主導者であるクローシェイ家とダウレス製鉄所のゲスト家の争いの原因ともなった。この争いは，ダウレス社が運

河までトラムロードを建設し，運河会社がその費用の一部である1,000ポンドを拠出することで妥結された。他方，カヴァースヴァ製鉄所までの支線は予定どおり建設された(11)。

　カーディフ側での運河の経路も当初はそれほど確定的ではなかった。すなわち，運河法案が議会に提出されている間，カーディフ当局は運河が町の西側を通過することを提案しており，その経路は明らかにされていなかったが，最終的には城の東側を通り，タウン・ウォールの外側を迂回する経路に決定され，1790年の法律ではカーディフでの終点を「バンク」と呼ばれる場所でタフ川に合流することが決定された(12)。

　この運河の建設はマーサー側から漸次進行し，すでに1793年には一部通行可能になっていた。しかし他方で，建設費用をめぐって，コントラクターとの間で不和が生じてきた。この点について運河委員会は，「すでに運河はマーサーからプリー・ヤードまで通行できるようになっているが，R. クローシェイ，J. ウィルキンソン，H. チャールズ，そしてJ. ヴォーガン諸氏は建設が契約どおりに行われているがどうか調査するように命じる」(13)と述べている。通行可能区間はやがてカーディフまで延長されるようになるが，それとともに運河の建設費用も当初の予定を上回った。この点について1793年6月の総会議事録によると，「法律によって調達を認可された6万ポンドの金額はすでに払い込まれ，費やされたが，この金額では運河を完成することは不可能なことがわかった。したがって，運河を完成するためにさらに3,000ポンドの追徴を行うこと」(14)が決議されている。

　結局，運河が全面的に開通したのはその半年後の1794年2月であった。J. フィリップスは開通の事情について「カーディフからマーサー・ティドヴィルまでの運河が完成した。そして鉄製品を積んだ運河船団がカーディフに到着し，町全体に非常に喜びをもたらした」(15)と述べている。当初はカーディフでの終着点は「バンク」と呼ばれるタフ川横の埠頭であったが，この場所は川をかなり遡った地点にあり，航洋船の遡航や荷役に不便なこともあって，後にこれよりもさらに下流まで運河を拡張することが提案された。この提案はすでに1793

年8月の運河委員会の議事録からも認めることができ，翌年7月には「ダッドフォード氏は運河を「バンク」からロワー・レイヤー（Lower Layer）まで延長するため，路線を測量し，その費用を推定する」[16]よう要請されている。

しかし，この延長計画を実行するにはビュート侯からの土地購入認可が必要であった。侯との折衝の末，同侯の牛馬の輸送のために無料で曳き船道の通行許可を与えることで調停が成立し，1796年の法律によって，カーディフでの1マイルの延長と海門（sea lock）の建設が認可された[17]。

他方，前述のように，すでに1793年頃から建設費用をめぐって会社とコントラクターとの間に不和が生じていたが，この不和はやがて破局へと進行した。この点について運河議事録は，「ダッドフォードたちは15日より彼らの運河の仕事を放棄することを委員会に通知してきた。したがって，委員会は運河の修理や管理などを実行するために適切な人物を雇用すること」[18]を決定したと述べている。カーディフでの延長線は運河書記パトリック・コープランド（Patrick Copeland）の監督のもとで建設が進められたが，その工事は1798年6月に完了し，これによって運河は海門とドックによって直接海と連絡されることになった。この点について同年6月27日の委員会議事録は，「今や海門を通って船舶の入渠が可能となっているので，入渠する船舶の船長や水先案内人の行動を規制する内規が必要である」[19]と述べている。また，「1798年7月には，運河の海までの開通を祝して，盛大な祝砲の歓迎とともに，軍艦の行進が行われた」[20]。

この運河の総延長は，シーロック・ポンド（sealock-pond）からカヴァースヴァまで25.5マイル，その海抜差は543フィートで，51の閘門をもっていた。運河ボートの大きさは長さ60フィート，幅8フィート9インチ，積載能力は当初は20トン（後に運河の改良によって25トンに増加）であった[21]。技術的に困難をきわめた区間はアバー・カノンでタフ川を横断する水道橋，その近辺で16の連続する閘門，そしてカーディフでの115ヤードのトンネル工事であった。運河の建設に要した総費用は10万3,600ポンドで，その明細は表3-2のとおりである。

表3-2 運河の建設費用
(単位:ポンド)

項　目	金　額
1) トマス・ダッドフォードたちへの建設代金	67,926
2) 諸経費(1793年12月～95年12月)	3,691
3) ダウレス製鉄所のトラムロード建設費の一部	1,000
4) 土地購入費用(1794年12月)	8,685
5) 議会立法獲得に要した費用等	1,056
小　計	83,368
6) 諸経費(1794年1月～98年3月)	21,232
総　計	103,600

(出所) G. C. C., *Account Papers* より作成。

表3-3 運河会社が購入した土地の地主と購入額
(200ポンド以上)

氏　名	金額	氏　名	金額
J. Richard (Lord Dynevor)	2,946	Corp. of Cardiff	385
Marquis of Bute	1,349	Wm. Price	255
Sir Charles Morgan	633	E. Griffiths	254

(出所) G. C. C., *Account Papers*.

表3-2で示されている費用のうち、1)のダッドフォードたちに支払われた費用は、当初の契約では4万8,288ポンドであったが、その後の延長線の建設などにより、さらに1万9,638ポンド増加している。なお、この件をめぐって彼らと運河会社との間で訴訟が行われたこともすでに述べたとおりである。2)の諸経費の中にはメリングリフィスでの蒸気機関の建設に費やされた費用(990ポンド)、ナヴィゲーション・ハウスの建設費用(260ポンド)、橋の建設のためにリチャード・クローシェイに支払われた費用(398ポンド)も含まれている。3)のダウレス製鉄所のトラムロード建設費用についてはすでに述べたとおりである。4)の土地購入費用であるが、運河会社はその路線や培養線(feeder)の建設のために広大な土地を購入する必要があったが、この費用はダッドフォードたちとの契約には含まれていなかった。この費用は1794年までの建設に要した費用全体の10%以上に達した。なお、運河会社が購入した土地の主要な地主は表3-3のとおりである。

(3) 運河の組織

運河の株主総会(general assembly)は毎年1回、たいていはカーディフ・アームズ・インで開催された。総会の開催には運河法の規定によって300株以上の株主の出席が必要であったが、その場合他のメンバーに委任状(proxy)

を託すことも認められていた(22)。総会は出席者および委任状の数が定数に達しない時には延期された。会社の最高責任者で総会の委員長を務めたのが会長(chairman)であり，この運河の場合にはクローシェイ家の人々が歴代の会長職についた。株主総会では委員会のメンバー，出納係（treasurer），書記(clerk）などの上級職員の選任，配当の決定，内規，その他運河の運営に関する重要事項が決定された。株主は1株1票の投票権をもっていた。なお，総会の開催は地方新聞への広告によって通知された。また，緊急の審議，決定が必要な事態が生じた場合には，特別総会が開催された。ちなみに最初の特別総会は1793年7月13日に開催された。その目的はダッドフォード達から受け取った報告書を検討することであった。その報告書によれば，運河の完成のためには当初の契約に含まれていない仕事が必要であり，そのためにさらに1万7,220ポンドあまりの費用が必要だとのことであった(23)。

運河の実質的な意思決定機関は委員会であり，運河の経営に関する決定はほとんど運河委員会で行われた。委員会は基本的には毎月，たいていはカーディフ・アームズ・インで開催された。委員会のメンバーは11名からなり，設立当初の委員会メンバーはリチャード・クローシェイ，W.スティーヴンス，R.フォアマン，リチャード・ヒル，J.コックシャット，J.バトラー，J.バセット，D.ウィリアムズ，H.チャールズ，J.ヴォーガン，そしてJ.コウレスであった(24)。しかしメンバー全員が出席することは稀で，たいていは5～6名の出席であった。必要に応じて，3名からなる小委員会（sub-committee）が設置されることもあり，そのメンバーは委員会の中から選ばれた。

運河の上級職員は出納係，書記，技師，そして通行料徴収者からなっていた。彼らの雇用の責任を持ったのは委員会であった(25)。このうち出納係は資金の管理を任されており，配当や費用の支払いなどを行った。最初，メリングリフィスのジェームズ・ハーフォードが出納係に雇用されていたが，1793年に辞職し，代わってブレコンの銀行家であるJ.ウィルキンスが雇用されることになった(26)。なお，ウィルキンス家はこの運河だけでなくモンマスシャー運河の出納係も兼ねていた。

書記は運河の経営にとって欠くことのできない人物であり，運河の日常業務のほとんどを担当した。会計簿や議事録の管理，総会や特別総会開催の案内，運河業務にかかわる書簡の作成や対外交渉，修理の手配を行ったり，委員会の指令に従ってロックキーパーやその他の労働者の雇用などは彼の仕事であった。また対抗する交通機関（トラムロードや鉄道など）の出現に際して，運河の利益を守るために委員会の指令に従って適切な処置をとったり，その他，運河の経営に関するあらゆる仕事を担当していた。当初この運河の書記は1人であった（John Wood）が，1797年には2人（John WoodとPatrick Copeland），そして1802年には3人の書記が雇用されていた[27]。

　この運河の建設を行ったナヴィについては，残念ながら，なにも知ることができないが，運河の完成後，それを維持するために多くの労働者が雇用された。すなわち，ロックキーパー，大工，石工，鍛冶屋，通行料徴収人，モールキャッチャー，警備員，修理のための一般労働者などがそれである。

　中でも最も重要な役割を演じたのがロックキーパーであった。ロックキーパーの主な仕事は運河会社の利益のために，船頭がロック・ゲートやその他の運河の施設に損傷を与えないか，見張り，内規を実行させ，そして水が無駄に使われていないか監視することであり，ロックの操作は運河船の船頭の仕事であった。もっとも混雑をさけ，通行を円滑にするために時にはロックキーパーもロック操作を手伝った。ロック通過の優先権をめぐって船頭同士の争いを避けるのもキーパーの仕事であった[28]。ほとんどのロックキーパーは運河会社が提供する庭付きの小屋に住んでおり，野菜を栽培したり豚を飼育することができた。

　また，この他にも水路を維持するための多くの専門家が雇用されていた。大工，石工，鍛冶屋，通行料徴収人，モールキャッチャー，レングスマン，警備員，などがそれである。例えば，モールキャッチャーはモグラが運河の土手に穴を開け，水漏れを起こすのを防止するために雇用されていた。また，レングズマンは運河沿いの芝生や生け垣の世話をした。こうした職人の他に修理のための一般労働者も雇用されていた。

Ⅲ 支線運河とトラムロードの建設

(1)ペニダレン・トラムロード（マーサー・トラムロード）

　グラモーガンシャー運河の経営はその建設当初からカヴァースヴァ製鉄所のクローシェイ家の人々によって牛耳られていたが，このことはこの運河の建設や使用において同製鉄所がいろんな面で優遇されることを意味していた。例えば，マーサーにおいて当初の計画では支線運河がダウレス製鉄所まで延びる予定であったが，この案は後に却下されたのに対し，カヴァースヴァ製鉄所との連絡は確保されたし，貨物の取り扱いにおいても同製鉄所が優遇されていた[29]。

　こうしたことはカヴァースヴァ以外の製鉄業者による運河会社の経営に対する不満を生み出し，運河に対抗する交通手段の計画へと導いたのである。その最初の計画はダウレス製鉄所のゲスト家，ペニダレン製鉄所のホンフレイ家，プリマス製鉄所のリチャード・ヒル，そしてカーディフ近辺のペンターク製鉄所（Pentyrch Iron Works）のウィリアム・ルイス（Wm. Lewis）によって立てられた。それによるとカーディフからクェーカーズ・ヤードに至るトラムロードを建設し，そこから路線を二俣に分け，そのうちの1本はマーサーへ，そして他の1本はアバーデア，アバーナントへ延ばそうとするものであった[30]。この計画は当然のこととして，運河会社の激しい反対を呼び起こし，法案は議会で第1読会が行われた後，1797年5月に撤回された[31]。

　その後，トラムロードのプロモーターたちは計画を大幅に変更し，夏期の水不足により運河輸送が最も困難なマーサーからアバー・カノンまでの建設計画を議会に提出したが，この法案にもグラモーガンシャー運河会社は強く反対した。この点について1800年3月1日の運河委員会は次のように決議している。「グラモーガンシャー運河会社株主は，運河と平行して建設され，現在運河で輸送されている鉄の輸送を目的とするトラムロードの建設を阻止するためにあ

らゆる法的措置をとる意図であることをサミュエル・ホンフレイ，ウィリアム・テイト，そしてリチャード・ヒル諸氏に通知する」(32)。このような運河会社による激しい抵抗に直面して，ペニダレン・トラムロード法案は却下されたが，その後，運河会社との話し合いの結果，立法なしに建設が開始される運びとなった。そのさいに足がかりとなったのがグラモーガンシャー運河会社法の第57条であった。それによると，運河から4マイル以内の工場や炭鉱の所有者は，議会の認可なしに運河と連絡するトラムロードを建設する権限が与えられていたのである(33)。トラムロード建設推進者達はその条項を利用して，マーサーのペニダレン製鉄所からアバー・カノンまでのトラムロードを建設した。建設資金はダウレス製鉄所，ペニダレン製鉄所，そしてプリマス製鉄所の出資によってまかなわれ，ペニダレン製鉄所のリチャード・ヒルが計画全体の責任を負うことになった。その建設の指揮をとったのがジョージ・オーバートンであり，作業は1800年に開始され，1802年に完成した。その全長は9.5マイルで，鋳鉄製レールが石のブロック上に敷設され，レールのゲージは4フィート4インチ，長さは1ヤード，重量は56ポンドであった(34)。路線は単線で，タフ川の東側（運河とは反対側）に沿って進み，クェーカーズ・ヤード近辺でタフ川を渡す2つの橋をもっていた。その橋は，当初木製であったが，1815年に落下したために鉄橋に取り替えられた(35)。

また，グラモーガンシャー運河と連絡するアバー・カノンには広いドック（basin）があり，その周辺の波止場で運河への貨物の積み替えが行われたのである(36)。このトラムロードはほとんど3社の製鉄会社によって使用され，通常1頭の馬が5台のトロッコを牽引し，総量約10トンの貨物を引いて運河を下り，アバー・カノンで運河船に積み替えられたのである。旅客輸送は正式には認可されていなかったが，実際にはドライバーとの了解により，それも可能であった(37)。

このトラムロードで注目すべきことは，スティーブンソンの「ロケット号」よりも25年も早く蒸気機関車が走行したことである。その計画の主導者はペニダレン製鉄所のサミュエル・ホンフレイであった。ホンフレイの企業活動は単

にマーサーばかりでなく，サーホウイ渓谷からシャネシ（Llanelli）におよんでおり，その広範な活動を通して幅広い人脈を持っていた[38]。彼はトレヴィシックの高圧蒸気機関に強い感銘をうけ，その特許権のシェアを購入するとともに，トレヴィシックを自身の製鉄所に招き入れて，そこで使用する蒸気機関の製作を依頼した。そうした中で両者の間に，蒸気機関車の実験の話が持ち上がってもなんの不思議もない。一説ではこの実験に際して，ホンフレイとアンソニー・ヒルとの間で実験の成否をめぐって500ポンドの賭が行われたとのことである。しかし，その賭の相手がヒルであったのか，あるいはクローシェイであったのかという点について確たる証拠はない[39]。

　蒸気機関車の走行テストが行われたのは1804年2月21日であり，トレヴィシックから友人のデイヴィス・ギディ（Davies Giddy）への手紙によると，その時の模様は以下のとおりであった。「昨日，われわれは蒸気機関車による走行を行った。われわれは5台のワゴンに10トンの鉄を積み，70人の人間が乗って全行程を走行した。9マイルの区間を4時間5分で走行したが，その間に何本かの木を切ったり，路面からいくつかの大きな石を取り除かねばならなかった。機関車は時速約5マイルの速度で走行した。……（中略）……復路，鉄の荷役が行われる場所から約4マイルのところで，ボイラーの軸に取り付けられている小さなボルトのうちの1本が破損し，そのためすべての水がボイラーから流れ出てしまったために，夕方になってやっと出発点まで戻ってきた」[40]。

　もっともこの実験は単発的に行われたにすぎず，その後もトラムロード上を馬力による列車が走行していた。実際，蒸気機関車が本格的に採用され，鉄道輸送を変革するのはそれから約25年後のことであるが，少なくともこの実験はウェールズの人々にとって記念すべき出来事にはちがいなかったのである。現在でもマーサーのペニダレン製鉄所跡地にあるトラムロードの終点近くや，アバー・カノンにはトレヴィシックの栄誉を讃える記念碑が建っているし，ウェールズ産業・海事博物館には走行に使用された機関車のレプリカが展示されている[41]。

(2) アバーデア運河

　アバーデア地方（カノン川流域）ではすでに16～17世紀から木炭を燃料とする製鉄業が発展していたが，コークスを燃料とする大規模な製鉄業は18世紀末から19世紀初期にかけて，主としてイングランド出身の企業家たちによって設立された3つの製鉄所によって開始された。すなわちハーウェイン製鉄所（Hirwaun Ironworks），アバーデア製鉄所，別名スウィドコイド製鉄所（Llwydcoed Ironworks），そしてアバーナント製鉄所（Abernant Ironworks）がそれである[42]。そして，この地方の交通の改善もこれらの製鉄所の経営者たちを中心にして実施されたのである。

　アバーデア運河の建設を認可する法律が通過したのは1793年であり，それにより，グラモーガンシャー運河に接続する運河の建設，あるいは西のニース運河に通じるトラムロードの建設が認可された[43]。運河会社の最初の総会は1793年5月にマーサーのスター・イン（Star Inn）で開催されたが，その時の議事録には出資者の氏名と出資額についての一覧表が載せられている。その中にはマーサー，およびアバーデア地方の製鉄業者のサミュエルとジェレミー・ホンフレイ（2,000ポンド），プリマス製鉄所のリチャード・ヒル（500ポンド），ブレコンの銀行家ウィルキンス家（2,000ポンド），そして南ウェールズを中心とする運河技師のトマス・ダッドフォード（2,000ポンド）の名前もみられる。出資者は合計33名，220株で総額2万2,100ポンドであった[44]。しかし折りからの不況の到来により，運河の建設は延期され，石灰石の採石所とハーウェイン製鉄所を結びつけるわずか約2マイルのトラムロードの建設が行われたにすぎない[45]。

　大きな変化は1804年に訪れた。運河ではなく，ニース運河に通じるトラムロードの建設が決定されたのである。そのイニシアティブをとったのは同年にアバーナント製鉄所の経営に関与するようになった銀行家出身のタッペンデン家（The Tappendens）の人々であった。彼らはしばらくのあいだ，その生産物を駄馬で輸送していたが，その高輸送費により大量輸送の重要性を痛感する

第3章　鉄道時代前夜東グラモーガン地方の交通発展　67

に至ったのである。そこで彼らは1805年に，他の製鉄所の協力を得て，アバーデアからニース運河に通じるトラムロードを建設した。しかしこのトラムロードの完成後，3つの製鉄所間で，さらにはニース運河との間で争議が発生し，その結果，タッペンデンたちがトラムロードを購入し，それを独占的に使用することになった(46)。

　このような状況の中で，アバーデア製鉄所のスケール兄弟（John & George Scale）のイニシアティブによってアバーデア運河の建設が決定され，ブレコンの銀行家，ウィルキンス家と地元の地主ジョン・B・ブルース（John B. Bruce）がそれに資金援助を行った。1809年から始まった建設にあたって，当初，トマス・シースビーが工事の指揮を取っていたが，後にジョージ・オーバートンが彼に取って代わった(47)。工事を請け負ったのはホプキンス兄弟であった。運河の建設と並んで各製鉄所と運河を連絡するトラムロードも建設され，それに必要なレールはアバーデアとアバーナント製鉄所から提供された(48)。議会で認可された資本金は2万2,500ポンドであったが，建設に要する費用はそれを上回り，さらに5,000ポンドの追加資金が新株の発行や株主からの追徴によって調達されねばならなかった(49)。

　この運河が開通したのは1812年8月か9月頃であった。このことは同年7月24日に開催された総会で，すでに工事はほとんど完成しているが，なお未完成になっている引き船道の工事の完成を促す指令が請負業者に対して出されていることからも明らかである(50)。

　運河の起点はアバーデアの郊外で，ここに4つの埠頭が設置された。運河会社の議事録によれば，この年の5月にそれらの埠頭建設のために，ハーウェイン，アバーデア，アバーナントの各製鉄所，および地主のブルース氏に対して，運河終点のベイスンの東側それぞれ80フィートの土他が年間2ギニーの地代で貸し出されている(51)。この運河の全長は7マイル足らずであり，アバーデアからカノン川（River Cynon）沿いにアバー・カノンに達し，そこでグラモーガンシャー運河と連絡されていた。アバーデアからそのジャンクションまでの所要時間は2つの閘門（ロック）の通過を含めて3～4時間，運河船の積載量

はグラモーガンシャー運河と同じ20トン，最適通行速度は貨物満載時には平均時速約3キロ，空船の場合は約4.8キロであった(52)。

しかし，この運河は開通後早々不況に襲われ，アバーデア周辺の製鉄所の経営が行き詰まり，2つの製鉄所が破産したために，交通量は激減した。そして1814年にはこの運河も大きな負債を抱え，破産寸前の状態に陥った。とりわけ1815〜17年にはほとんど閉鎖状態に追い込まれ，運河委員会も会合を開かなかった(53)。

この危機を救ったのがカヴァースヴァ製鉄所のクローシェイ家であった。ウィリアム・クローシェイ2世は1818年にハーウェイン製鉄所を買収し，その再建に乗り出すとともに，アバーデア運河株も買収し，その経営権を獲得すると，荒廃した運河や曳き船道を修理し，橋を架け直し，十分の水量を確保するためにアマン川から水路をひくことによって，運河の再建に乗り出した(54)。1820年代になるとアバーデア地方の製鉄業にもようやく活気が戻り，運河輸送も増加にむかった。1825年には運河収入が支出を超過し，出納係は991ポンドの余剰を記録し，配当も増加した。

(3) ロンザ渓谷のトラムロード

最後にロンザ渓谷のトラムロードについて述べておこう。ロンザ地方はその険しい地理的特徴からして運河建設には不適切であった。そこに運河を建設しようとすれば短い区間に数多くの閘門を設置しなければならなかったであろう。したがって，19世紀初期にはこの地方で開発された石炭を輸送するためにトラムロードが建設された。グラモーガンシャー運河の取締役の中にはロンザ渓谷の炭鉱開発に関心をもつ者が含まれていた。中でもドクター・リチャード・グリフィス（Dr. Richard Griffiths），ジェレミー・ホンフレイ（Jeremiah Homfray），そしてウォーター・コフィン（Walter Coffin）はロンザ渓谷地方の炭鉱開発のパイオニアとなった。

まずドクター・リチャード・グリフィスは1809年4月に炭鉱開発のためにハフォド・ヴァウア（Hafod Fawr）の土地を借り受けた(55)。彼は最初その炭鉱

から産出される石炭を私的なトラムロードを建設することによって，グラモーガンシャー運河まで輸送しようとしたが，運河会社に反対された。そこで彼は自身の炭坑から約3マイルあまりのトラムロードをトレフォレスト（Trefforest）まで建設し，そこから1マイルの運河でグラモーガンシャー運河に連結することに計画を変更した。トラムロードは1809年に建設されたが，彼の運河（ドクターズ・カナール）はようやく1813年になってグラモーガンシャー運河に連絡されたのである[56]。

他方，ブリッジエンド出身のウォーター・コフィンはロンザ渓谷のさらに奥深くのディナス（Dinas）に土地を購入し，そこに炭坑（水平坑）を開設した。そしてそこでの生産物を輸送するために，彼の炭坑から約2マイルあまりのトラムロードを敷設し，ドクター・グリフィスの許可を得て，その輸送施設と連絡しようとしたのである。トラムロードの建設に先立ってそれが通過する土地，タナカマー・ファーム（Tyn-y-cymmer Farm）の地主であったエリザベス・モーガン（Elizabeth Morgan）から土地をリースする必要があった。その条件については1810年1月にグラモーガンシャー運河のコミッショナー会議で合意が得られた[57]。

そしてディナス・トラムロードの最初のセクションは1810年夏にデヴィッド・ノウントンとウィリアム・デイヴィッドの指揮のもとに建設が開始され，年末にはドクター・グリフィスのトラムロードとの連結点のガヴェイリオンまで達していた。そのトラムロードはディナスの水平抗を発し，ロンザ川の西土手を通過してガヴェイリオン，ニューブリッジを通過して，トレフォレストで運河と連絡された。そして，石炭は45～50ハンドレッドウェイトの小さなトロッコを12～15台連結して，4頭の馬によって牽引されていた。それらのトロッコはすべて鉄でできており，トラムロードの幅は3フィートであった[58]。タフ・ヴェール鉄道が開通するまで，ディナス・トラムロードはロワー・ロンザの渓谷地帯からの石炭輸送や渓谷への各種の物資輸送に重要な役割を演じていたのである。

また，炭鉱業者達は石炭荷役を行うために，グラモーガンシャー運河のカー

ディフでの波止場（Sea Lock Pond）において石炭置き場を設置した。グラモーガンシャー運河の議事録によれば，海門（Sea Lock）近くの運河の波止場の土地，全長80フィート，幅55フィートの土地がジェレミー・ホンフレイに，またそれに隣接する全長190フィートの土地がウォーター・コフィンに，それぞれ21年間にわたって年間2ギニーの使用料で貸し出されている。また翌年には全長190フィート，幅55フィートの土地がドクター・グリフィスに貸し出されている[59]。

Ⅳ 沿線の産業発展と運河の交通増加・収支変動

(1) 沿線の炭鉱開発の進展と運河交通の増加

以上で見てきた支線運河やトラムロードのうち，ペニダレン・トラムロードはグラモーガンシャー運河の一部区間と競合するものであったが，そのほとんどは幹線運河の交通増加に貢献した。また，ペニダレン・トラムロードにしても，その建設動機の一部は幹線運河の上流部の水不足による輸送難を解消するためであった。そして，沿線の産業はこうした交通手段の改善と並行して発展していったのであり，その結果，運河やトラムロードの交通量も増加した。そこで次ぎにアバーデアとロンザにおける炭鉱開発とそれに伴う交通発展を見ていこう。

まずアバーデア地方についてみると，この地方で販売を目的とする炭鉱開発が開始されるのはようやく1837年からであり，アバーデア運河の書記の経験をもつトマス・ウェイン（Thomas Wayne）がそのパイオニアであった[60]。彼はその年の7月にアバーデア近郊のカムバッハ（Cwmbach）でスティーム炭の採掘を開始した。この炭坑の成功，とりわけ良質スティーム炭生産の成功に刺激されて，多くの者がこの地方で炭鉱業を開始した。その一人，トマス・パウエル（Thomas Powell）は，モンマス地方での初期の炭鉱開発の後，1840年にアバーデア地方で炭鉱開発を再開し，イギリス最大の炭鉱会社の基礎を築い

第3章　鉄道時代前夜東グラモーガン地方の交通発展　71

たのである。彼のこの地方での事業は，カムバッハ炭坑の近隣のティルファウンダー・ファーム（Tyrfounder Farm）のオールド・ダフリン・ピット（Old Duffryn Pit）で始められ，続いて1843年にアッパー・ダフリン（Upper Duffryn）炭坑の開発が始まった。また，同年にはウィリアム・トマス（Wm. Thomas）やデヴィッド・デイヴィス（David Davis）も炭鉱開発を開始した[61]。

　こうした炭鉱開発の進展はアバーデア運河，および幹線のグラモーガンシャー運河の石炭輸送に貢献したことは言うまでもない。また，運河会社の議事録からも1830年代末以降におけるこの地方の炭鉱開発の開始が確認される。中でも興味深いのは炭鉱開発により，運河と炭鉱を結合するトラムロードの建設が必要になったことであり，炭鉱企業家が運河会社にそれを要請している事例が多くみられる。その一つの事例は前述のデヴィッド・デイヴィスによる彼のブレンガウア炭坑と運河を結合するトラムロードの建設認可要請であり，運河会社はこれを快く了承している[62]。

　もう一つの興味深い事例は，トマス・パウエルが運河での石炭輸送に独特のコンテナ輸送を行おうとしたことである。この点について，1842年7月のアバーデア運河総会議事録によれば，「パウエル氏はこの会合において，彼のダフリン近郊の炭坑からアバーデア運河を利用して石炭を積み出すさい，石炭を箱詰めにして自身の運河ボートで運んだが，その空箱を運び返す際に通行料を無料にしてもらいたいと要請」[63]しており，運河会社はそれを許す旨の決定を行っている。

　他方，ロンザ渓谷の炭鉱開発は，前述のように，ドクター・グリフィスやジェレミー・ホンフレイ，およびウォーター・コフィンによって開始されたが，中でも鉄道時代以前のこの地方の炭鉱開発で主導的役割を演じたのがコフィン（1785～1867年）であった。この点を強調してE. D. ルイスは「実際，ディナス（Dinas）における彼の活動は非常に卓越していたので，19世紀の最初の40年間にわたるロンザの産業史は『ディナス時代』と呼んで差しつかえないであろう」[64]と述べている。コフィンはブリッジエンドの大規模ななめし革業者で

あった同名のウォーター・コフィンの次男であり，カウブリッジのグラマースクールで，さらにはエクセターのある私立アカデミーで教育を受けた後，法曹界で身を立てることを希望したが，非国教徒の彼にとって，その道は険しく，1804年にグラモーガンに戻り，しばらくは家業を手伝っていた。彼が炭鉱業に進出するのは1809年のことである。彼がディナス（Dinas Uchaf Estate）において最初に開いた水平抗はグレイグ・ヴェイン（Graig Vein or No. 1 Rhondda）といったが，その炭質は悪く，事業は不成功に終わった。次に手をつけたのがロンザ第2抗（No. 2 Rhondda）で，これは有望な炭坑であった。ここで採掘された石炭を輸送するためにトラムロードを建設したことはすでに述べたとおりである。

このようにして，コフィンの炭鉱業は当初水平抗の開発から始まったが，その炭坑が枯渇の兆しを示し始めると，彼は縦坑（pit）を掘る決心をする。その最初の縦坑がディナス・ロワー炭鉱（Dinas Lower Colliery）であり，その深さは40フィートであった。それはディナス・ナンバー3（Dinas No. 3 or No. 3 Rhondda, or Bodringallt）炭坑と呼ばれていたが，またコフィン・コール（Coffin Coal）として知られていた。それはロワー・ロンザが名声をえた最初の瀝青炭であった。この成功に勇気づけられたコフィンは1832年には第2の縦坑の開発を開始した。ディナス・ミドル炭坑がそれで，深さ80ヤードであった。

この頃にはマーサーの製鉄業者，W. クローシェイやJ. エドモンズなどによる水平抗の開発が進められたが，いずれも小規模にとどまった。表3-4で示されているように，1830年代までのロワー・ロンザの炭鉱開発はほとんどがコフィンによって行われていたのである。ちなみにこの地方の本格的炭鉱開発はタフ・ヴェール鉄道の路線がロンザ渓谷の奥深く浸透する1855年以後のことであった。

以上で見てきたようなロワー・ロンザやカノン渓谷地方における炭鉱業の発展が運河交通の増大をもたらした。例えばルイスによれば，1833年に50,475トンの石炭が運河とトラムロードを通ってロワー・ロンザからカーディフへ運ばれていたという。また，マウントフォードとキドナーによれば，アバーデア運

表3-4　19世紀前半ロワー・ロンザの炭鉱開発

年	最初の所有者	炭坑名	位　置
1809	Walter Coffin	Dinas Levels	Dinas
1809	Jeremiah Homfray	Hafod Level	Hafod
1812	Walter Coffin	Dinas Lower Colliery	Dinas
1832	Walter Coffin	Dinas Middle Colliery	Dinas
1835	Wm. Crawshay	Cwaun-yr-eirw-Level	Nr. Hafod
1838	John Edmunds	Gelliwion Level	Nr. Pontypridd
1839	Water Coffin	Brithweunydd Level	Trealaw
1841	Richard Lewis	South Cymmer Level	Porth
1844	Lewis Edwards	Nythban Level	Porth
1844	George Insole	Cymmer Level	Porth
1845	Walter Coffin	Gellifaelog Colliery	Tonypandy
1845	John Calvert	Newbridge Colliery	Gelliwion
1845	D. W. James	Porth Colliery	Porth
1845	Leonard Hadley	Troedyriw Colliery	Nr. Porth
1845	Shepherd & Evans	Ynyshir Colliery	Ynyshir
1847	Wm. Perch	Perch Levels	Blaenclydach
1847	George Insole	Cymmer (Old) Colliery	Porth

(出所)　Lewis, E. D., *The Rhondda Valleys*, University College Cardiff Press (1958) p. 56.

河による石炭輸送量は1838年から1848年までの10年間に約3倍，すなわち6万898トンから15万9,653トンに増加したという(65)。表3-5はグラモーガンシャー運河の鉄と石炭の輸送量を示している。

表3-5から次のことが明らかになるであろう。まず第1に，この表では1828年以前の石炭輸送の実態は不明であるが，前述のように，この運河と連絡するロワー・ロンザ渓谷ではすでに19世紀初期から販売用の石炭開発が開始されていたことに鑑みると，運河による石炭輸送が行われていたことは明白である。しかし，全般的にみると，この時期の石炭輸送はそれほど多くはなく，少なくとも1820年代までは鉄が主要貨物であったと言うことができよう。そもそもこの運河の建設目的が製鉄業者による鉄の輸送であったことから当然のことと言えよう。この時期は南ウェールズ製鉄業の全盛時代であり，好不況による変動はあるものの，1817年から1840年までの24年間にマーサーからカーディフへの運河による鉄の輸送は約3，4倍に増加したのである。

表3-5 グラモーガンシャー運河の鉄と石炭の輸送量
(単位:トン)

年	鉄	石炭	年	鉄	石炭
1817	39,497	—	1829	83,876	83,729
1818	41,611	—	1830	81,548	106,170
1819	49,624	—	1831	70,333	117,134
1820	52,465	—	1832	83,677	165,351
1821	52,474	—	1833	112,012	183,955
1822	52,474	—	1834	111,012	183,955
1823	57,296	—	1835	119,858	176,374
1824	58,053	—	1836	123,088	192,241
1825	68,326	—	1837	124,810	226,671
1826	60,077	—	1838	130,637	139,081
1827	84,946	—	1839	132,781	211,214
1828	89,839	—	1840	132,001	248,484

(出所) *Digest of Welsh Historical Statistics*, vol. 2, University Collage of Wales, Aberystwyth (1985) p. 31.

石炭輸送の重要性が増加するのは1830年前後からであった。これは沿線, とりわけロワー・ロンザ地方, そして後にはアバーデア地方の炭鉱開発によるものであるが, 運河の貨物としての鉄と石炭を比較した場合, 両者の間にはかなり大きな相違が見られたことに注目する必要がある。まず, 両者の比重の違い (鉄と石炭の比重はそれぞれ約7.8と1.3～1.7) により, 1トン当たりの体積は石炭のほうがはるかに多く, 鉄の約5倍であった。したがって, 表3-5において, 例えば1840年の石炭の輸送トン数は鉄の2倍近くになっているが, 体積では鉄の10倍にも達していたであろう。他方, 運河の収入源として両者を比較すると, 全く逆のことが言える。グラモーガンシャー運河の開設当初の通行料は鉄については, トン・マイル当たり5ペンスであったのに対して, 石炭は2ペンスであった。したがって, 運河会社は鉄と同じ通行料を稼ぐためには重量で2.5倍 (体積では何と12.5倍) もの石炭を輸送しなければならなかったのである。運河の収入源として石炭は鉄に比べて通行料が安く (鉄の40%) あまり儲かる貨物ではなかったため, 鉄に対する石炭の相対的輸送量の増加によっても運河の収入はその輸送量ほども増加しなかった。後に見るように, 実際にはグラモーガンシャー運河のすべての貨物通行料は法律で決められたオリジナルな率から漸次切り下げられていったので, 運河の収入は表3-5で示された輸送量の増加ほども増加しなかったのである。石炭輸送の相対的増加と関連して注目すべきもう一つの点は, その分量の多さから生じる運河への物的負担の増加である。すなわち, 石炭は嵩高貨物としての性質上, その輸送の飛躍的増大は同時に運

第3章　鉄道時代前夜東グラモーガン地方の交通発展　75

河の維持費の大幅な増加を引き起こしたのである。以上のことを念頭に置いて，次にグラモーガンシャー運河の会計文書に依拠しつつ，その収支の変動を見ることにしよう。

(2) 運河の収支変動

　グラモーガンシャー運河の会計文書はグラモーガン・レコード・オフィスに保存されている。その収支計算書は1798年12月から始まっているが，その計算書の貸方には運河の営業開始からその年までの運河の固定費用と運転費用が記載されており，借方には通行収入，資本金，そして利子などが一括して記載されている。

　この運河の1年毎の収支計算書は1801年10月から始まっており，この運河がビュート侯に販売される直前の1881年まで，一部中断があるものの，ほぼ連続して記録されている。その場合，この運河の場合には毎年10月から翌年9月までの収支報告書となっている。借方には月毎（1815年以降は四半期毎）の通行料収入，地代や波止場貸付による収入，利子収入，配当，そして翌年度への繰越金などが記載され，貸方には1年間の費用，利子・配当金の支払いに利用できる差額等が記載されている。以下，ここではタフ・ヴェール鉄道の建設以前の収支変動をみていくことにする。

① 運河の収入

　イギリスでは1840年代になるまでは，運河会社は基本的には運送事業に関与することは許されておらず，運送は荷主によって行われていた。荷主は他人の貨物の運送によって運送利潤を獲得する専門的運送業者の場合もあり得たが，南ウェールズの運河，とりわけグラモーガンシャー運河の場合にはそうした事例は見られず，大半がマーサーの製鉄業者や沿線の炭鉱業者や石炭商人による自己運送であった。その場合，荷主自身が工場や炭鉱からの生産物を販売のために輸送していたのである。したがって，運河会社は荷主に運河という交通施設を提供することによって，通行料を徴収していた。グラモーガンシャー運河

表3-6 グラモーガンシャー運河の収支変動
(1801～1840年：3年毎の平均)

年	通行料	総収入	繰越金	総費用
1801～1803	12,186	13,195	1,462	12,247
1805～1807	13,598	14,986	1,048	13,718
1808～1810	12,115	14,223	1,803	11,700
1811～1814	15,345	16,050	3,678	12,586
1815～1818	11,806	14,872	2,748	13,664
1819～1822	15,024	16,249	655	15,431
1827～1829	14,110	21,010	5,469	14,802
1830～1832	13,384	18,589	3,458	15,137
1833～1835	16,357	21,178	2,951	19,535
1836～1838	21,417	29,988	6,464	17,875
1839～1840	24,639	38,096	11,578	28,978

(出所) G. C. C., *Account Papers* (1801-1840) より作成。
(注)　1839～40年度の数値は2年間平均。

会社の場合には，総収入の大半が通行料収入であったが，その他に，波止場使用料，土地のリースによる地代収入，カーディフの海門ドック（Sea Lock Pond）の使用料が含まれていた。

1年毎の会計報告が開始される1801年からタフ・ヴェール鉄道が（一部）開通する1840年までの運河の総収入，通行料収入，そして運河の総費用を3年毎に平均して表したのが表3-6と図3-2である。

これらの図表に示されている総収入の中には1年間の通行料収入の他に前年度からの繰越金，地代収入，波止場使用料，などが含まれている。他方，総費用の中には労賃や修理費に加えて，10万ポンドの資本金に対する配当（年率8％）と3,600ポンドの追徴金に対する利子（年率5％）が含まれている。この配当金と利子はこの時期全体を通してほとんどの時期で毎年法定最高額の8,180ポンドが維持されていた。

表3-6と図3-2により，まず運河収入の変化に注目してみよう。1840年のタフ・ヴェール鉄道の（一部）開通までについて見ると，ナポレオン戦争中の一時期，戦後の不況期，および1830年代初期の落ち込みはあるものの，運河の収入は全体としては増加傾向にあることは明白である。また，運河の通行料収入も1819～22年と1830年代後半にかなりの乖離が見られるものの，全体としては総収入と同様に増加傾向にあった。また，運河の総収入の増減は通行料だけでなく，その他の収入や，とりわけ総費用との関連で見る必要がある。というのは，ここで示されている総収入には通行料収入，波止場使用料などの他に前年度からの繰越金も含まれており，その額は前年度の総費用が多くなれば減少し，逆に費用が抑制されれば増加したからである。例えば，1827～29年の総収

第3章　鉄道時代前夜東グラモーガン地方の交通発展　77

図3-2　グラモーガンシャー運河の収支変動
1801～40年（3年毎の平均値）

（単位：千ポンド）

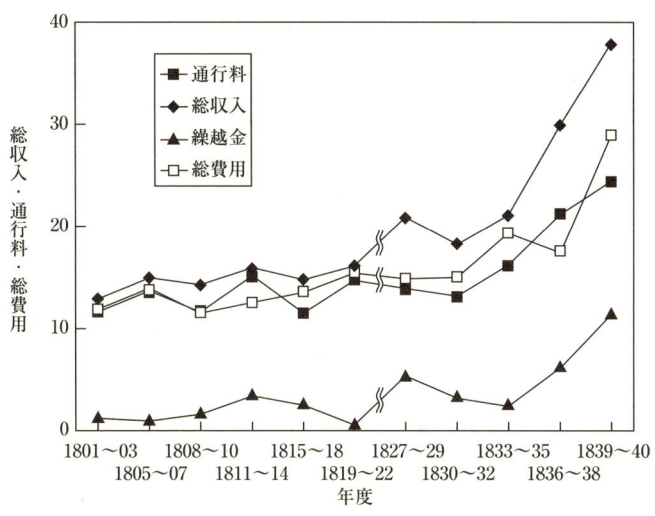

- 通行料
- 総収入
- 繰越金
- 総費用

縦軸：総収入・通行料・総費用
横軸：年度　1801～03　1805～07　1808～10　1811～14　1815～18　1819～22　1827～29　1830～32　1833～35　1836～38　1839～40

（出所）　表3-6に同じ。

入は，通行料収入の伸び悩みにもかかわらず，その前期に比べて上昇し，2万1,000ポンドあまりになっているが，これはこの時期に総費用が1万4,800ポンドあまりに抑えられていたことによっている。また，1836～38年には総収入は費用の減少と反対に大幅に増加しており，したがってこの時期には繰越金も増加している。

　また，運河の通行料収入の変動に大きな影響を与える変数として，トン・マイル当たりの通行料がある。すでに述べたように，グラモーガンシャー運河の設立にあたって，運河法は利潤を年率最高8％に規制していたが，この運河の場合，創業期の困難を克服すると，常に最高率の配当を支払っていたにもかかわらず，相当額の繰越金を計上していた。このため運河会社は継続的な単位当たりの通行料の切り下げを実行することによって，利益を荷主に還元していたのである。鉄と石炭のトン・マイル当たり通行料の変遷は表3-7に示されている。この表からも明らかなように，この運河の石炭と鉄の通行料は運河設立

表 3-7　グラモーガンシャー運河の通行料

(単位：トン・マイル当たり，ペンス)

年	鉄(%)	石炭(%)	年	鉄(%)	石炭(%)
1790	5.0 (100)	2 (100)	1824	2.0 (40)	0.8 (40)
1799	4.0 (80)	1.5 (80)	1828	1.25 (25)	0.5 (25)
1803	3.2 (64)	1.2 (60)	1833	1.0 (20)	0.4 (20)
1815	2.88 (57.6)	0.93 (46.5)	1835	2.5 (50)	1.5 (75)
1818	2.5 (50)	1.0 (50)	1841	1.5 (30)	1.0 (50)
1820	2.25 (45)	0.9 (45)	1841.9	0.75 (15)	0.5 (25)

(出所)　G. C. C., *Committee Meeting Minutes: General Assembly Minutes* 各年度より作成。

　当初に議会立法によって鉄についてはトン・マイル当たり5ペンス，石炭については2ペンスに定められていたが，その後の運河収入の増加に応じて継続的に切り下げられていき，1833年には鉄については1ペンス，石炭の場合は0.4ペンス，すなわち運河開設当初の料金のわずか20％に低下していることがわかる。この率はその後，タフ・ヴェール鉄道の開設に先立って，鉄道との競争戦略上，1835年には一時切り上げられているものの，鉄道開設後には再び切り下げられ，1841年9月には鉄についてはわずか0.75ペンス（運河開通時の15％），石炭については0.5ペンス（同25％）に低下している。

　このような単位当たり通行料の継続的切り下げにより，運河の通行料収入はその輸送トン数の増加に歩調を合わせることはできなかった。この運河の貨物輸送量全体の数字が明らかでないので，正確な数字をあげることはできないが，表3-5で示されているように，1829年から1840年にかけて鉄と石炭の輸送量は約17万トン弱から38万トンに，すなわち約2.2倍に増加したにもかかわらず，同時期の通行料収入の増加は約1.7倍にとどまった。しかも輸送量の数字にはこの時期にますます重要になってきた鉄鉱石や炭坑で使用される坑木など，その他の貨物は含まれていないのである。また，運河の通行料収入の緩慢な増加に貢献したもう一つの要因として，前述した鉄に対する石炭輸送量の相対的増加があげられる。石炭はその嵩が鉄の5倍にも達したにもかかわらず，そのトン・マイル当たり通行料は鉄の40％に過ぎなかったのである。しかも，嵩高貨物としての石炭輸送の増加は運河への物的負担をますます増加させたのである。

②費用の変遷

次にこの運河の費用の変遷について見ていこう。前述のように，この運河会社の経営に必要な費用としては，書記への給料，運河労働者（ロックキーパー，石工，大工，鍛冶工，など）への賃金，修理に必要な資材費，税金，訴訟費，地代，総会や委員会の開催に必要な費用，などがあげられるが，その他に利子・配当費も含まれている。この中で利子・配当費は当面の時期全体を通じてほとんどの年で8,180ポンドが維持されていた。

表3-6と図3-2で示されているように，この時期全体を通じて総費用は常に総収入を下回っており，その差額は次年度への繰越金として会計係が保管していた。これらの資料により総費用の動きをみると，次のような特徴が明らかになる。まず第1に，全体としてみると，総費用は総収入や通行料の変動と一致しているが，ある時期には両者の間に乖離が見られる。すなわち，1815〜18年には総収入と通行料がともに低下しているにもかかわらず，総費用は増加を続けている。他方，1827〜29年には総収入は大幅に増加しているが，総費用と通行料収入は低下している。また，1836〜38年にも総収入は大幅に増加しているが費用は増加していない。言うまでもなく，運河の大改造や修理が行われた年や法廷費用が異常に高くなった年には費用は増加している。また第2に，全般的にみて，1810〜20年代までは総費用は微増にとどまっていたが，1830年代になるとかなり急速な増加傾向がみられる。これは明らかに石炭輸送の増加に伴い運河の修理費がこの時期になって急増したことや，それに関連する人件費の増加と関係している。

そこで次にこの運河の費用をもう少し詳しく分析してみよう。ここでは費用の変遷をよりいっそう明確に示すために，これらの項目を①利子・配当費用，②役員，とりわけ書記への給料，③運河労働者，すなわちロックキーパー，石工，大工，鍛冶工，下水工，モールキャッチャー，フィーダー・テンダー等への賃金，④修理費，すなわち石材，石灰，セメント，木材などの購入に必要な費用，⑤その他，すなわち法廷費用（運河沿線の工場などとの訴訟に要した費用），税金，地代（運河の貯水池，フィーダーなどで運河会社が地主に支払う

表 3-8　グラモーガンシャー運河の総費用の趨勢（1801～1840年）

(単位：ポンド)

年	利子・配当	給料	賃金	修理費	その他	総費用
1801～1803	8,180	316	2,814		937	12,247
1805～1807	8,180	393	5,056		133	13,718
1808～1810	3,908	439	6,730		935	11,700
1811～1814	6,835	515	5,111		124	12,586
1815～1818	8,171	528	4,965			13,664
1819～1822	7,371	592	6,176		1,938	15,431
1827～1829	8,180	977	1,581	1,708	2,357	14,802
1830～1832	8,180	1,038	1,711	1,995	2,213	15,137
1833～1835	8,180	1,145	3,505	2,655	4,050	19,535
1836～1838	8,180	1,193	3,888	3,816	2,723	17,875
1839～1840	8,180	1,327	8,389	9,737	1,345	28,978

(出所)　G. C. C., *Account Papers* (1801-1840) より作成。
(注)　数値は3年毎の平均値。1822年までは賃金と修理費が一括されている。

地代），総会や委員会の開催費用，通信費，貯水池や川に設置された水車や蒸気機関の費用，海門ドックの浚渫費用等，に分類した。表3-8と図3-3は1801年から1840年までのそれらの費用の3年毎の平均値の変動を示している。

　これらの図表を見るにあたって，1801年から1822年までの会計簿には労働者の賃金と修理費が一括して計算されている点に注意すべきである。これによって次のことが明らかになろう。まず第1に運河の総費用は変動があるものの，この時期全体で約2.4倍近くに増加している。費用全体の中で配当金と利子に当てられる額は常に大きな割合を占めており，その割合は，1801～03年には全体の67％近くを占めていた。しかしその後人件費や修理費の増加につれてその割合は低下し，1827～29年には全体の約55％，1839～40年には28％に低下した。他方，労賃と修理費は1822年までは合算されていたために，なんとも言えないが，その性質上平行して変動したと思われる。実際このことは1827年以後の動きからも明白である。しかもそれらの割合は1801～03年には費用全体の23％，1827～29年には22％であったのが，30年代に急速に増加し，1839～40年には62.5％にも達している。中でも労賃はこの時期には34％にも達している。ここにあげた図表では労賃の内容は不明であるが，会計報告書を見ると，中でもロックキーパーの賃金の増加が顕著で，1820年代には約600～700ポンドであった

第3章　鉄道時代前夜東グラモーガン地方の交通発展　81

図3-3　グラモーガンシャー運河の費用の趨勢
1801～40年（3年毎の平均値）　　（単位：千ポンド）

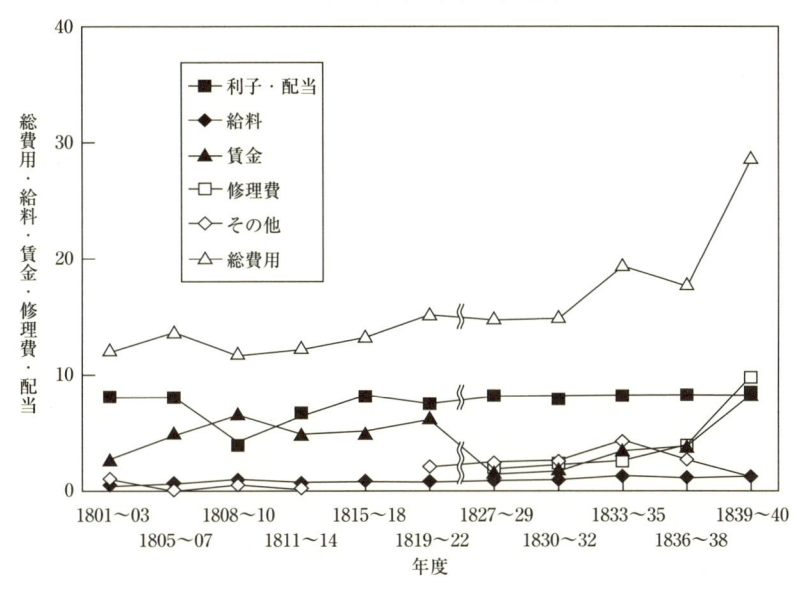

縦軸：総費用・給料・賃金・修理費・配当
凡例：■利子・配当　◆給料　▲賃金　□修理費　◇その他　△総費用
横軸：年度　1801～03, 1805～07, 1808～10, 1811～14, 1815～18, 1819～22, 1827～29, 1830～32, 1833～35, 1836～38, 1839～40

（出所）　表3-8に同じ。

のが，1832～34年には1,000ポンドを超過し，1839～40年には2,000ポンドにも達している。この増加は後に触れるように，運河船の夜間航行の実施と関係している。修理費の増加も運河の繁栄，とりわけ石炭輸送の飛躍的増大と密接に関係している。

V　運河の諸問題

さて，運河の沿線での産業発展に伴う運送量の増加は，一方では運河を繁栄させ，その収入の増加をもたらしたが，運河の繁栄，とりわけ石炭輸送の増加は様々な問題を生み出すこととなった。ボートの頻繁な通行に伴う水不足，施設の磨耗による修理費の増大，交通の渋滞などがそれである。そこで以下では，グラモーガンシャー運河の交通増加に伴う渋滞問題，およびその対策について

運河議事録などを拠り所にしてみていこう。

①水路の水不足

　水不足，とりわけ夏期のそれはグラモーガンシャー運河にとって開設初期から付きまとっていた重要問題であって，とりわけ交通量が増加する20～30年代にはますます深刻な問題となった。そしてこの問題は運河会社だけでなく，沿線の企業にとっても大きな問題であったので，運河会社と沿線企業との間でタフ川からの取水をめぐってたびたび軋轢を生み出し，時には訴訟問題に発展した。実際，グラモーガンシャー運河の議事録には沿線企業，とりわけプリマス製鉄所のリチャード・ヒル，およびメリングリフィス・ブリキ工場のブレーキモア氏との間の争論が頻繁に記録されている。ここではこの問題はごく簡単に触れるにとどめる。ヒルとの間の争論は最終的にはジョン・レニー（John Rennie）の勧告に従って，1807年にタフ川の上流のグランダラス（Glyndyrys）に貯水池が設けられ，そこにボールトン・ワット式蒸気機関が設置され，運河への取水が確保されたことによって解決された[66]。他方，メリングリフィス・ブリキ工場との争論は，「1806年の法廷での判決により，運河会社は上流からの取水を減少させ，700ポンドでメリングリフィス工場のある場所で水車を建設し，そこから取水することが決定された」[67]。しかし，同工場との間の問題はこれによって決して根本的に解決されたわけではなく，水の安定供給のために1821年にはナントガルー（Nantgarw）に貯水池が設置された[68]。

②海門ドックでの混雑・渋滞

　しかし，グラモーガンシャー運河の最大のボトルネックは，ビュート侯によりドック建設が行われるまで，カーディフにおいて適切な港湾施設がなかったことである。したがって，運河ボートから航洋船への積み替えは運河の海門（Sea Lock）内約1マイルにわたるウェット・ドック（Sea Lock Pond）内で行われていた。このドックは1796年におけるグラモーガンシャー運河法の改正法に基づいて建設され，1798年6月末には利用可能となっていた。しかし，その

スペースはそれほど広くなく，せいぜい150～200トン程度の沿岸船しか入渠できなかったのである。

しかも，このドックに入る前に航洋船によるバラスト投棄が頻繁に行われており，船舶の入渠に支障を来していた。一例をあげると，1817年5月の運河委員会で「リース氏（Mr. Reece, 運河会社の書記）は海門の手前に堆積した泥を除去するために十分の労働者を雇用すべし」[69]という指令が出されている。こうした指令がその後も繰り返し出されていたことからみても，ドック内外のバラスト投棄による泥の堆積は港を出入りする船舶の航行に大きな支障を来していたことがわかる。とりわけ，入港する船舶が増加するにつれて，船がドックに入る前に相当時間にわたってドック外で待機しなければならなかったのである。

1820年代になると，船舶の大型化につれて，もはや運河のドックそのものが不十分になってきた。そこで運河会社はこの問題に対処するためジョージ・オーバートンに調査を依頼した。運河議事録にはその報告書が掲載されているが，それによるとオーバートンはドックの拡張，深化，直線化を勧告しており，それにより300トンの船舶の入港が可能になると報告している[70]。運河委員会は1821年9月，ドックの拡張計画を実行するためにさらにロバート・スティーブンソンに調査を依頼し，同年12月にはこの問題を詳しく調査するために小委員会が設置されている[71]。

しかし運河会社は計画実行に当たって，思わぬ大きな障害に直面することになった。というのはドックの拡張のためにはビュート侯から多くの土地をリースする必要があり，運河会社からの要請に対してビュート侯は最初は言葉を濁していたが，後にきっぱりと拒否したからである[72]。彼は運河会社の計画を知るに及んで，運河会社に対する自己の立場の優位性を認識するに至り，おそらく自らのドック建設計画の構想を抱くようになったと思われる。

ビュート侯による反対に直面した運河会社は，その後も4つの製鉄業者が協力し，強制的に土地利用権を獲得するための議会立法を獲得すべく，ロビー活動を開始する[73]。しかしこの試みは結局は失敗に終わり，カーディフ港の建

設はビュート侯によって実施されることになる。侯がドック建設を認可する法律を獲得したのは1830年であったが，実際に建設が開始されるのはそれよりもはるかに遅れ，1839年になってようやく完成した。その場合，忘れてはならないことは，その間にもカーディフ港での荷役は運河のウェット・ドック内で続行されていたことで，その機能はほとんど限界に達していたのである。そのことを示す一つの証拠は炭鉱業者，ウォーター・コフィンによるドック外での荷役の実施であった。1832年6月の運河会社の総会議事録によれば，コフィンは石炭の積み込みをドックの外で行っており，この違反行為に対して，運河会社はコフィンに対して波止場用土地の賃貸期間が満期になり次第，その契約更新を停止すると警告している[74]。これが単なる警告にとどまったかいなかは定かではないが，この事例は石炭船の大型化により，もはや運河ドックは十分に機能しなくなっていたことを示唆している。そして，こうした危機に直面して，運河会社がビュート侯にドック工事を早急に実施するよう催促していた[75]ことは当然のことと言えよう。

③運河の深化と水路の拡張

さて，運河の交通増加のために実施された一つの対策は，マーサーからカーディフまでの水路を深め，幅を広めることであり，それによって運河ボートの積載力を従来の20トンから25トンまで増加することであった。この対策はまず1821年の年次総会でジョージ・オーバートンに「運河の土手とロックを高くし，それによってボート積載力を25トンに増加することが可能かどうか調査し，報告書を提出する」[76]ように要請することから始まった。それにしたがって，オーバートンは工事実施のための見積もりを提出した[77]。それを受けて運河会社はその工事の実施に必要な費用を捻出するために，1株当たり10ポンド14シリングあまりの追徴を行っている。この拡張工事が実施されたのは1823年の春であり，その年の5月の第1月曜から3週間にわたって荷主に運河の通行をストップするよう通知が出されている[78]。工事が予定どおりに実施されたかどうかは明らかではないが，25トン積みによる通行が実際に開始されたのは

1824年春からであった[79]。また，こうした運河船の積載力の増加に関連して，後に運河船と貨物の測量機械の設置が決められ，その注文がポンティプリーズのブラウン・レノックス社に出されている[80]。

④運河利用度の増大

　運河交通量の増加へのもう一つの対策は，運河利用度の増大を図ることであった。1825年2月からは日曜日にも海門（Sea-lock）を開き，船の通過を補助するために人員を増加することが決定されている[81]。また同時期には運河ボートの通行時間を日出の半時間前から日没の半時間後まで延長することが決められている[82]。しかし，30年代になり，石炭輸送が増加するとそれでも不十分となり，ついには夜間通行も認可されるようになり，それとともにロックキーパーを増員しなければならなくなった。この点について1833年12月の運河委員会議事録によると，「フォレスト氏（書記の一人）は翌年の2月1日から運河を昼夜使用可能にするためにロックキーパーを従来の2倍に増員し，ロック，トンネル，そして海門を点灯するため，適切な措置をとる」[83]ように要請されている。

VI　むすび

　最後に，本章の要点を簡単にまとめておこう。東グラモーガン地方の主要産業である，製鉄業と炭鉱業の発展にとって，輸送の改善は不可欠な条件であったが，鉄道時代以前においては，運河やそれと連絡するトラムロードがその機軸をなしていた。この地方の幹線運河として建設されたのがグラモーガンシャー運河であったが，その運河と連絡するアバーデア運河やペニダレン・トラムロード，あるいはロワー・ロンザの炭鉱地帯へと延びるトラムロードも大きな意義をもっていたのである。これらのうち，ペニダレン・トラムロードはクローシェイ家によるグラモーガンシャー運河の経営独占に不満をもつ，マーサーの3つの製鉄業者によって建設され，したがって運河の一部区間と競合す

るものであったが，他方では，運河の渋滞を解消するという側面ももっていた。これに対して，アバーデア運河はアバーデア地方の製鉄業者達が同地域の地主や銀行業者の支援を得て建設され，ロワー・ロンザ地方のトラムロードはその地方の炭鉱業者によって建設された。

　これらの運河やトラムロードの建設によって，地域の工業化が促進され，主要貨物である鉄や石炭の輸送量が増加した。そして，支線交通の増加は幹線運河であるグラモーガンシャー運河の輸送量，ひいてはその収入増加に貢献したことは言うまでもない。その場合に注目すべきことは，とりわけ1830年代になって，地域の炭鉱開発に伴い，相対的に鉄よりも石炭の輸送量が多くなったことである。このことが運河に与えた効果は複雑であった。まず第1に，運河収入も輸送量の増加とともに増加したものの，決してそれに正比例して増加したわけではなかった。その一半の理由は，鉄に比べて石炭のトン・マイル当たりの通行料が低かったことがあげられる。またそれに加えて運河の通行料が開設時以降，漸次引き下げられていったことも大きな意味をもっていた。グラモーガンシャー運河の通行料は1830年代初期の全盛時代には開通時のわずか20％に低下していたのである。石炭輸送の相対的増加は，他方では，運河の費用を増加させる要因ともなった。もちろん，運河の会計文書からも明らかなように，この時期の総費用は常に総収入を下回っていたことは確かである。しかし，石炭の嵩高貨物としての性質上，その相対的増加は運河への物的負担とともに，その維持・修理費を増加させる原因となったのである。

　このように，1820〜30年代における東グラモーガン地方の産業発展，とりわけ炭鉱開発に伴う石炭輸送の増加は，一方では運河収入に貢献するものではあったが，反面ではその維持費の増大をもたらし，ひいては運河自身の水路やカーディフ港渋滞の原因となった。とりわけ1830年代になると，運河の機能はすでに限界に近づいており，代替輸送機関としての鉄道の必要性が認識されるようになった。また，運河の水路以上に深刻だったのはカーディフ港での渋滞であり，運河のドックに代わる港湾施設の建設が焦眉の急の問題となったのである。

注

(1) 南ウェールズの運河に関する研究としては Hadfield, C., *The Canals of South Wales and The Border,* David & Charles, Newton Abbot (1967); Gladwin, D. D. & J. M., *The Canals of the Welsh Valleys and their Tramroads,* The Oakwood Press (1991); Baber, C., 'Canals and the Economic Development of South Wales', in Baber, C. & Williams, L. J. (eds.), *Modern South Wales: Essays in Economic History,* Univ. of Wales Press (1986); Pollins, H., 'the Development of Transport 1750-1914' in *Glamorgan County History,* vol. 5 (1980) などがある。なお、本章作成に当たって、上記の2次文献の他に主要一次史料として、グラモーガンシャー運河会社議事録（本体は National Library of Wales に、また手書きのコピーは Cardiff Central Library に保存、筆者は後者を利用）、同会計文書（Glamorgan Record Office 所蔵）、アバーデア運河議事録（Glamorgan Record Office 所蔵）などを利用した。

(2) クローシェイ、およびカヴァースヴァ製鉄所の歴史については第2章の注（3）であげた邦語文献の他に Addis, J. P, *The Crawshay Dynasty, A History in Industrial Organization and Development, 1765-1867,* Univ. of Wales Press, Cardiff (1957); Taylor, M. S., *The Crawshays of Cyfarthfa Castle, A Family History,* Robert Hale, London (1967) 参照。

(3) メリングリフィスのブリキ工場の歴史については、Chappell, E. L., *Historic Melingriffith, An Account of Pentyrch Tinplate Works,* Merton Priory Press (1940) 参照。

(4) 30 Geo. III CAP. 82. *An Act for Making and Maintaining a Navigable Canal from Merthyr Tidvile to and through a Place called the Bank near the Town of Cardiff in the County of Glamorgan.* 以下の記述はこの法津に関するものである。

(5) その測量機（weighing machine）の設置に関する決定は1833年12月に行われ、翌年に完成し、ブラウン・レノックス社に450ポンドが支払われた。(G. C. C., *Committee Minutes,* Fri. 13, Dec. 1833; Fri. 24, Oct. 1834. ちなみにこの機械は現在、ストーク・ブルエルンの運河博物館に保存されている。

(6) Ward, J. R., *The Finance of Canal Building in Eighteenth Century England,* Oxford U. P. (1974) Chap. 2; Aldcroft, D. H., & Freeman, M. J., *Transport in The Industrial Revolution,* Manchester U. P. (1983) pp. 113-123；稲富信博「イギリス運河投資と証券市場」『修道商学』第23巻第1号 (1982)、同「イギリス運河会社経営の特徴」『修道商学』第24巻第2号 (1983)；湯沢威「18世紀イギリスの有料道路・河川・運河経営」福島大学『商学論集』第45巻第1号 (1976)；拙稿「国内交通の発展」小林照夫編『イギリス近代史研究の諸問題』丸善 (1985) 参照。

(7) Hadfield, C., *The Canal Age,* David & Charles (1968) pp. 18-21.

(8) Ward, *op. cit.*, p. 74. 77.
(9) *Ibid.*, pp. 79-96 参照。
(10) G. C. C., *Committee Meeting Minutes* (19 July 1790).
(11) Hopkins, W. G., 'The Glamorganshire Canal, 1790-1974', *Transactions of the Cardiff Naturalists Society,* vol. 96. (1970-72)
(12) *Ibid.*, p. 7.
(13) G. C. C., *Committee Meeting Minutes* (26 Jan. 1793).
(14) G. C. C., *General Assembly Minutes* (5 June 1793).
(15) Hadfield, C., *The Canals of South Wales and the Border,* p. 94.
(16) G. C. C., *Committee Meeting Minutes* (15 March 1794).
(17) Geo. III CAP. 69. *An Act to Amend an Act of the Thirtieth Year of His Present Majesty, for making and maintaining a navigable Canal from Merthyr Tydvile, to and through a Place called The Bank, near the Town of Cardiff, in the County of Glamorgan, and for extending the said Canal to a Place called The Lower Layer, below the said Town.*
(18) G. C. C., *Committee Meeting Minutes* (16 Dec. 1794).
(19) G. C. C., *Committee Meeting Minutes* (27 June 1798).
(20) Chappell, E., *History of the Port of Cardiff,* p. 60.
(21) Hadfield, C., *The Canals of South Wales and the Border,* pp. 248-249.
(22) 30 Geo. III CAP. 82. Sec. 21.
(23) G. C. C., *Special Assembly Minutes* (13 July 1793).
(24) G. C. C., *General Assembly Minutes* (30 June 1790).
(25) 30 Geo. III CAP. 82. Sec. 38.
(26) G. C. C., *General Assembly Minutes* (5 June 1793).
(27) G. C. C., *General Assembly Minutes* (7 June 1797); *Ibid.* (23 June 1802).
(28) Hadfield, C., *The Canal Age,* p. 100. なお、モンマスシャー運河のロックキーパーの仕事の詳細については拙稿 'The Monmouthshire Canal and the Diary of its Lock-Keeper William Jones, 1854-64', *Tezukayama Univ. Discussion Paper Series.* (1997) 参照。
(29) トマス・ダッドフォードが作成した運河路線についてのオリジナルな地図（グラモーガン・レコード・オフィス所蔵）によると、グラモーガンシャー運河は支線運河によってダウレス製鉄所と結ばれていた。しかし、この支線運河の計画はまもなく撤回され、代わりにトラムロードが建設されることとなり、運河会社がその費用の一部（1,000ポンド）を負担した。しかしこの一件はダウレス製鉄所が運河経営から離れ、ペニダレン・トラムロード建設のきっかけとなった。Hadfield, *The Canals of South Wales and The Border,* pp. 91-93 参照。

(30) Barrie, D. S., *The Taff Vale Railway,* The Oakwood Press. First ed. (1939. rep. 1962) p. 3.
(31) G. C. C., *Special Assembly Minutes* (20 Dec. 1798).
(32) G. C. C., *Committee Meeting Minutes* (1 March. 1800).
(33) 30 Geo. III CAP. 82. *An Act for Making and Maintaining a Navigable Canal from Merthyr Tidvile to and through a Place called the Bank near the Town of Cardiff in the County of Glamorgan,* Clause 57.
(34) Owen-Jones, S., *The Penydarren Locomotive,* National Museum of Wales, Cardiff (1993) p. 7.
(35) Elsas, M. (ed.), *Iron in the Making—Dowlais Iron Company Letters 1782-1860—,* County Records Committee of the Glamorgan Quarter Sessions and County Council and Guest Keen Iron & Steel Company Ltd. (1960) p. 151. A letter from Josiah John Guest to William Taitt (16 Feb. 1815).
(36) Hadfield, *op. cit.,* p. 97.
(37) Owen-Jones, *op. cit.,* p. 7.
(38) ホンフレイの企業活動については Ince, L., *The South Wales Iron Industry 1750-1885,* Ferric Publications (1993) chap. 7, 'The Homfrays of Penydarren and Tredegar', pp. 73-90. に詳しく紹介されている。
(39) バリーやグラッドウィンの説ではその賭はホンフレイとアンソニー・ヒルとの間で行われたとのことであるが、賭の相手がクローシェイであったという説 (Owen-Jones) もある。Barrie, *op. cit.,* p. 6; Gladwin, D. D. & J. M., *The Canals of the Welsh Valley and Their Tramroads,* The Oakwood Press (1991) p. 63; Owen-Jones, *op. cit.,* pp. 19-20 参照。
(40) Owen-Jones, *op. cit.,* p. 7.
(41) アバー・カノンの記念碑には次のように書かれている。'In commemoration of the achievement of Richard Trevithick who having constructed the first steam locomotive did on February 21st 1804 successfully haul 10 tons of iron and numerous passengers, along a tramroad from Merthyr to this precinct where was situated the loading point of the Glamorgan Canal'. また、この近くにはグラモーガンシャー運河会社の事務所 (Navigation House) と倉庫が建っていたが、現在は 'Navigation House' という名のパブになっている。
(42) アバーデア地方の製鉄業の発展についての詳細については次の文献参照。Grant, R., *Cynon Valley in the Age of Iron,* Cynon Valley Borough Council, Aberdare, (1991); Parry, R. I., 'Aberdare and the Industrial Revolution', *Merthyr Historian,* vol. 4; Jones, J. L., 'The Hirwaun Ironworks 1757-1905', in *Environmental Studies in the Cynon Valley* ; Ince, L., *The South Wales Iron Industry 1750-1885,* Ferric

Publications (1993).

(43) *An Act for making and maintaining a navigable canal from the Glamorganshire Canal to or near the village of Aberdare in the County of Glamorgan and for making a rail way or stone road from hence to or near Abernant in the Parish of Cadoxtone into Neath in the said County* (1793).

(44) A. C. C., *General Assembly Minutes* (1 May 1793).

(45) A. C. C., *Committee Meeting Minutes* (20 June 1793).

(46) Davies, A. C., 'The Aberdare Canal in the Industrial Revolution', *Old Aberdare,* vol. 6 (1989).

(47) A. C. C., *Committee Meeting Minutes* (20 Aug. 1811).

(48) A. C. C., *Committee Meeting Minutes* (21 Dec. 1810).

(49) A. C. C., *General Assembly Minutes* (1 July 1822) ; Do., *Special Assembly Minutes* (26 July 1811).

(50) A. C. C., *General Assembly Minutes* (24 July 1812).

(51) A. C. C., *Committee Meeting Minutes* (22 May 1812).

(52) Davies, *op. cit.,* p. 79.

(53) すなわち、アバーデア運河の1816年の議事録をみれば、会計残高はほとんどゼロに等しく、1817年には総会さえ開催されていないことがわかる。A. C. C., *General Assembly Minutes* (5 July 1816).

(54) クローシェイ家の運河株は1821年には55株に、そして1823年には84株に増加している。A. C. C., *General Assembly Minutes* (13 July 1821); Do., (4 July 1823).

(55) Lewis, E. D., *The Rhondda Valleys,* University College of Cardiff Press (1958) p. 114.

(56) Hadfield, *The Canals of South Wales and the Border,* pp. 117-118.

(57) それによると、ウォーター・コフィンはE. モーガンの土地購入費として、100ポンドの支払いを決定している。また、コミッショナー議事録によれば、コフィンが建設しようとしていたトラムロードの全長は4マイルで、モーガンから購入した土地の長さは1837ヤード、幅13ヤード7インチであった。G. C. C., *Commissioners Minutes* (11 Jan. 1810).

(58) Lewis, *op. cit.,* pp. 114-115.

(59) G. C. C., *Committee Meeting Minutes* (22 Sept. 1810); Do., (4 Feb. 1811).

(60) アバーデア地方の炭鉱開発については、Mountford, B. R. & Kidner, R. W., *The Aberdare Railway,* Oakwood Press (1995) によっている。

(61) トマス・パウエルの企業者活動については Price, W. W., 'The History of Powell Duffryn in the Aberdare Valley', in *Old Aberdare,* vol. 4 (1985); Boyns, T., 'Growth in the Coal Industry: The Case of Powell Duffryn and Ocean Coal Company,

1864-1914.' in Baber, C. & Williams, L. J. (eds.), *Modern South Wales: Essays in Economic History,* Cardiff (1986) 参照。
(62) アバーデア運河会社の議事録によると，デイヴィスの炭坑から運河までのトラムロードの長さは967ヤードであった。また，デイヴィスと同時にJ. B. プライスという人物も彼の土地から運河に通じるトラムロードの建設を認可されている。
A. C. C., *General Assembly Minutes* (25 July 1844); Do., *Special Assembly Minutes* (17 April 1845).
(63) A. C. C., *General Assembly Minutes* (28 July 1842).
(64) Lewis,. *op. cit.*, p. 40. なお，ここでのコフィンの企業家活動についての記述は Do., pp. 40-44. によっている。
(65) Mountford, E. R. & Kidner, R. W., *op. cit.*, p. 11.
(66) Hadfield, *op. cit.*, p. 98.
(67) Chappell, E. L., *History of The Port of Cardiff,* p. 63.
(68) Hadfield, *op. cit.*, p. 98
(69) G. C. C., *Committee Meeting Minutes* (3 May 1817).
(70) G. C. C., *Committee Meeting Minutes* (10 May 1821); Do., (6 June 1821).
(71) G. C. C., *General Assembly Minutes* (20 Sept. 1821); Do., *Committee Meeting Minutes* (13 Dec. 1821).
(72) G. C. C., *Committee Meeting Minutes* (7 Feb. 1822).
(73) G. C. C., *Special Assembly Minutes* (24 Jan. 1824); Do., *Committee Meeting Minutes* (11 Feb. 1824).
(74) G. C. C., *General Assembly Minutes* (6 June 1832).
(75) G. C. C., *General Assembly Minutes* (5 June 1833).
(76) G. C. C., *General Assembly Minutes* (6 June 1821).
(77) G. C. C., *Committee Meeting Minutes* (12 July 1821).
(78) G. C. C., *Committee Meeting Minutes* (17 April 1823).
(79) G. C. C., *Committee Meeting Minutes* (4 Sept. 1823).
(80) G. C. C., *Committee Meeting Minutes* (7 Feb. 1834).
(81) G. C. C., *Committee Meeting Minutes* (3 Feb. 1825); Do., *Committe Meeting Minutes* (15 June 1825).
(82) G. C. C., *Committee Meeting Minutes* (7 July 1825).
(83) G. C. C., *Committee Meeting Minutes* (13 Dec. 1833).

第4章　タフ・ヴェール鉄道と沿線の産業発展

I　はじめに

　南ウェールズにおいて，鉄道の先駆形態であるトラムロードの建設はすでに18世紀末から開始されていたが，それらは技術的にも経営的にも本格的鉄道からほど遠いものであった。馬力が主要な牽引力として利用されていたし，多くは公共輸送を目的とするものではなかったからである。この地方で本格的鉄道時代が開始されるのは1830年代後半以降であり，ここで取り上げるタフ・ヴェール鉄道（Taff Vale Railway, 以下 TVR と略記）をその嚆矢とする。

　また，南ウェールズの鉄道はその路線の性格や建設時期からみて，いくつかのタイプに分類することができる。すなわち，第1のタイプは港と内陸の鉱工業地帯を結びつける鉄道であり，TVR はその顕著な事例である。このタイプの鉄道の多くは既存の交通機関である運河やトラムロードによる輸送の限界に直面して，それらに取って代わるために建設された。したがって，それらの鉄道は運河会社と対抗する形で建設されることが多かったが，中には運河会社が鉄道に転換する事例も見られた。モンマスシャー鉄道・運河会社（the Monmouthshire Railway & Canal Co.）はその典型的な事例である[1]。第2のタイプはイングランドから延長する幹線鉄道であり，その典型がグレート・ウェスタン鉄道の延長線として建設された南ウェールズ鉄道（the South Wales Railway）である。以上の2つのタイプに加えて無視できないのが第3のタイプの

表4-1 南ウェールズの主要鉄道

名称	設立年	開通年	区間	資本金(£)	距離(マイル)
Sirhowy Tramroad	1802	1805	Newport-Tredegar	30,000	16
Oystermouth R.	1804	1807	Swansea-Mumble	12,000	8
Rumney R.	1825	1836	Rumney-Basaleg		21.75
Dufflyn Llynvi & Porthcawl R.	1825	1828	Llynvi V. -Porthcawl		16.75
Taff Vale R.	1836	1841	Merthyr-Cardiff	300,000	24.5
Aberdare R.	1845	1847	Aberdare-Abercynon	50,000	8.75
Monmouthshire R. & Canal	1845	1852	Newport-Pontypool	119,100	13
South Wales R.	1845	1858	Chepstow-Fishguard	2,800,000	194
Monmouth & Hereford R.	1845	1847	Monmouth-Hereford	550,000	22
Newport, Abergabenny Hereford R.	1846	1854	Newport-Hereford	733,000	34
Vale of Neath R.	1846	1851	Neath-Merthyr	550,000	19
Llynvi Valley R.	1846	1847	Llangynwyd-Margan	200,000	16
Swansea Valley R.	1847	1852	Swansea-Abercrave	220,000	17
South Wales Mineral R.	1853	1863	Britonferry-Glyncorrwg		11.5
Vale of Towy R.	1854		Llanelly-Llandovery	60,000	11.5
Rhymney R.	1854	1858	Rhymney-Walnut Tree	100,000	12.3
Penarth Harbour Dock & R.	1857	1859	Cardiff-Penarth	192,000	6.25
Brecon & Merthyr Junktion R.	1859	1863	Dowlais-Brecon	80,000	20
Cowbrigde R.	1862	1865	Llantrisant-Cowbridge	35,000	6
Rhondda Valley & Hirwaun Jct.	1867		Rhondda V. -Hirwaun	180,000	7
Pontypridd, Caerphilly & Newport R.	1878	1884	Pontypridd-Newport	140,000	7
Rhondda & Swansea Bay R.	1882	1890	Treherbert-Port Talbot		
Barry Dock & R.	1884	1889	Rhondda V. -Barry	1,050,000	27
Bute Docks Co.	1897	1904	Trehafod-Cardiff		12

(出所) Jones, R. M., *The Railways of Wales*, Welsh Library Association (1979); Barrie, D. S. M., *A Regional History of the Railways in Great Britain*, vol. 12, South Wales, David St. John Thomas (1980); Do., *The Rhymney Railway*, The Oakwood Press (1963); Kidner, R. W., *The Rhymney Railway*, The Oakwood press (1995); Lee, C. E., *The Swansea & Mumbles Railway*, The Oakwood Press (1988); Mountford, E. R., *The Cardiff Railway*, The Oakwood Press (1987); Williams, H., *Railways in Wales*, Christopher Davis (1981)より作成。

鉄道，すなわち，上記2つのタイプの主要鉄道から延長する鉄道である。南ウェールズの初期の鉄道は，TVRを代表として，「製鉄業の時代」(18世紀後半～1840年代)末期の1830年代後半から1850年代にかけて建設されたが，その後製鉄業がピークに達した後，炭鉱業の発展が軌道に乗ると，既存の鉄道からの延長という形を取って多くの支線鉄道が建設された。この時期にTVRは渓谷地帯へと路線を延ばしていった。また，この時期には鉄道と並んでドック建設が相次いだが，それらのドックは鉄道と連絡して建設されることが多かった。デヴィッド・デイヴィス (David Davies) をはじめとするロンザの炭鉱業者を

中心に建設されたバリー・ドック鉄道（Barry Dock & Railway）やビュート侯によって建設されたカーディフ鉄道（the Cardiff Railway）はその典型的な事例である。

　本章の課題は，TVR の建設とその拡張，とりわけアバーデアやロンザ渓谷への拡張がこの鉄道や南ウェールズの経済発展にどのように貢献したかを考察することである。そこでまずこの鉄道がいかなる人々によって設立，建設されたかについて考察し，次いでこの鉄道の路線拡張と沿線の炭鉱開発，そしてそれに伴う輸送の発展を考察しよう。なお，この鉄道については D. S. バリーをはじめ若干の研究が存在するが[2]，それらの多くは鉄道の技術的側面の記述を中心とするものであり，経済史，経営史的側面からみればなお多くの点で検討の余地があるように思われる。そこで本章は先学の研究に依拠しつつも，さらにイギリス公文書館（PRO）等に保存されている同鉄道の経営資料などを使用しつつ，若干の検討を加えようとするものである。なお，表4－1は19世紀に建設された南ウェールズにおける主要鉄道の概略を示したものである。

Ⅱ　タフ・ヴェール鉄道の開設

(1)会社の設立

　まず TVR 会社設立の背景であるが，それは言うまでもなく既存の交通機関であるグラモーガンシャー運河やペニダレン・トラムロードがマーサー周辺の製鉄業や炭鉱業の急速な発展に伴う輸送需要の増加に十分応えられなくなったことがあげられる。前章で見たように，1794年に開通したグラモーガンシャー運河は，当初からカヴァースヴァ製鉄所のクローシェイ家によって牛耳られ，しかも急速な輸送需要の増加に応えられなくなっていたのである。このことが他の製鉄会社（すなわち，ダウレス製鉄所，ペニダレン製鉄所，およびプリマス製鉄所）の経営者達によるペニダレン・トラムロード建設の主要な動機となっていた。TVR の建設において主導的な役割を演じたのは，ダウレス製鉄所

のジョサイア・ジョン・ゲスト（Josiah John Guest）を中心とするマーサーの製鉄業者や，ウォーター・コフィン（Walter Coffin），トマス・パウエル（Thomas Powell）を代表とする炭鉱業者であった。もちろん鉄道建設法案が議会に提出されると，グラモーガンシャー運河会社はそれに激しく反対した(3)。しかし，地方の人々の交通改善に対する要求はそうした反対の声よりも強く，また鉄道推進者達による懐柔政策も功を奏して，TVR会社法案は1836年6月21日に勅許を得た。その法律によって，鉄道会社はマーサーからカーディフまでの幹線鉄道に加えて，シャンカヤ（Llancaich）およびディナス（Dinas）の炭鉱に連絡する支線，およびエリ川（River Ely）東岸のコーガン・ピル（Cogan Pill）への連絡線を建設する権限を与えられた(4)。創業資本金は30万ポンド（1株100ポンド）で，初代会長はダウレス製鉄所の社長で当時マーサー選出の代議士であったジョサイア・ジョン・ゲスト，取締役としてはウォーター・コフィン，トマス・パウエル，トマス・R・ゲスト，トマス・R・グッピー（グレート・ウェスタン鉄道会社の取締役），ピーター・メイズ（グレート・ウェスタン鉄道会社の取締役）などが名を連ねていた。また，この法律で注目すべき点として，いわゆる「オープン・システム」の鉄道であったこと，すなわち鉄道会社が輸送を独占するのではなく，一定の範囲内で荷主による自己運送も認めていたことがあげられる(5)。

(2) 初期の出資者

イギリスの鉄道建設資金がいかなる地方の人々によって提供されていたかについては，個々の鉄道により千差万別であった。例えばリヴァプール・マンチェスター鉄道やグランド・ジャンクション鉄道のように，リヴァプール商人が建設資金の大半を提供していた場合もあったし，ノース・ミッドランド鉄道のように，ロンドン資本が圧倒的地位を占めている場合もあった。他方，マンチェスター・バーミンガム鉄道の場合にはマンチェスターからの資金がその他の地方からの資金を圧倒していた。リーズ・セルビー鉄道やレスター・スワニントン鉄道の場合には建設資金の50％以上が地元から提供されていた(6)。しか

し，このような多様性にもかかわらず，19世紀半ばに建設されたイギリスの初期の鉄道投資を包括的に検討された湯沢氏は，主としてリード（M. C. Reed）の研究に依拠しつつ，次のように述べておられる。すなわち，「イギリスの初期鉄道は地方的共同体を基礎として建設されたものの，同時に確実な投資利益をも保証していた。したがって，これらの鉄道に対して資金を提供していた地元に加えて余剰資金の豊かなロンドン及びリヴァプールが中心となった」[7]。そして，湯沢氏は概してロンドンの投資家が無機能資本家的色彩を強く持っていたのに対して，「リヴァプール・パーティ」と呼ばれる投資家たちは単に資金提供の点で大きな役割を演じたばかりでなく，鉄道経営においても積極的役割を演じたことを強調しておられる。

　他方，南ウェールズで最初の本格的鉄道である TVR の場合，事情はどうであったろうか。既述のように，この鉄道の建設を認可する法律は1836年6月に制定され，それにより30万ポンド（1株100ポンド）の資本調達が認可されたが，すでにそれに先立って株式の募集が行われていた。しかし，まだ株式会社として政府による正式の認可を得ていなかったので，出資者には仮株券が発行されていた。図4-1はそのサンプルである。そこで，会社設立時の株主名簿によって，当初の出資者を地域別，職業別に分類してみよう。まず，出資者を地域別に分類したのが表4-2である。

　さて，この表からも明らかなように，出資者の過半数はウェールズ居住者であったが，イングランドからの出資も45％近くに達している。都市別ではブリストルからの出資が最大であり，全体の42％あまりにも達している。それに次いでマーサー，カーディフからの出資がそれぞれ24％，20％となっている。ブリストルからの出資が多かった理由として次の要因が挙げられる。すなわち，この都市では長期にわたる商業活動による資本蓄積にもかかわらず，後背地域産業の不足から投資家達は新たな投資先を探していたこと，また長年にわたる沿岸海運を通じて南ウェールズとの交流が盛んであり，ブリストルの人たちが南ウェールズの情報に精通していたこと，そしてそれと関連して，彼らは南ウェールズの工業発展の可能性に，とりわけ鉄道建設がこの地域に及ぼす効果に，

図4-1　TVRの仮株券（サンプル）

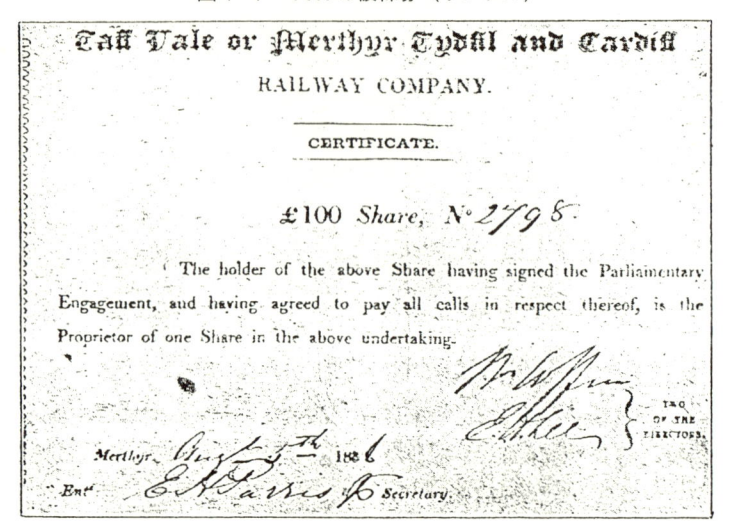

(出所) 'Illustrated Interviews No. 13, Mr. Ammon Beasley', *The Railway Magazine*, vol. 3 (1898) p. 4.

表4-2　出資者の地域別構成

地　域	株　数	割　合
(1) ウェールズ	1,543	51.5
①カーディフ	594	19.8
②マーサー・ティドヴィル	713	23.8
③その他のウェールズ	236	7.9
(2) イングランド	1,340	44.7
①ブリストル	1,278	42.6
②その他のイングランド	62	2.0
(3) 不明	117	3.9
(4) 合計	3,000	100

(出所)　T. V. R., *Subscribers List* (1835) より作成。
(注)　この表でマーサー・ティドヴィル居住者として分類した者の中にはダウレス（Dowlais）ハーウェイン（Hirwaun）クェーカーズ・ヤード（Quakers Yard）など周辺の者も含まれる。また，ブリストル居住者に分類した者にはClifton居住者も含む。

大きな期待をかけていたことなどがそれである。

このように，TVRの建設に際してかなり多くのブリストル資本の助けを借りる必要があったが，この鉄道の建設資本の2分の1以上はマーサーとカーディフを中心とする地元の出資者によって賄われていた。すでにこの地方で工業化が開始されて約半世紀が経っており，地元の資本蓄積も相当進行していたのである。ただ注意を要するのは地元資本と言っても，最大の出資者であるゲスト家（The Guests）に代表されるように，その出自を辿ればイングランド出身がかなり多かったという点である。

第4章　タフ・ヴェール鉄道と沿線の産業発展　99

運河金融に関するウォードの研究で，イギリス運河全盛期の出資者の40％近くが商人や金融業者であったことが明らかにされている(8)が，鉄道についてはどうであろうか。この点についてリードや湯沢氏の研究によれば，やはりイギリスの主要鉄道の多くで商人資本が重要な役割を演じていたことが明らかになる。例えば，グランド・ジャンクション鉄道の場合，商人の出資は全体の54％（1833年），以下，ロンドン・バーミンガム鉄道では51％（1833年），ノース・ミッドランド鉄道では45％（1836年），グレート・ウェスタン鉄道では28％（1835～36年）となっている(9)。

表4-3と図4-2はTVRの出資者を職業別に分類したものであるが，これらの図表に表されているデータには幾分の推測と任意性が含まれていることを断っておく必要がある。というのは株主名簿に職業を記載している者の中には，その記載が不十分な者が相当多く含まれていたからである。とりわけ大きな問題を含むのは「ジェントルマン」(gentleman)，あるいは「エスクワイア」(esquire) と記載している者であり，われわれは彼らを一応農業関係者と分類したが，その中には製鉄業者や工業関係者など他の職業の者も相当多く含まれていたと思われる。他方，商業関係者と分類した者の中には船主や卸売商人，小売商人など多様な人々が含まれている。その多くは単に「商人」(merchant) と記載しているが，中には「反物商」(draper)，「材木商」(timber merchant)，など，取り扱う商品をも詳しく記載している者もあった。最も多様な職種を含むのが専門職と分類した者で，その中には医師や弁護士，種々の職人，さらには小製造業者も含まれている。また，その他・不明と分類した者の中には若干の未亡人も含まれていたが，なお80名あまりの者がなんらその職業を記載していなかった。しかし，その大部分は5株以下の小口投資家であった。

表4-3　出資者の職業別構成

職業名	株　数	割　合
商業関係者	1,029	34.5
専門職	382	13.8
製鉄業者	415	12.7
金融業者	304	10.1
炭鉱業者	267	8.9
農業関係者	228	7.6
その他・不明	375	12.5
合　計	3,000	99.9

(出所)　T. V. R., *Subscribers List* (1835) より作成。

(注)　商業関係者の中にはshipownerも含まれる。専門職の中にはcarpenter, cabinet makerなどの職人や brewer, watchmaker, boot makerなどの小製造業者なども含まれている。金融業者の中にはstock-brokerも含まれる。農業関係者にはfarmerだけでなくgentlemanやesquireも含まれる。

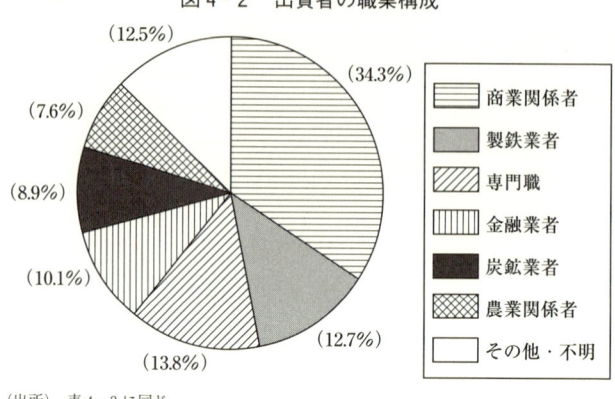

図 4-2 出資者の職業構成

(34.3%) 商業関係者
(12.7%) 製鉄業者
(13.8%) 専門職
(10.1%) 金融業者
(8.9%) 炭鉱業者
(7.6%) 農業関係者
(12.5%) その他・不明

(出所) 表 4-3 に同じ。

　さて，以上のことを考慮に入れた上でこの表を見ると，まず目につくのは，この鉄道の建設の主導者はマーサーの製鉄業者であったが，彼らの出資額の割合は12.7％と意外に少なかったことである。この点，約半世紀前にこの地方で建設されたグラモーガンシャー運河の場合と対照的である[10]。しかも興味深いのは，製鉄業者の出資の大半がジョサイア・ジョン・ゲスト（Josiah John Guest）とその一族からのものであり，実に製鉄業者の出資全体の92％近くを占め，マーサーの他の製鉄業者はアンソニー・ヒル（Anthony Hill）の10株を除いてほとんど皆無であった。これは，おそらくこの地方の製鉄業者間の複雑な利害対立によるものと思われる。周知のように，カヴァースヴァ製鉄所のクローシェイ家の場合，鉄道と真っ向から利害が対立するグラモーガンシャー運河の実質的所有者であったので，この鉄道への出資が皆無なのは当然であるし，ペニダレン製鉄所のホンフレイ家からの出資が見られないのは，おそらく同家がペニダレン・トラムロードと深くかかわっていたことによると思われる。また，炭鉱業者の出資は全体の約9％に達していたが，その大半はトマス・パウエル，ウォーター・コフィン，ジョージ・インソールを中心とするロワー・ロンザ地方の初期の炭鉱企業家から出ていた。彼らはいずれもこの鉄道の取締役として鉄道経営の中核を占めていたのである。

他方，この鉄道の最大の出資者は商業関係者で，出資額全体の34％あまりを占めていた。その出資者数は65名で，そのうちブリストル商人が30名であった。商業関係者に次いで高い割合を占めたのは専門職と分類した者であり，全体に占める割合は約14％であった。また，株式ブローカーを含む金融業者の出資は約10％に達した。彼らの多くはおそらくは無機能株主であり，

表 4-4 タフ・ヴェール鉄道への主要出資者

氏　名	株数	職　業	住　所
Josiah J. Guest	205	製鉄業者	Dowlais
Thos. Carlisle	169	商人	Bristol
William Lee	169	株式ブローカー	Bristol
Thos. Powell	150	炭鉱業者	Newport
Thos. R. Guest	116	製鉄業者	Cardiff
Walter Coffin	65	炭鉱業者	Llandaff
Thos. R. Guppy	65	精糖業者	Bristol
Lancelot Bech	60	株式ブローカー	Bristol
Robert Webb	55	商人	Bristol
William Webb	53	商人	Bristol
E. H. Lee	43	地主	Dynas Powis
Henry R. Hall	42	商人	Bristol
Rich'd Ferris	40	製薬業者	Bristol
E. J. Hatchins	40	地主	Dowlais
George Insole	35	炭鉱業者	Cardiff

(出所) T. V. R., *Subscribers List* (1835) より作成。

この鉄道への投資による株価の上昇や，配当金に期待していたと思われる。

　最後にこの鉄道への主要出資者は表4-4に示されている。この表から最大の出資者がダウレス製鉄所のJ. J. ゲストをはじめとするゲスト家の者であったことや，ブリストル商人の重要性が明白となるが，さらにトマス・パウエル，ウォーター・コフィン，ジョージ・インソールといった炭鉱企業家も名を連ねていることが注目される。

(3) I. K. ブルネルと鉄道建設

　TVRの技師にはI. K. ブルネルが雇用された。ブルネルは，テムズ川の河底トンネルを掘った父親のマーク・ブルネルの仕事の協力者として，またクリフトン・サスペンション・ブリッジの設計者として，すでに名声を博していた。彼は鉄道建設の推進者の一人で，プリマス製鉄所の所有者であった友人のアンソニー・ヒルを通じて，ダウレス製鉄所のジョサイア・ジョン・ゲストを紹介された。彼は1834年10月12日にゲスト家を訪問したが，その時の様子について夫人のレディ・シャーロットはその日記に次のように書いている。「テムズ・

トンネルの（建設で名の知られた）ブルネル氏は，フレール氏（Mr. Frere）を同伴して，夕方にこちらにやって来られました。彼らはマーサー・ティドヴィルからカーディフまでの鉄道の測量を行うことになっておりました。このため，マーサー（彼女の夫，J. J. ゲストの愛称）は6時過ぎに起きましたが，それは早朝に会談するためでした」[11]。

　TVRの最初の取締役会は1835年10月12日にマーサーのカッスル・イン（Castle Inn）で開催され，ブルネルをカーディフに招聘し，路線の測量を要請している[12]。その後，計画は順調に進展した。ブルネルは路線を測量して，設立主導者達にその報告書を提出し，建設費用を約19万ポンドと見積もった。この報告に基づき，プロモーターたちの会合が開催され，会社設立の手続きが開始された[13]。

　さて，既述のように，TVR会社法は1836年6月に議会を通過し，ブルネルが正式に技師に雇用され[14]，主要な工事を設計したが，現場の建設作業の指揮は地元のジョージ・ブッシュ（George Bush）に任されていた。実際，ブルネルはグレート・ウェスタン鉄道をはじめ多くのプロジェクトに忙殺されていたので，子細にわたって建設作業の指揮をとる時間的余裕はなかったのである。もっとも彼は計画の進行を注意深く見守っており，必要な場合には南ウェールズを訪れ，彼の助手のブッシュと協力したり，カーディフやマーサーでの会社の会合に出席する場合もあったのである[15]。

　この鉄道の建設において，是非とも触れておく必要があるのは，その軌間（ゲージ）の決定についてである。周知のように，ブルネルは，グレート・ウェスタン鉄道のゲージとして7フィート1/4インチもある広軌鉄道の建設で有名であった。彼によれば，ジョージ・スティーブンソンがリヴァプール・マンチェスター鉄道をはじめとするイングランドの鉄道で採用している4フィート8インチ1/2のゲージはタイン河畔の炭坑ワゴンウェイのものを踏襲したにすぎず，なんら科学的根拠に基づくものではなかった。そして，将来ますます強力なエンジンが開発され，スピードと安定性が要求されるようになれば，広軌に利があるであろうと考えていた[16]。

しかし，ブルネルは彼の持論とは異なり，TVRのゲージを後に標準軌となる4フィート8インチ1/2に決定した。取締役の中には5フィートのゲージを提唱する者もいたが，ブルネルは経済的理由からこれには反対した。D. S. バリーは，ブルネルが後の標準軌となるスティーブンソン型のゲージを採用した理由として，TVRがグレート・ウェスタン鉄道よりも前に完成したこと，およびTVRが主として鉱物輸送を目的としており，グレート・ウェスタン鉄道のようなスピードを必要としなかったことをあげている[17]。だが，このうち第1の理由は必ずしも妥当ではない。というのは確かにグレート・ウェスタン鉄道が完成したのはTVRよりも3カ月遅かったが，前者のゲージの決定はすでにTVRがロイヤル・アセントを獲得する1836年6月よりも前の1835年10月には行われていたからである[18]。したがって，ブルネルがTVRをスティーブンソン型のゲージに決定したのは，なによりもこの鉄道が敷設される地域は全体にわたってかなり急カーブで，勾配のきつい渓谷地帯を通過し，一部の区間ではインクラインド・プレーンを使用する必要があったこと，しかもこの鉄道で輸送される貨物は鉄や石炭などのバルクカーゴが中心であり，さほどスピードを必要としなかったことによっていた[19]。だが，TVRとグレート・ウェスタン鉄道の延長線である南ウェールズ鉄道とのゲージの違いは後に大きな不便を引き起こすことになる[20]。

TVRの建設作業は1836年末に，ポンティプリーズのニューブリッジの建設から開始されたが，本格的には翌年半ばから行われた。その場合，建設区間はいくつかのセクションに分割され，それぞれの区間を建設請負業者（コントラクター）に委任された。そのさい全線を少なくとも10以上の区間に分けて入札を募り，会社の条件に適い，しかも最も安価な入札のものが採用されていたようである。例えば，第11区の建設については7件の入札が行われ，そのうち最も安価なジョージ・バローズ（George Barrows）のものが採用されている[21]。請負業者の中で最も重要な役割を演じたのはジョン・カルヴァート（John Calvert）であり，彼は鉄道開通後，この地方の炭鉱業者の一人になった[22]。

この鉄道のカーディフ側の終点は，ビュート侯によって建設が進められてい

たドック（ビュート・西ドック）であった。しかし，鉄道会社はそれと並んで，タフ川の西側を流れるエリ河口のコーガン・ピル（Cogan Pill）と呼ばれる場所まで支線を敷き，そこにドックを建設しようと目論んでいた。鉄道会社はこれによってビュート侯の影響力からできるだけ免れようと考えていたのである。しかし，当然のこととして，ビュート侯はこの計画に反対した。というのは，コーガン・ピル計画は，彼が建設していたドック施設と競合するものであったからである[23]。結局，長期にわたる両者間の交渉の結果，和解が成立した。そして，鉄道会社はこの計画を断念し，その代わりにビュート・西ドックの一部を長期間にわたって借り受け，そこに鉄道会社の荷役施設を建設することになった。しかし，この和解の条件は鉄道会社側から見れば長期的には決して有利なものではなかった。とりわけ，後の石炭輸送の大幅な増加により，既存のドック施設では輸送需要を満たすことができなくなると，ビュート財団はより大規模な東ドックを建設するが，その使用をめぐって両者の軋轢はいっそう大きくなるのである。

(4) 本線の開通と初期の営業実績

さて，この鉄道はビュート・西ドック開設の翌年，1840年10月9日に，一部区間（カーディフ＝ナヴィゲーションハウス間）が開通した。記念式典では，株主や取締役を乗せた記念列車の運行の後，カーディフ・アームズ・ホテルで晩餐会が開かれた。それを報じた地方新聞 The Cambrian によると，1836年のTVR会社法によって，列車のスピードは時速12マイルに制限されていたにもかかわらず，この記念列車は一部の区間ではあるが，それを遙かに上回る40マイルもの速度で走行していたこと，取締役たちの挨拶から，ブリストルの出資がこの鉄道にとってきわめて重要であったこと，そして当初から石炭輸送への期待が大きかったこと，などがわかる[24]。

バリーはこの鉄道が全線開通するのは1841年4月12日であったと述べているが，前述の地方紙は同年4月24日（土曜日）に次のような通知を掲載している[25]。

第4章 タフ・ヴェール鉄道と沿線の産業発展　105

Taff Vale Railway

Notice is hereby given that the line from Merthyr to Cardiff will be open to the public on and after 21st of April. The time of departure of the trains will be as follows until further notice;—

　　From Cardiff　8 Morning　　　From Merthyr　8:20 Morning
　　　　　　　　11 Morning　　　　　　　　　　11:35 Morning
　　　　　　　　3 Afternoon　　　　　　　　　　3:20 Afternoon

(出所) *The Cambrian*, 24 April 1841; Howells C. B., *Transport Facilities in the Mining and Industrial Districts of South Wales and Monmouthshire* (1911).

　また，翌5月8日（土曜）の The Cambrian 紙には列車の発車時刻が通知されている。それによると，当時のカーディフ＝マーサー間は平日には1日3往復で，その所要時間は1時間25分であった。また，土曜日には増便され，それはカーディフを午後5時30分，マーサーを6時に発車していた。日曜日にも列車の運行が行われていたが，ただしその場合，11時にカーディフを出る列車（貨物と2等，3等客車）と11時35分マーサー発の列車は日曜日には運行されていなかった[26]。なお，1847年当時の時刻表は表4-5のとおりである。

　さて，すでに述べたように，この鉄道は「オープン・システム」の鉄道であり，会社の規定に従っておれば，荷主による自己運送も認められていたので，会社自身が運行する上記の列車の他に，荷主自身が仕立てた貨車も走っていた。この点について TVR 会社は路線の開通に先立って，各荷主が使用する貨車に関する規定を設けている。それによれば，貨車の車輪の直径は3フィート以下で，鋳鉄製の車輪を使用する場合には5インチ以上の錬鉄製の外枠（タイヤ）が必要で，石炭や鉄の輸送に使用される貨車の積載量は4トン以下と定めている[27]。

　さて，1840年代初期の開通当初において，この鉄道の営業成績は決して好調ではなかった。この点について，E. チャペルは，「100ポンドの株式は一時期

表4-5　TVRの時刻表（1847年）

TAFF VALE RAILWAY.

On and after MONDAY, APRIL 5th 1847, the Times of Departure and Arrival of the Passenger Trains will be as follows' until further Notice.

Distance from Cardiff Docks.	UP. STATIONS. TRAINS LEAVE	Week Days. Mail		Sundays. Mail		Distance from Merthyr.	DOWN. STATIONS. TRAINS LEAVE	Week Days. Mail		Sundays. Mail	
			Mixed Mixed		Mixed				Mixed Mixed	Mixed	Mixed
Miles		h.m. a.m.	h.m. h.m. p.m. p.m.	h.m. a.m.	h.m. p.m.	Miles		h.m. a.m.	h.m. h.m. a.m. p.m.	h.m. a.m.	h.m. p.m.
	Cardiff Docks	8 45	12 45 4 45	8 45	3 45		Merthyr	9 15	1 30 5 30	9 15	4 30
1	Cardiff	9 0	1 0 5 0	9 0	4 0	2¼	Troedyrhiew	9 24	1 29 5 39	9 24	4 39
4¼	Llandaff	9 9	1 10 5 10	9 9	4 10	5	Incline Top (arr.)	9 45	2 0 6 0	9 45	5 0
6¼	Pentyrch	9 15	1 20 5 20	9 15	4 20	7¾	Navigation House	9 55	2 10 6 10	9 55	5 10
7¾	Taff's Well	9 21	1 28 5 28	9 21	4 28	11¼	Newbridge	10 6	2 21 6 21	10 6	5 21
12	Treforest	9 31	1 41 5 41	9 31	4 41	12¼	Tr. forest	10 11	2 26 6 26	10 11	5 26
13	Newbridge	9 35	1 46 5 46	9 35	4 46	16¼	Taff's Well	10 24	2 39 6 39	10 24	5 39
16½	Navigation House (arr.)	9 45	2 0 6 0	9 45	5 0	17¾	Pentyrch	10 33	2 48 6 48	10 33	5 48
17	Incline Top	9 51	2 10 6 10	9 51	5 10	20	Llandaff	10 43	2 58 6 58	10 43	5 58
22	Troedyrhiew	10 6	2 30 6 30	10 6	5 30	23¼	Cardiff	10 55	3 10 7 10	10 55	6 10
24¼	Merthyr (arr.)	10 15	2 40 6 40	10 15	5 40	24¼	Cardiff Docks (arr.) ...	11 10	3 25 7 25	11 10	6 25
	Navig-tion House	9 55	2 10 6 10	9 55	5 10	15¾	Mill Street	9 0	1 15 5 15	9 0	4 15
20¼	Mountain Ash	10 10	2 25 6 25	10 10	5 25	15	Aberdare	9 15	1 30 5 30	9 15	4 30
22¼	Aberaman	10 17	2 32 6 32	10 17	5 32	13¼	Aberaman	9 22	1 37 5 37	9 22	4 37
23¾	Aberdare	10 25	2 40 6 40	10 25	5 40	11½	Mountain Ash	9 30	1 45 5 45	9 30	4 45
24¼	Mill Street (arr.)	10 35	2 50 6 50	10 35	5 50	7¾	Navig't'n H'se (arr.) ...	9 45	2 0 6 0	9 45	5 0

(出所)　'Illustrated Interviews No. 13, Mr. Ammon Beasley', *The Railway Magazine*, vol. 3 (1898) p. 10.

には額面の半額で取引きされたこともあり，社長のゲストは会社の解散を考えたほどであった」[28]と述べている．また，1842年2月の総会議事録によれば，当時の不況，とりわけ製鉄業の不振によって，輸送量は予想を大きく下回っていた．鉄に加えて石炭の輸送も取締役たちの期待に反した．その一因はシャンカヤ（Llancaich）支線におけるワゴン不足にあった．こうした状況によってこの年は無配当に終わっている[29]．営業不振はその後も継続し，1844年の総会議事録にも営業成績が芳しくないことが報告されている．もっともこの年には石炭輸送に幾分の回復が見られたため，「前半期に比べて629ポンド8シリング8ペンス増収になった」[30]と報告している．その後この鉄道の営業成績は徐々に好転し，それにつれて配当金も1846年には3ポンド3シリング，同47年には3ポンド10シリング，48年には4ポンドとなった．

　他方，鉄道の開通は沿線の人々の生活に大きなインパクトを与えた．鉄道は運河やトラムロードよりも遙かに迅速な輸送手段であった．初期の時刻表からも明らかなように，TVRの開通によりカーディフ＝マーサー間はわずか2時間足らずに短縮されることになった．これに対して50ものロックを通過する運

河では，理論的には1日で通行が可能であったが，運河の船頭たちは途中のナントガルー（Nantgarw）で1泊するのが習わしであったので，わずか25マイルの区間を2日がかりで通過したと言われている。したがって，鉄道は迅速な輸送手段の提供により，単に内陸の工場や炭鉱の生産物の市場拡大に貢献したばかりでなく，迅速な物資の輸送を通じて，地方の人々の消費生活を向上させる上でも大きく貢献したのである。TVRのおかげでマーサーの主婦たちはブリストルや，さらに遠方の消費物資を安価に入手できるようになった[31]。

また同時に，TVRは地域住民の伝統的生活様式の破壊者ともなった。その一例は日曜日の列車運行である。鉄道が開通するまでは日曜日には全ての生産活動は停止され，教会での礼拝に参加し，神聖な一時を過ごすのがキリスト教徒の伝統であった。鉄道はこの伝統の破壊者となった。したがって，TVRの取締役たちが日曜列車の運行を発表すると，聖職者や治安判事，そして会社の一部の株主も神を冒瀆する行為であるとして，これに反対した。これに対して会社の取締役たちは日曜日の列車運行は決して収益をあげるためではなく，余暇時間の少ない労働者たちのために旅行の機会を提供するためであると反論した[32]。ここ南ウェールズでも鉄道は徐々に人々の生活を変えていったのである。

III 路線の拡張と炭鉱開発

さてTVRの開設当初のマイル数は，ディナス（Dinas）への短い支線を含めて，わずか31マイルに過ぎなかったが，その後順調に拡大し，19世紀末には創業当時の約4倍に当たる120マイルの路線を支配していた（図4-3）。また会社の資本金も設立当初は30万ポンドであったが，その後の企業規模の拡大と並行して何回も増資が行われ，1899年の資本金は730万ポンド（このうち普通株は約519万ポンド，優先株は約211万ポンド）に達しており，イギリスの鉄道グループ化により，他の南ウェールズの鉄道と同様にグレート・ウェスタン鉄道に吸収される前夜の1921年には約1,017万ポンドに達していたのである（表4-

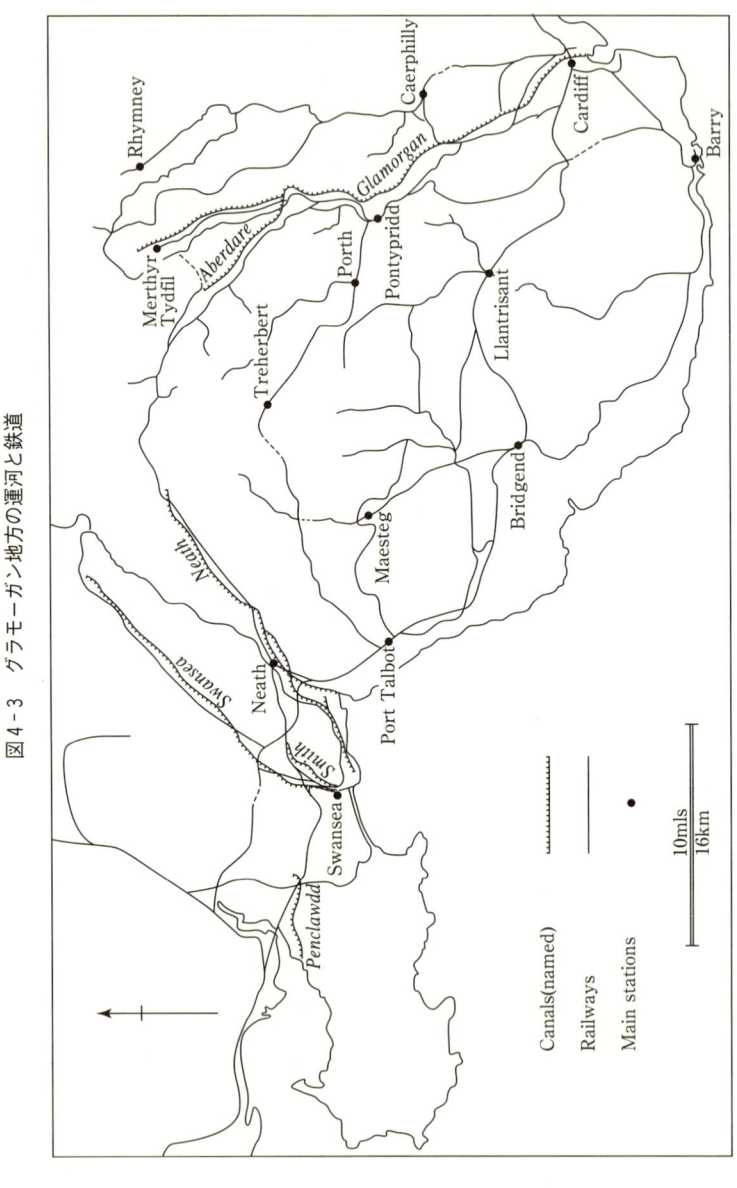

図4-3 グラモーガン地方の運河と鉄道

(出所) John, A. H. & Williams, G. (eds.), *Glamorgan County History*, vol. 5, University of Wales Press, Cardiff (1980).

6 参照)。

TVR の路線拡張は，一方では内陸の炭鉱開発，他方では港湾施設の拡張と密接に関連していたが，それには3つの方法があった。すなわち，(1)長期リース，(2)会社自身による支線建設，そして(3)他社の合併，がそれである。以下，これらのうち長期リースの事例としてアバーデア鉄道を取り上げ，この地方の炭鉱開発に若干言及す

表4-6　TVR の拡張
(単位：路線距離はマイル数，資本金は千ポンド)

年	会社所有路線	リース路線	合計	資本金
1840	16	—	16	300
1841	31	—	31	465
1850	48	8	56	801
1860	53	8	61	1,317
1869	53	17	70	1,317
1879	61.5	17	78.5	1,922
1889	85	42	117	—
1899	100	20	120	7,302
1921	112	12	124	10,171

(出所)　1899年までの数値は *Bradshaw's Railway Manual* (1860), (1870), (1880), (1890), (1900)：1921年の数値は Barrie, D. S., *Taff Vale Railway* (1939) p. 40によっている。

る。次いで，TVR 自身による支線建設の事例としてロンザ支線の建設を取り上げ，それに伴うこの地方の炭鉱開発を，そして最後に第3のケースとしての他社の合併に言及する。

(1) 長期リースの事例——アバーデア鉄道と炭鉱開発

カノン渓谷 (Cynon Valley) の交通発展は19世紀初期にはアバーデア運河とそれから延びるトラムロードによって行われていた。しかし，1830年代末期からの炭鉱開発の開始につれて，迅速な輸送機関の必要性はさらに高まっていた[33]。

こうした状況において，アバーデア鉄道の建設計画が地方の製鉄業者，クローシェイ・ベイリー (Crawshay Bailey) を主導者として立てられ，ダウレス製鉄所の経営者で，TVR の会長でもあったジョサイア・ジョン・ゲストがこれに協力した。主導者達は1844年末に議会に法案を提出するとともに，技師デヴィッド・ジョーンズ (David Jones) に路線の測量を依頼した[34]。アバーデア鉄道の建設を認可する法律は1845年7月31日に議会を通過し，会長にはジョサイア・ジョン・ゲストが就任し，クローシェイ・ベイリーが出納係となった。とりわけベイリーはこの鉄道の経営に重要な役割を演じた[35]。

この鉄道会社のプロモーターたちは当初から TVR による事業の吸収，後者の負担による建設作業の遂行を期待していた。しかしこの提案を TVR 側が拒否したことにより，アバーデア社自身が路線を建設することになった。そのさい，当事者達はできるだけ安あがりの建設を目論んでいた。すなわち，TVR の建設費は 1 マイル当たり 2 万ポンドを要したのに対して，この鉄道はわずか 4,000 ポンドの見積もりであった。使用されたレールの長さは 16 フィートで，その重量は 75 ポンド，枕木は 1 ヤードの間隔でブナ材が使われた。当初予定された駅はアバーデア駅とマウンテン・アッシュ駅の 2 つだけであり，後にさらに 2 つが追加された[36]。建設作業はスムーズに進行し，1846 年 6 月 22 日には全線が完成し，同年 8 月 5 日に開通式が実施され，翌日から営業を開始した。旅客運賃は 1 等が 1 シリング 4 ペンス，2 等は 1 シリング，そして 3 等は 8 ペンスであった[37]。

このようにアバーデア鉄道は TVR とは別の会社として設立され，建設されたのであるが，その運営は当初から TVR と密接な関係を持っていた。例えば，アバーデア鉄道の貨車や機関車の一部は TVR のものが使用されることになった。貨車の使用に際して，TVR 会社の取締役会は「(TVR) 会社の貨車が一定の使用料の支払いと引き換えにアバーデア鉄道の路線を通行すること」[38]を決定した。また，旅客輸送についても両社間で協定が行われ，「アバーデア鉄道会社の列車はカーディフまで通行でき，旅客は（カーディフまでの）全ての駅を利用」[39]することができた。

さて前述のように，アバーデア鉄道の取締役たちは当初からその路線を TVR に長期リース（ないしは売却）することを希望していた。これに対して TVR 会社側は，当初その申し出に慎重であったが，1846 年 3 月には TVR の取締役会は「ニース渓谷鉄道 (The Vale of Neath Railway Co.) の法案が議会に提出されたことに鑑みて，アバーデア鉄道会社のリース問題を決着すべきことを決定」[40]している。同年 11 月 25 日に両社の合同取締役会が開催され，この問題が検討された。そのさい，ジョン・ゲストとクローシェイ・ベイリーは両鉄道の取締役を兼ねていたので，どちら側の席にも座ることができた。リース契

約の決定に当たって，アバーデア鉄道の交通量を評価する必要があったが，それは現行の比較的わずかな交通量ではなく，むしろ将来の交通の可能性を十分考慮して行われたため，明らかにアバーデア社に有利なものとなっていた。リース協定の骨子は，TVR 会社がアバーデア鉄道の路線運営を行い，後者の所有者に対して1年目には7％，2年目には8％，3年目には9％，そして4年目以降は10％の配当を支払うというものであった[41]。このリース契約は1847年1月1日付けで実行されることになり，1848年6月の議会立法によって是認された。そのリース期間は1849年9月1日に行われた両社取締役会の合意によって，当初の21年から999年に延長された[42]。

初期のアバーデア鉄道の旅客輸送は1日3本であり，それらは時刻表に基づいて運行されていたが，貨車や石炭輸送用貨車は，適宜不定期に運行されていた。アバーデア鉄道の開設はこの地方の産業発展，とりわけ炭鉱業の発展の牽引力になったことは疑いない。鉄道開通前後に創業した主要炭坑は表4-7のとおりである。

カノンバレーにおける炭鉱開発で注目すべき点として，後に南ウェールズ最大の炭鉱会社となった Powell Dufflyn 社の炭鉱開発がこの地域から始まったことがあげられる[43]。この企業の起源は1840年代から精力的な企業家トマス・パウエルが開発した数多くの炭鉱に求められる。パウエルの死後，1864年に Powell Duffryn Steam Coal Co. Ltd. として株式会社に変更され，19世紀末にはウェールズ炭鉱業の技術進歩の中心点として急速に発展していき，第1次世界大戦前には払込資本金114万ポンド，年産350万トンの大会社となっていたのである[44]。また，南ウェールズ炭の市場開発に貢献したJ.ニクソンの炭鉱開発もアバーデア地方を中心に行われ，1845年にはウェルヴァ（Welfa）炭鉱が，さらに1855年には同じく著名な石炭商人，W.コリーらと協力してナヴィゲーション（Navigation）炭鉱の開発が開始された[45]。これらの炭鉱から採掘された石炭はアバーデア鉄道と TVR を経由してカーディフへ積みだされたのである。なお，ニクソンは当初からこれらの鉄道の設立においても重要な役割を演じ，後に TVR の社長にもなっている[46]。いずれにせよ，アバーデア地方は

表4-7 カノン渓谷の主要炭鉱業者

炭鉱業者名	炭坑名(開設年次)
Thomas Wayne	Abernant-y-gross (1837)
Thomas Powell	Tir-Founder (1840), Old Duffryn (1840-42), Cwmbach, Upper Duffryn (1844-46), Middle Duffryn (1859), Cwm Penner, Lower Dyffryn, Upper & Lower Pit (1850-54), Abergwawr (1855), Cwmdare (1852-54)
David Williams	Ynycynon, High Duffryn (1843), Bwllfa Dare (1852-53), Treaman (1853)
David Davies	Blaengawr (1843-45), Abercwmboi (1851-58)
John Nixon	Werfa (1843; Evans, Heath と共同), Navigation (1855-62; Taylor, Cory と共同), Glyn Gwyn Level (1889; Nixon's Navigation Steam Coal Co. Ltd)
Crawshay Bailey	Aberaman (1844-45)
Wm. Thomas	Llety Shenkin (1843-45)
Gadlys Iron Co.	Gadlys (1844)
S. Thomas & Joseph	Ysguborman (1849)
James Brown	Fforchaman (1853)
John Calvert	Hirwaun (1855)
Shepherd & Evans	Pwll Shepherd (1848-50), Bedwlwyn (1855-62)
Marquis of Bute	Tower Colliery (1855)
D. Bevan & Bros.	Fforcheol (1870)
Cory Yeo & Bros	Penrikyber (1872-78)

(出所) Walters, R. H., *The Economic and Business History of the South Wales Steam Coal Industry 1840-1914*, Arno Press Inc. (1977) pp. 22-23より作成。

1870年代の初期にロンザバレーによって凌駕されるものの，グラモーガン地方を代表するスティーム炭生産地域として発展していったのである。また，この地方では製鉄会社によっても炭鉱開発が行われた。なかでも重要なのがアバーデア製鉄会社であり，同社は1863年にマーサーのプリマス製鉄会社によって合併され，1875年に後者の会社が破産するまで鉄の生産を行っていたが，その後は専ら石炭の生産に専門化することとなったのである[47]。この企業は1900年にはそこを賃貸していたビュート侯の所有となった。

(2) 会社自身による支線建設──ロンザ支線と炭鉱開発

TVRの本線開通後に建設された支線のうちで最も重要なのがロンザ渓谷線であった。リチャード・スウェシン（Richard Llewellyn）の小説『わが谷は緑なりき』【"How green was my valley"，ジョン・フォード監督により1951年に映画化】で有名なロンザ渓谷はマーサー＝カーディフ間のちょうど中間あたり

第4章　タフ・ヴェール鉄道と沿線の産業発展　113

に位置するポンティプリーズから西へ向かうロンザ川沿いの幅の狭い谷で，ポースを基点にして二股に分かれる。すなわち南方の谷がロンザ・ヴァウア (Rhondda Fawr)，すなわち大ロンザ渓谷で，トレハーバートへと達する。他方，北方の谷はロンザ・ヴァッハ (Rhondda Fach)，すなわち小ロンザ渓谷で，フェーンデール，マーディへと達する。ポースよりも下流の渓谷地帯がロワー・ロンザ，上流がアッパー・ロンザである。このうちロワー・ロンザ地方の炭層は浅く，地理的メリットもあって，19世紀はじめ頃から開発が進められた。その中心となったのが，ドクター・リチャード・グリフィス，ウォーター・コフィンなどであり，彼らは短いトラムロードや運河を建設し，当時の主要交通機関であったグラモーガンシャー運河と連絡していたのである[48]。しかしポースよりも上流の渓谷地帯の本格的炭鉱開発は TVR の支線拡張まで待たねばならなかった。その意味で1856年8月における大ロンザ支線，同じく同年のフェーンデールへ向かう小ロンザ支線の開通は，ロンザ渓谷を緑豊かな田園地帯から煤けた炭鉱の町に変貌させる上で，きわめて重要な意味をもっていたのである。

　E. D. ルイスによれば，19世紀におけるロンザ渓谷の炭鉱業の歴史は，大雑把に見ると，2つの時期に分けることができるという。すなわち第1期は瀝青炭時代（19世紀前半）であり，第2期はスティーム炭時代（19世紀後半～第1次世界大戦）であった[49]。このうちの第1期は主としてロワー・ロンザの瀝青炭開発に限定されていた時代であり，輸送という点ではトラムロードと運河の時代ということができる。この時期はこの地方の炭鉱業の本格的発展へのいわば序曲といってよく，一部の例外を除いて，小規模企業による水平坑 (levels)，ないしは比較的浅い竪坑 (pits) の開発に限定されていた。この時期にはいまだアッパー・ロンザ地方は緑豊かな農村地帯であった。

　しかし，炭鉱開発の進展と19世紀半ばの「鉄道マニア」をきっかけにして，TVR はロンザへの支線拡張を実行に移した。とりわけ，1844年に The Rhondda and Ely Valleys Junktion 鉄道の計画が持ち上がったことが重要な意味をもっていた。それは広軌鉄道であり，ポート・ターボットやスウォンジーで南ウ

ェールズ鉄道と連絡される予定であった[50]。ライバルの出現に脅威を抱いたTVRの取締役たちは，路線拡張に踏み切ったのである。こうして，1845年2月にTVRの取締役会はロンザ支線拡張のための調査を開始し，この計画を実行するため，エドワード・ハイトン（Edward Highton）にディナスへの路線測量を依頼し[51]，同時に支線拡張を認可する議会立法を確保した。さらに小ロンザ渓谷への拡張計画も実施され，これらの法案は1846年8月26日に議会の認可を得ることができた[52]。他方，すでに1810年代からロワー・ロンザ地方においてウォーター・コフィンがグラモーガンシャー運河へのトラムロードの建設によって炭鉱開発を進めていたため，TVRの取締役たちはこの地方への路線拡張に際して，コフィンとの調整を図る必要があった[53]。

またロンザの炭鉱開発を促進するために，TVRは「トレハーバート近くの炭鉱を開発しようとする者に500ポンドの資金を提供」[54]した。拡張計画は両ロンザ渓谷へと同時に進められた。そして，1850年代前半に建設作業は着実に進行していった。1852年1月には大小ロンザ渓谷線の建設のためにコントラクターへの入札を求める広告が出された。同年3月の取締役会議事録では「ロンザ支線の拡張のために15の（コントラクターからの）入札が取締役会に提出され，その中で，トムソンとスミス氏（Messrs. Thompson & Smith）のものが2万4,826ポンドで最も安価であったために，彼らの入札が受け入れられた」[55]。しかし，この契約は不成功に終わり，同年4月の取締役会議事録には「フィッシャー氏（会社の書記）の明細書に従う両ロンザ支線の拡張に関する4つの入札が取締役会で吟味された結果，ワレンとデンロッシュ氏（Messrs. Warren & Denroche）のものが最も安価であることがわかった。すなわち，大ロンザ支線については1万9,950ポンドで，小ロンザ支線については1万ポンド，計2万9,950ポンドであったので，彼らの入札が採用された」[56]と報告されている。結局，ディナスからトレハーバートまでの大ロンザ支線が完成するのは1856年8月7日であり，フェーンデールまでの小ロンザ支線も同年に完成している[57]。なお，表4-8はロンザ渓谷の主要炭鉱企業を示している。

ロンザ渓谷の炭鉱開発では第2章で触れたOcean Coal Companyと並ぶ大炭

第4章 タフ・ヴェール鉄道と沿線の産業発展 115

表4-8 ロンザ渓谷の主要炭鉱業者

炭鉱業者名	炭坑名(開発年次)
Marquis of Bute	Bute Merthyr, Cwmsaebren (1851-55); Lady Margaret (1877)
Treoedyriw Coal Co.	Ynysfaio 1 & 2(1854-56)
John Carr, Morrison & Co.	Tylacoch (1854-5)
D. Davis	Ferndale No. 1 (1857-62); Ferndale No. 2 (1870); Ferndale No. 4 (1874); Ferndale No. 8. (1892)
G. & J. H. Insole	Abergorky (1863-65); Cymmer (1875-77)
Curtis, Greenhill & Ware	Pentre 1 & 2 (1858-62)
T. Joseph & E. Lewis (E. & H. Lewis)	Tydraw, South Dunreven (1864-66); Tynewdd (1865-66) Fernhill (1869-71); National 1 & 2 (1881-7) Bertie (1881; Lewis Merthyr Navigation Colliery Co.)
David Davies & Co.	Park (1865-66); Maendy (1865-66); Dare (1868-70); Easteern (1877)
Cardiff & Merthyr Steam Coal Co.	Blaenrhondda (1869-73)
Gramorgan Coal Co. Ltd.	Glamorgan Colliery. Llwynpia 4 & 5 (1873)
A. Tylor	Pendyrus (1873)
Thomas, Riches & Co.	Cambrian No. 1 (1871-2); Cambrian No. 2 (1874); Cambrian No. 3 (1891)
J. Thomas	Standard 1 & 2 (1874-8)
Edmund Thomas	Tynybedw (1876)
Great Western Colliery Co. Ltd.	Great Western (1877); Tymawr (1891); Penrhiw (1897) Hetty No. 3 (1905)
George Griffiths	Gelli (1877)
Moses Rowlands	Upper & Lower Pandy Pits, Naval Colliery (1875-79)
Col. E. D'Arcy Hunt	Dinas (1881)
Cory Brothers	Gelli No. 3 (1889)
Maritime Colliery Co.	Maritime (1888)

(出所) Walters, R. H., *The Economic and Business History of the South Wales Steam Coal Industry 1840-1914*, Arno Press Inc. (1977) pp. 26-28より作成。

鉱会社となったD. A. トマス（D. A. Thomas）の'Cambrian Combine'が注目される[58]。D. A. トマスは炭鉱主としてばかりでなく，カーディフを代表する代議士として，あるいは文筆活動の面でも活躍した人物であるが，彼の指導のもとで20世紀初頭に南ウェールズ最大の炭鉱会社となった'Cambrian Combine'は，父親のサミュエル・トマスが1870年にリッチェス兄弟とともにロンザバレーで始めたCambrian炭鉱の創設から始まる。その息子のD. A. トマスは1879年にケンブリッジ大学で数学を専攻し，優秀な成績で卒業したのち，ロンドンで株式ブローカーなどで経験を積み，父親の死後，彼は南ウェールズへ戻

表4-9 TVRが合併した鉄道

(単位:路線距離はマイル数,資本金額単位千ポンド)

鉄道会社名	開設年次	合併年次	路線距離	資本金額
Llantrisant & Taff Vale Jct.	1863	1889	5.5	53
Cowbridge R.	1865	1889	6	35
Dare Vale R.	1866	1889	2.5	47
Rhondda Valley & Hirwaun Jct.	1867	1889	7	180
Treferig Valley R.	1883	1889	3.25	20
Cowbridge & Aberthaw R.	1892	1895	6.5	90
Aberdare R.	1846	1902	8.75	50

(出所) Jones, R. E., *The Railways of Wales*, Welsh Library Association (1979); *Bladshaw Railway Manual* (1880), (1890), (1900) より作成。
(注) Aberdare Railway は1846年に TVR に長期リースされ、1902年に後者に合併された。

り，政界に進出するとともにファミリー・ビジネスにも関与する。当時の炭鉱業が直面していた最大の問題は弱小炭鉱の乱立に伴う生産過剰と価格下落による炭鉱経営の悪化，さらには鉱夫の生活状態の悪化であった。トマスはこの問題の解決策として当初は炭鉱間のカルテルによる生産調整を考えていたが，それが実現不可能だとわかると，炭鉱の買収に乗り出していった。こうした合併により，第1次世界大戦前に 'Cambrian Combine' はウェールズ最大の炭鉱会社になったのである。この炭鉱で採掘された石炭の大部分は TVR やバリー鉄道により，カーディフやバリーに輸送され，そこから海外へ輸出されるか，あるいは一部は GWR を経由してロンドンへ輸送されていたのである。

(3) 他社の合併

19世紀末に TVR は，独立の路線として建設された多くの鉄道を合併することによって，その支配力を拡大していった。もっとも独立の路線と言っても，その多くは TVR の支援によって建設され，運営も TVR が行っていたものがほとんどであり，これらも長期リースの会社と同様，実質的には TVR の子会社といえるものであった。その詳細は表4-9に記されているとおりである。

同表の最下段に載せられているアバーデア鉄道は，前述のように TVR にリースされていたが，1902年に合併された。その他の鉄道は，Cowbridge & Aberthaw 鉄道を除いて，いずれも1889年8月25日の法律によって TVR に合

併されているが，これは明らかにバリー・ドック鉄道会社（The Barry Dock & Railway Co.）開設の影響によるものであった(59)。どの鉄道も比較的短距離の路線で，あるものは内陸の炭鉱地帯で採掘された石炭を港へ運ぶために，またあるものは他の鉄道と連絡するために建設された。

表4-10 イギリスの主要鉄道の貨物と旅客輸送収入

（単位：千ポンド）

1857年	旅客収入	貨物収入	合計	貨物収入の割合(％)
LBSC	611	138	749	18
LNW	1,680	1,822	3,506	52
NE	707	1,129	1,837	61
NS	99	155	254	61
TV	20	202	222	91
1873年	旅客収入	貨物収入	合計	貨物収入の割合(％)
LBSC	1,164	390	1,618	24
LNW	3,608	5,045	8,768	58
NE	1,625	4,299	6,041	71
NS	147	347	619	68
TV	67	377	510	74

(出所) Simmons, J. *The Railway in England and Wales, 1830-1914*, Leicester, (1978) p. 242より作成。

(注) LBSC, LNW, NE, NS, は順に London, Brighton & South Coast Railway, London & North Western Railway, North Eastern Railway, および North Staffordshire Railway の略である。

Ⅳ 輸送と収入の変遷

(1) 輸送の発展

さて，以上で見たような路線の拡張とそれに伴う沿線の炭鉱開発につれて，TVRやそれに関連する鉄道も繁栄を謳歌した。まず，TVR（およびアバーデア鉄道）の輸送を貨物輸送と旅客輸送に分けてみていこう。その場合，一般にイギリスの鉄道は，当初貨物輸送の能率化を目的として建設されたにもかかわらず，実際には旅客輸送が貨物以上に大きな収益をもたらし，全国的に貨物収入が旅客収入を上回るのは1850年代以降であった(60)。しかし，TVRをはじめとする南ウェールズの鉄道の多くは，終始貨物輸送が旅客輸送を圧倒していた。表4-10はイギリスの主要鉄道5社の旅客収入と貨物収入を比較している。

同表から他の主要鉄道と比較して，TVRが貨物輸送に大きく依存していたことが明らかになる。さらに注目すべき点は，TVR以外の鉄道では，1857年

表4-11 TVRの収入変化

(単位：ポンド)

年	旅客	一般貨物	鉄	鉄鉱石	石炭	計
1844	6,439(15.7)	7,371(17.9)	6,835(16.6)	4,275(10.4)	15,909(38.7)	41,106
1845	8,856(16.2)	8,977(16.4)	7,151(13.1)	5,251(9.6)	24,053(44.0)	54,646
1846	11,735(23.0)	11,054(21.7)	6,978(13.7)	6,167(12.1)	26,624(52.2)	50,988
1847	12,522(14.8)	14,103(18.7)	7,352(9.8)	7,948(10.2)	33,027(43.8)	75,333
1848	12,658(14.8)	12,867(15.0)	7,318(8.6)	6,761(7.9)	45,482(53.3)	85,501
1849	5,603(11.5)	7,573(15.5)	5,945(12.2)	3,577(7.3)	25,335(51.9)	48,795
1850	12,698(12.1)	15,965(15.2)	10,264(9.8)	7,273(6.9)	57,104(54.4)	104,945
1851	14,092(12.2)	15,795(13.7)	11,452(9.9)	5,740(5.0)	67,459(58.3)	115,615
1855	16,232(8.6)	20,461(10.9)	11,384(6.1)	8,678(4.6)	129,705(69.0)	187,913
1856	18,459(8.5)	24,006(11.0)	11,565(5.3)	10,253(4.7)	153,163(70.1)	218,369

(出所) T. V. R., *Half Yearly General Meeting Minutes* 各年度より作成。括弧内の数字はパーセンテージを表す。なお1849年の数字は1月から6月までの半年の実績である。

から1873年の間に，旅客収入に対して貨物収入の割合が増加しており，イギリスの鉄道輸送一般と同調的傾向を示しているのに対し，TVRの場合には逆に旅客収入の割合が増加していることである。このことは内陸の人口増加による旅客輸送の増加と関連しているように思われる。もっとも，この鉄道では依然として旅客よりも貨物輸送に重点が置かれていたという事情に変化はなかったのである。

TVRの初期の輸送項目をより詳細に示しているのが表4-11である。この表は1844年からロンザ支線開通までのこの鉄道の旅客や貨物収入の実態を示している。これにより次のことが明らかになる。まず第1にこの鉄道の収入は1844年以降順調に増加し，1844年には約4万ポンドであったのが，1856年にはその5倍以上の約22万ポンドに達した。第2に輸送項目別にみれば，旅客，一般貨物，鉄，鉄鉱石，石炭の全ての項目について増加したが，とりわけ石炭輸送の増加が最も顕著であった。すなわち，この鉄道の最も重要な輸送貨物は当初から石炭であり，1840年代半ばに総収入の40～50％を占めていたが，アバーデア鉄道の開通以後，その割合は急増し，1856年には70％にも達した。石炭以外の貨物や旅客輸送の収入も絶対額では増加したが，石炭輸送の飛躍的増加により，収入全体に占める割合は逆に低下した。そのうち，鉄や鉄鉱石を併せた収入は1844年には約1万1,000ポンドであったが，1856年には約2倍の2万2,000ポン

ドに達したにもかかわらず，総収入に占める割合は1844年の約27％から，1855年には10％以下に低下した。また，一般貨物収入はこの時期に3倍以上に，旅客収入は3倍近くに増加したにもかかわらず，収入全体に占める割合は逆に低下している。

表4-12 イギリス主要鉄道の鉱物輸送(1865年)
(単位：千トン。括弧内の単位は千ポンド)

鉄道会社名	石炭とコークス	その他の鉱物	合　計
N. Eastern	12,377 (968)	2,932 (333)	15,309 (1,301)
L & N. W	n. a.	n. a.	9,040 (892)
Midland	n. a.	n. a.	5,352 (594)
Gt. Western	3,304 (505)	1,528	4,832 (505)
Taff Vale	2,860 (222)	336 (25)	3,197 (297)
Lanc. & Yorks.	2,844 (189)	1,045 (n. a.)	3,888 (n. a.)
Great Northern	2,254 (430)	n. a. (n. a.)	n. a. (n. a.)
M. S. & L.	2,092 (158)	55 (6.3)	2,147 (165)
Blyth & Tyne	1,958 (86)	—	1,958 (86)
Rymney	1,548 (33)	222 (15)	1,770 (48)

(出所) Hawke, G. R., *Railways and Economic Growth in England and Wales, 1840-1870*, Clarendon Press, Oxford (1970) p. 159より作成。

　さて，表4-11からも明らかなように，すでにロンザ支線開通以前から石炭がこの鉄道の最大の輸送項目であったが，少なくとも石炭輸送だけを取り上げるならば，この鉄道はイギリスの他の主要鉄道と比較しても上位にランクされていた。このことを明白に示すのが表4-12である。この表は1865年における主要鉄道の鉱物輸送のベスト10を取り出したものであるが，TVRが5位に入っていることは，この鉄道の規模からみても驚異的といえよう。

　実際，TVRの開通後，沿線の炭鉱開発につれて，石炭およびコークスの輸送は飛躍的に増加していったのであり，表4-13で示しているように，この鉄道による石炭とコークスの輸送は1841年には4万トンあまりであったのが，1869年には381万トンとなり，20年足らずで実に100倍近くに増加したのである。また，この表からさらに次の2点が明らかになる。その第1点はこの鉄道で運ばれたほとんどの石炭やコークスが港に運ばれ，船で搬出されていたこと，そして第2点は石炭やコークスの大部分がTVR会社以外の貨車で，すなわち炭鉱会社自身の貨車で運ばれていたこと，がそれである。

　TVRやアバーデア鉄道は，石炭輸送に関するかぎり，会社自らはほとんど輸送を行わず，炭鉱会社や商人に貨車を貸出し，通行料を取るという方法を採っていた。この点について，バリーは「この鉄道は……会社に通行料を支払い，

表4-13 TVRの石炭とコークス輸送

(単位:千トン)

年	TVRにおける全列車による輸送	カーディフとペナースへの全列車による輸送	TVRの列車による輸送	年	TVRにおける全列車による輸送	カーディフとペナースへの全列車による輸送	TVRの列車による輸送
1841	42	—	—	1863	2,772	2,450	125
1843	152	—	—	1865	2,855	2,502	212
1845	265	—	—	1867	3,381	3,022	228
1847	360	337	24	1869	3,810	3,308	339
1849	530	497	33	1873	4,528	n.a.	n.a.
1851	612	546	66	1883	8,615	n.a.	n.a.
1853	874	705	170	1890	10,813	n.a.	n.a.
1855	1,156	981	175	1893	11,343	n.a.	n.a.
1857	1,469	1,338	131	1903	16,169	n.a.	n.a.
1859	1,759	1,582	177	1912	14,475	n.a.	n.a.
1861	2,297	2,093	205	1913	19,392	n.a.	n.a.

(出所) 1869年までの数値は *Report from the Select Committee on Railway and Canal Chares* (1881) p. 144, 1873年以降の数値は Jevons, H. S., *The British Coal Trade,* New ed. (1969) p. 100によっている。

規則に従うならば,貨車と機関車をもって,誰でもその路線を使用することができた。そして,会社自身も,もしそれが適当と思えば,蒸気機関車と定置機関,さらにはその他の原動力でもって,旅客や貨物を運ぶ権利が与えられていた」[61]と述べている。こうした形態は当時のイギリスにおいて決して例外的と言うわけではなかったのである。実際,湯沢教授によれば,19世紀中葉のイギリスの鉄道輸送にはクローズド・システム(すなわち,専ら鉄道会社が運送業務も行う場合,言い換えれば,コモン・キャリア)とオープン・システム(すなわち,運河にみられたように運送業務を外部の運送業者にまかせる方法)があったが[62],後者の形態をとる鉄道が案外多かったのである。

(2) 旅客輸送とエクスカーション・サーヴィス

さて先の表4-11からも明らかなように,石炭輸送の急増によって,TVRの収入全体に占めるそれ以外の貨物や旅客輸送が割合は,少なくとも1856年までの10数年間には低下した。しかしこの時期においてもその絶対額は増加していたことに注目すべきである。とりわけ旅客輸送は内陸地域の人口増加につれ

第4章　タフ・ヴェール鉄道と沿線の産業発展　121

てますますその重要性を増していった。そこで以下ではTVRの旅客輸送とその性格について考察しよう。

　イギリスの鉄道において，3等旅客輸送が義務づけられたのは1844年のいわゆるグラッドストン鉄道統制法（Gladstone's Regulation of Railways Act）によってであった。この法律によって，労働者の移動を容易にするために，各鉄道会社は，時速12マイル以上，各駅停車，座席付き有蓋車を1日1回以上，1マイル1ペニー以下の運賃で走らせることが要請された[63]。しかし，イギリスの鉄道を一般的に見ると，1840年代には3等旅客の輸送はそれほど普及しておらず，鉄道会社の収入の点からみても，1等の収入が40％，2等が42％あまりであったのに対し，3等旅客収入は17％あまりに過ぎなかった。しかし，その後3等旅客の数は徐々に増加し，1870年頃になると1〜2等を合算した割合を上回っていた[64]。

　それではTVRではどうであっただろうか。1850年代から60年代初期にかけてのこの鉄道の旅客輸送の詳細は表4-14に示されている。TVRにおいて3等客車はすでに開設初期から採用されていたが，この表を見るかぎり，旅客輸送量においても，運賃収入という点から見ても，すでに1850年に3等旅客輸送が1〜2等を圧倒していた。すなわちこの年の3等旅客数はすでに全体の72％以上に達しており，その収入の割合は全体の60％を上回っていた。その後，3等旅客数およびその収入の割合はさらに増加していき，1862年には旅客数全体の90％近く，そして収入の割合でも80％近くに達していたのである。3等旅客の飛躍的増加と反比例して，2等旅客の割合は年々低下し，1等旅客数は絶対数や金額では増加しているものの，旅客輸送収入全体に占める割合はほとんど変化しなかった。この鉄道において3等旅客輸送が大きな重要性をもっていた理由は，それが通過する地域の性格と密接に関係していた。南ウェールズは製鉄と炭鉱業の中心地帯であり，工場や炭鉱労働者が鉄道の主要な利用者であった。

　さて，TVRの本線であるマーサー＝カーディフ間は最初から貨物と同様，旅客輸送も認められており，表4-14で示されている旅客輸送の大半は本線で

表4-14 TVRの旅客輸送

(単位：100人，100ポンド，カッコ内の数字は全体に占める百分率)

年	一等		二等		三等	
	旅客数	収入	旅客数	収入	旅客数	収入
1850	140(5.4)	18(12.0)	575(22.2)	41(27.3)	1,871(72.3)	90(60.7)
1851	144(5.3)	18(11.8)	575(21.3)	41(26.6)	1,984(74.4)	93(61.0)
1852	147(5.5)	19(11.4)	576(21.5)	40(26.8)	1,960(73.2)	91(60.8)
1853	162(5.2)	20(12.2)	572(18.2)	38(22.2)	2,400(76.6)	114(66.1)
1854	139(4.5)	19(11.4)	514(16.6)	34(20.6)	2,432(78.7)	113(68.0)
1855	144(4.7)	20(12.2)	501(16.3)	33(20.2)	2,427(79.0)	110(67.6)
1856	162(4.5)	22(12.1)	544(15.1)	34(18.5)	2,890(80.4)	128(69.5)
1857	170(4.4)	24(12.1)	542(13.9)	34(17.2)	3,180(81.7)	140(70.7)
1858	196(5.1)	23(12.9)	372(9.7)	25(14.3)	3,282(85.4)	128(72.8)
1859	196(4.6)	22(12.1)	341(7.9)	22(11.9)	3,765(87.5)	139(75.9)
1860	188(4.3)	22(12.1)	316(7.2)	21(11.7)	3,892(88.5)	139(76.2)
1861	196(4.1)	24(12.1)	312(6.6)	20(10.0)	4,253(89.3)	152(77.9)
1862	194(4.0)	22(11.7)	310(6.4)	19(9.9)	4,305(89.5)	150(78.4)

(出所) T.V.R., *Directors Meeting Minutes* (16 Sept. 1863) より作成。

の輸送であった。これに対して，1855年に開通したロンザ支線は当初貨物輸送のみに限定されていた。しかし，炭鉱開発に伴う人口増加（ロンザの人口は1851年にはわずか2,000人足らずに過ぎなかったのが，1901年には11万人を突破した)[65]によって，旅客輸送の需要も高まってきた。しかしそれを行うには種々の安全措置が必要で，商務省の許可を得なければならなかった。2つのロンザ支線のうち大ロンザ地方への旅客輸送は比較的早く，1863年から開始された。

これに対して小ロンザ路線は長らく貨物専用であった。この地方の炭鉱開発は1862年にデヴィッド・デイヴィス（David Davis）によって開始されていたが[66]，彼の炭鉱は人里離れた僻地にあったために炭鉱労働者の誘致は困難を極めた。彼はTVRにフェーンデール＝ポース間の旅客輸送を開始するように申請したが，TVRは躊躇していた。そこで1867年5月に鉄道会社の許可を得て，支線で使用されている炭車に制動装置付きの車両（brake van）を取り付けることによって，非公式の旅客輸送を開始した。しかし不幸なことに，同年11月9日に彼の炭鉱で178人もの労働者が死亡する大事故が発生し，TVRは

第4章　タフ・ヴェール鉄道と沿線の産業発展　123

親族の輸送のために特別列車を運行した。また，この事故を機会にTVRの取締役会は技師のフィッシャーに旅客輸送サービスを行うのに必要な費用を見積もるように要請した。これに応じてフィッシャーはプラットホーム，駅舎，信号などの建設費用を含めて3,000ポンドと見積もった。だが，計画を実行するためにはかなりの年月が必要であったため，デイヴィスはそれまで彼の従業員を非公式に輸送するために，TVRに年間200ポンドの支払を申し出た。この申し出は受け入れられ，ポースとフェーンデールに粗末な駅舎が設置され，旅客輸送が開始された。旅客にとってありがたいことに，この200ポンドのおかげで，その間の料金は無料だったという[67]。

　これは鉄道会社と炭鉱会社の妥協の産物であった。もし旅客に運賃を課したならば，鉄道会社は商務省の許可を得なければならなかった。そのためには当然施設の改善が必要であり，費用増加を意味していた。だがフェーンデールの人々が求めていたのはそのような形式ばったものではなかった。無料サービスのおかげで旅客は増加したが，そのことがかえって問題を引き起こした。デヴィッド・デイヴィスは彼自身の炭鉱労働者のためにそのサービスを開始したのであるが，そうでない者もただ乗りするようになった。またそのサービスが炭鉱会社の気まぐれに左右されたことも問題であった。これらの点を考慮してTVRは適切な旅客サービスを導入するに先立って，フェーンデールまでの路線を複線化し，ポースに新しいジャンクション駅を設置することに決定した[68]。会社議事録によれば，1873年に8月に，「炭鉱開発に伴う小ロンザ渓谷での人口急増により，ポースとフェーンデール間の路線についても旅客輸送用に改善することが必要になって来たので，商務省の要求に合致するための必要な作業を直ちに開始する」[69]決定が行われ，翌年3月に無料列車サービスは廃止された。そして1876年にはこの路線でも正規の旅客輸送が開始されたのである。

　最後に臨海リゾートとエクスカーション・サービスについて触れておこう。TVRは通常の旅客輸送ばかりでなく，夏期休暇や，クリスマス・シーズンには臨海リゾートや里帰りの労働者のために特別列車を運行していたのである。

周知のように，イギリスにおける臨海リゾートの開発は鉄道と密接な関連をもって進展し，特に19世紀末期には「イギリス各地のリゾートが急速に大衆化し，俗化し，歓楽地化し」[70]ていた。ランカシャーのブラックプールやイングランド南部のブライトンはとくに人気のリゾート地として発展した[71]。また，それほど有名ではないが，南ウェールズの海岸線にも，ペナース，ポースコウル，オイスターマウス，テンビー，そしてバリーなどの臨海リゾートが発展していった。このうち，南ウェールズ内陸産業に従事する労働者にとって，最も身近なリゾートとして発展したのがペナースであり，TVRがその発展の媒介者となった。

ペナース発展の原動力となったのは鉄道とドックの建設であり，カーディフにおけるビュート・ドックへの依存から逃れようとするTVRや内陸鉱工業者が主体となって，鉄道とハーバーが形成された[72]。当初の目的は石炭輸送港を提供することであったが，やがてペナースは炭鉱労働者の臨海リゾートとしても発展していった。TVRが長期リースした実質的子会社であるThe Penarth Harbour, Dock & Railway Co. のペナースでの終着駅は，最初はドック横のコーガン・ピルであったが，その駅はペナースの町からはかなり離れた場所にあった。そこで1878年にドックから町中まで路線の拡張が行われ，ペナースとカーディフが鉄道によって連絡された。その後，1887年にはCardiff, Penarth & Barry Junction鉄道がTVRによって設立された。それにより，バリー鉄道の路線を経由してバリーとも連絡された。これらの鉄道連絡によりペナースへは石炭や鉄などの貨物ばかりでなく，旅客も輸送されるようになったのである。

ペナースにおける臨海リゾートの開発は地方地主や地方自治体，あるいは鉄道会社や一般企業家によって進められた。地方地主のウィンザー卿は1880年に海岸沿いに広い遊園地（Windsor Gardens）を建設していた。また当時の臨海リゾートには様々な娯楽施設を備えた「レジャー桟橋」＝「ピア」が不可欠であったが，これも1894年にThe Penarth Promenade & Landing Pier Co. によって建設された。TVRもホテルを建設していた[73]。このようにして，ペナースは

第4章 タフ・ヴェール鉄道と沿線の産業発展　125

単に石炭輸出港としてばかりでなく，南ウェールズで人気の高い行楽地，臨海リゾートとして発展していったのである。

19世紀末から20世紀初頭にかけて，TVRは総支配人ビーズレイ（Ammon Beasley）[74]の指揮のもとに，旅客輸送やそれと関連した観光事業にも力を入れるようになったが，TVRがエクスカーション列車を運行したのはなにもペナースに限ったわけではなかった。ブリストル湾の対岸のウェストン・スーパーメアやイフラコームはウェールズ人にとっても魅力のある臨海リゾートであったし，TVRはブリストルに向けてもエクスカーション列車を走らせた。もちろんその場合は，TVRの路線だけでなくグレート・ウェスタン鉄道などの他の路線も利用しなければならなかったのであるが。

また，こうした臨海リゾートばかりでなく，クリスマス・シーズンには帰省客用の特別列車も走らせている。南ウェールズの炭鉱で働く労働者の中には中西部ウェールズからの出稼ぎ労働者も多かったが，彼らの中にはクリスマス休暇を利用して，実家へ里帰りするものも多かったのである。

こうした貨客輸送の増加とともに鉄道会社は大いに繁栄し，その配当も増加した（表4-15）。もちろん配当率は直ちに会社の収益率を表すものではなく，たとえある年の収益率が高くても会社は企業戦略上，配当率を低く抑える場合もあり得るし，その逆の場合も可能である。しかし，配当率の変化によってある程度鉄道会社の繁栄の程度を推察することはできよう。TVRの各年の総会議事録を見ると，この鉄道の額面100ポンド株の配当金は1840年代後半には3～4ポンドに過ぎなかったのが，1858年には7.5ポンドとなり，1860年代には8～10ポンド，そして1870年代から80年代にかけては10ポンドを割る年はほとんどなく，1882年には17.5ポンドにも達したのである[75]。

表4-15　TVRの配当変化

年	%	年	%	年	%
1846	3.3	1861	8.5	1870	10
1847	3.8	1863	10	1871	10
1848	4.0	1864	9	1872	10
1849	4.0	1865	10	1873	10
1853	4.8	1866	9	1874	10
1858	7.5	1868	9	1875	10
1860	8	1869	8.5	1876-1881	10

（出所）　T.V.R., *Half Yearly General Meeting Minutes* 各年度より作成。

V　むすび

　最後に本章の要点を簡単にまとめておこう。TVR は南ウェールズ，とりわけマーサー周辺の鉱工業発展に伴う輸送需要の増大に対応するために建設された。その建設主導者はジョサイア・ジョン・ゲスト，ウォーター・コフィン，トマス・パウエル等であったが，初期の出資者の中には地元の資本家に加え，相当多くのブリストル商人が含まれていた。建設の指揮を取ったのは I. K. ブルネルであったが，日常の建設作業は地元の技師，ジョージ・ブッシュに任されていた。この鉄道はブルネルの他の広軌鉄道とは異なり，4フィート8インチ1/2の標準軌で建設された。この鉄道の本線が開通したのは1841年4月であったが，初期の営業成績はさほど華々しいものではなかった。この事態を打開し，TVR をイギリス有数の繁栄した鉄道に変えたのは，その実質的子会社であるアバーデア鉄道，および TVR のロンザ支線の開通に伴う渓谷地帯の炭鉱開発と石炭輸送の急増であった。

　この鉄道の主要収入源は，鉄や鉄鉱石と並んで石炭であった。石炭輸送による収入は1844年に総収入の40％近くを占めていたが，アバーデア鉄道の開設後，その割合はますます増加し，1856年には70％にも達したのである。そしてその後のロンザ支線の開通により鉄道沿いの炭鉱開発はますます進展する。だがこの鉄道はなにも炭鉱業だけに貢献したわけではなかった。産業発展と相まって沿線の人口も増加し，鉄道による旅客輸送も増加した。その場合，他の多くの鉄道とは異なり，この鉄道の場合には最初から3等旅客がその中心をなしていたことが注目される。最初，旅客輸送は本線のみに限られていたようであるが，1860年代には炭鉱労働者の要望に応えてロンザ支線でも旅客輸送の認可が得られると，この地域からの旅客数も増加していった。

　沿線産業と輸送の発展によって TVR はイギリスでも有数の繁栄した鉄道となり，常に高配当を維持することができた。しかし同時に問題も生じてきた。その一つは株主の利益と荷主の利益の乖離である。TVR の繁栄に関連して，

同社の株式はますます広く分散するようになり，例えば1863年にはイングランド居住者の所有比率が70％近くに増加したのに対して，ウェールズ居住者の割合は約28％に低下した(76)。そして，会社はますます株主の利益を優先するようになっていった。荷主の不満をさらに大きくしたのは，輸送独占に伴う高通行料と輸送の渋滞であった。こうした種々の不満が，ビュート・ドックへの不満と相まって，バリー・ドック鉄道建設の大きな動機となったのである。

注
（ 1 ） 拙稿「19世紀前半南ウェールズの運河と鉄道――モンマスシャー運河会社の場合――」『帝塚山大学経済学』第6号（1997）。
（ 2 ） タフ・ヴェール鉄道の発展を扱った研究としては Barrie, D. S. M., *The Taff Vale Railway,* The Oakwood Press (1939); Do., *Regional History of Great Britain.* vol. 12. South Wales, David St. John Thomas Pub. (1980); Mountford, E. & Sprinks, N., *The Taff Vale Railway to Penarth,* Oakwood Press (1993) などがある。
（ 3 ） 運河会社は TVR 法案が議会に提出されると，これに対処するために特別総会を開催し，ウィリアム・クローシェイを中心とする小委員会を結成し，反対工作を開始している。G. C. C., *Special General Meeting Minutes* (22 Dec. 1835).
（ 4 ） Barrie ,*op. cit.,* pp. 6-7; 6 Wm. IV cap. 82. (1835).
（ 5 ） *Ibid.,* p. 8.
（ 6 ） 湯沢威『イギリス鉄道経営史』日本経済評論社（1988）第3章 ; Reed, M. C., *Investment in Railways in Britain, 1823-1844,* Oxford University Press (1975) Chap. 5-7参照。
（ 7 ） 湯沢威，前掲書，96-97ページ。
（ 8 ） Ward, J. R., *The Finance of Canal Building in Eighteenth-Century England,* Oxford U. P. (1974) Chap. 2; Aldcroft, D. & Freeman, M. (eds.), *Transport in the Industrial Revolution,* Manchester U. P. (1983) chap. 2; 小林照夫編『イギリス近代史研究の諸問題』丸善（1985）参照。
（ 9 ） Reed, M. C., *Investment in Railways in Britain,* pp. 133-166. 湯沢威，前掲書，第3章。
（10） グラモーガンシャー運河の場合，創設時の出資金の過半数がマーサーの製鉄業者から出ており，とりわけクローシェイ家が全体の22％を出資していた（本書第3章参照）。
（11） Lady Charlotte Guest; *Extracts from her Journal 1833-1852,* The Earl of Bessbourough (ed.), John Murray, London (1950) (12 Oct. 1834).

(12) T. V. R., *Directors M. M.* (12 Oct. 1835).
(13) Barrie, *op. cit.*, p. 6.
(14) TVR の1836年7月16日の取締役会議事録によれば，ブルネルとブッシュの年俸は前者が£400，後者が£700であった。また，この会合においてJ. J. ゲストが社長，W. コフィンが副社長，E. J. ハチンス (Edward J. Hatchins) が会計，パリス (Parris) 氏が書記，London Westminster Banking Co. がメインバンクに決定されている (T. V. R., *Derectors M. M.,* 16. July 1836)。
(15) Allsobrook, D., 'I. K. Brunel and The Taff Vale Railway', in Yockney, J., *The Railways of South Wales,* University of Cardiff (1985) p. 23.
(16) MacDermot, E. T., *History of the Great Western Railway,* Paddington, London (1927) vol. 1. pp. 29-35.
(17) Barrie, *op. cit.,* p. 9.
(18) MacDermot, *op. cit.,* p. 36.
(19) Allsobrook, *op. cit.,* p. 29.
(20) TVR と南ウェールズ鉄道のゲージの相違は，当初南ウェールズ鉄道のビュートストリート・ジャンクションからカーディフ駅まで約半マイルにわたって狭軌のレールを敷設することによって解決された。その工事は1854年1月に完成した。MacDermot, *op. cit.,* p. 574.
(21) T. V. R., *Directors M. M.* (24 Jan. 1838, 14 Feb. 1838.) 同議事録によれば，この区間の入札者は G. Burrows (£4,495). D. Roberts (£7,750)., R. B. Parr & Wm. Jones (£7,572), J. Davies (4,900), Wm. Gunn (5,000), T. Short (4,907), Wm. Thomas & Howell (7,050) となっている。
(22) Jones, S. K., *Brunel in South Wales,* Library and Learning Resources Centre, Cardiff, p. 16.
(23) ビュート侯によるドック建設，およびTVRやグラモーガンシャー運河会社との利害対立については，Daunton, M. J., *Coal Metropolis Cardiff 1870-1914,* Leicester U. P. (1977); Chappell, E. L., *History of the Port of Cardiff,* Merton Priory Press (1939); Mountford, E. R., *The Cardiff Railway,* The Oakwood Press (1987) など多数の研究が存在する。
(24) *The Cambrian* (17 Oct. 1840). なお，時速制限は1840年の改正法によって撤廃されている。この点については Smyth, *Nautical Observations on the Port and Maritime Vicinity of Cardiff.* にその改正法の内容が詳しく記載されている。
(25) Barrie, *op. cit.,* p. 10; Howells, C. S., *Transport Facilities in the Mining and Industrial Districts of South Wales and Monmouthsire* (1911).
(26) *The Cambrian* (24 April 1841).
(27) T. V. R., *Directors M. M.* (27 Oct. 1840).

(28) Chapell, *op. cit.*, p. 85.
(29) T. V. R., *General Meeting. M.* (Feb. 22. 1842).
(30) *Ibid.* (Feb. 21. 1844).
(31) Williams, H., *Railways in Wales,* Christopher Davies, Swansen (1981) p. 20.
(32) *Ibid.*, p. 19.
(33) 本書第3章参照。
(34) Parry, I., 'Aberdare and the Industrial Revolution', in *Merthyr Historian,* vol. 4, 1967; Grant, R., *Cynon Valley in the Age of Iron,* Cynon Valley Borough Council, Aberdare (1991).
(35) Mountford, E. R. & Kidner, R. W., *The Aberdare Railway,* The Oakwood Press (1995) pp. 12-13.
(36) *Ibid.*
(37) *Ibid.*, pp. 13-14.
(38) T. V. R., *Directors M. M.* (15 July 1846).
(39) *Ibid.* (27 July 1846).
(40) *Ibid.* (17 March 1846).
(41) Mountford & Kidner, *op. cit.*, p. 21.
(42) *Ibid.*, pp. 19-21.
(43) Powell Dufflyn 社の発展については Boyns, T., 'Growth in the Coal Industry: The Cases of Powell Duffryn and the Ocean Coal Company, 1864-1914', in Baber, C. & Williams, L. J. (eds.), *Modern South Wales:Essays in Economic History,* Cardiff (1986); Do., 'Rationalisation in the Inter-War Period: The Case of the South Wales Steam Coal Industry', *Business History,* vol. 29 (1987) 参照。
(44) Jevons, H. S., *The British Coal Trade* (1915) p. 323.
(45) Vincent, J. E., *John Nixson, Pioneer of the steam coal trade in South Wales,* John Murray, London, (1900) pp. 167-169.
(46) *Ibid.*, pp. 228-229.
(47) Waters, *op. cit.*, p. 19.
(48) Lewis, E. D., *The Rhondda Valleys,* University College Cardiff Press (1959) Chap. 3: Hadfield, C., *The Canals of South Wales and The Border,* David & Charles (1967) chap. 6 参照。
(49) Lewis, E. D., *op. cit.*, p. 36.
(50) *Ibid.*, p. 117.
(51) T. V. R., *Directors M. M.* (22, 28 Feb. 1845).
(52) Lewis, *op. cit.*, p. 118.
(53) *Ibid.*, pp. 116-117.

(54)　Barrie, *op. cit.*, p. 16.
(55)　T. V. R., *Directors M. M.* (17 Mar. 1852).
(56)　T. V. R., *Directors M. M.* (30 April 1852).
(57)　Barrie, *op. cit.*, p. 16; Lewis, *op. cit.*, p. 118.
(58)　D. A. Thomas の 'Cambrian Combine' の発展については Anon, 'A Great Welsh Coal Combine', *Syren and Shipping*, vol. 30 (1910) pp. 365-372; *Dictionary of Business Biography*, vol. 5, pp. 473-478; Boyns, T., 'Rationalisation in the Inter-War Period' 参照。
(59)　バリー・ドック鉄道の開設は TVR の収益性に深刻な打撃を与え，同社は1888年には15％もの配当を行っていたが，翌年には9.5％，1890年に3％，そして1891年には2.25％に低下した。Barrie, *Taff Vale Railway*, p. 26. なお，バリー・ドック鉄道の創設と発展については本書，第5章参照。
(60)　小松芳喬「ブラドショオ時刻表創刊150周年」『鉄道史学』9号 (1991)。
(61)　Barrie, *The Taff Vale Railway*, p. 8.
(62)　湯沢威教授の表によれば1844年にオープン・システムを採用していた主要な鉄道としては London & Birmingham, South Eastern, North Midland, Manchester & Leeds, Great North of England, North Union, Lancaster & Preston 鉄道があげられている。また，この他に London & North Western 鉄道の場合もオープン・システムを採用しており，「ビックフォード会社やチャップリン・ホーン会社といった大手運送業者に貨物の運送業務を委託しており，鉄道会社は貨物の運搬は行うが，貨物の積卸しや集配業務は運送業者の仕事であった。──（この場合）貨物の積卸し等のために運送会社の従業員がわざわざ貨物とともに目的地まで同行し，そこで積卸し作業を行なうという事態が起こり不便このうえなかった」と述べておられる。湯沢威『イギリス鉄道経営史』日本経済評論社 (1988) 156, 177ページ。
(63)　荒井政治『レジャーの社会経済史』東洋経済新報社 (1989) 65ページ。
(64)　Gourvish, T. R., 'Railway Enterprise', in Church, R. (ed.), *The Dynamics of Victorian Business* (1980)；小松芳喬『鉄道時刻表事始め』早稲田大学出版部 (1994) 93, 100-101ページ。
(65)　ロンザ地方の人口は1801年542人，1851年1,998人，1881年5万5,632人，1901年11万3,735人，そして1921年には16万2,717人に増加したが，その後第1次大戦後には大不況地帯に転落したため，1931年14万1,346人，1951年11万1,389人，そして1971年には8万8,994人に減少した。Williams, J. (ed.), *Digest of Welsh Historical Statistics*, Department of Economic and Social History, University of Wales (1985) vol. 1, p. 64.
(66)　Young, D., *A Noble Life: Incidents in the Career of Lewis Davis of Ferndale*, Charles

H.Kelly, London（1899）参照。
(67)　*Servants of Steam: 150th Anniversary of the Taff Vale Railway.* Rhondda Borough Council（1991）p. 27.
(68)　*Ibid.,* p. 27.
(69)　T. V. R., *General Meeting M.*（25 August 1873）.
(70)　荒井政治, 前掲書, 122-123ページ。
(71)　臨海リゾート地, ブラックプールの発展については, 小池滋「イギリスのリゾート都市と鉄道──ブラックプールの場合──」『鉄道史学』7号（1989）11-15ページ参照。
(72)　拙稿「19世紀半ばにおける南ウェールズの港湾建設」『帝塚山学術論集』第5号（1998）参照。
(73)　Thorne, R., *Penarth : A History,* The Starling Press（1975）pp. 10-13.
(74)　ビーズレイは1891年にTVRの総支配人に就任し, バリー・ドック鉄道開設後の同社の経営苦境打開策として旅客輸送を重視し, 経営合理化に努力した。
　　　'Illustrated Interviews, No. 13. Mr. Ammon Beasley, General Manager, Taff Vale Railway', *Railway Magazine,* vol. 3(1898).
(75)　T. V. R., 各年度の *General Meeting Minutes* による。
(76)　拙稿「タフ・ヴェール鉄道会社の設立と発展」『帝塚山大学経済学』第7号（1997）参照。

第5章　ドック・システムの形成と発展

I　はじめに

　H. S. ジェヴォンズが「1850年以後における南ウェールズの炭鉱業発展の歴史は大部分がドックと鉄道建設の歴史であった」[1]と述べているように，南ウェールズの経済発展は港湾や鉄道などのインフラストラクチャーの形成と密接に関係していた。本章の課題はカーディフおよびその近郊のペナース，およびバリーにおけるドック建設について若干の検討を加えることであるが，カーディフでのドック建設が南ウェールズのいかなる港よりも早く，しかも大規模に行われたことが同港発展の重要な要因となったのである。1839年に完成したカーディフのビュート・西ドックの規模は20エーカー近くもあったのに対して，1842年にニューポートのタウン・ドックはわずか11エーカーに過ぎず，スウォンジーのドック規模も1852年においてさえ，わずか14エーカーに止まっていた[2]。他方，カーディフでのドックが地方貴族の個人的資産によって建設され，維持され続けたことが同港発展の制約要因ともなった。

　言うまでもなく，いかなる港においてもドック建設の過程がひとたび始まると継続的な投資が必要となる。これは単に貿易の拡大ばかりでなく，船舶の大型化によっても引き起こされる。すなわち船舶の大型化につれて既存のドック施設が不十分になると，さらに大規模なドックが必要となる。そしてもし新たな投資が行われなければ，船舶は他の港へと向かい，その港は衰退するであろ

表5-1 南ウェールズ主要港のドックとその規模

港名	ドック名（括弧内は設立年度）	面積 (acres)	全長 (feet)	水深 (feet)	給炭機数
Cardiff	Glamorganshire Canal Float (1798)	12	—	—	12
	Bute West Dock (1839)	19.5	9,440	29	12
	Bute East Dock (1859)	46.3	10,400	32	19
	Roath Basin (1874)	12			
	Roath Dock (1887)	35	10,220	35	23
	Queen's Dock (1907)	52	6,700	42	10
Penarth	Penarth Dock (1865)	26	6,660	36	19
	Tidal Harbour (1859)		15,000	30	5
Barry	No. 1 Dock (1889)	73	10,500	38	24
	Basin (1889)	7	2,040	38	—
	No. 2 Dock (1898)	34	7,000	38	13
Newport	Town Dock (1842)	11.5	4,220	30	4
	Alexandra N. Dock (1875)	28.5	5,696	35	9
	Alexandra S. Dock (1893)	24.3	3,380	35	4
	Alexandra Extention (1907)	75	8,921	45	4
Port Talbot	Old Dock (1839)	52	—	33	3
	New Dock (1898)	35	—	33	6
Briton-Ferry	Briton-Ferry Dock (1861)	13	1,300	25	3
Neath	Town Quay		200	13	
	Tidal Harbour (1843)		1,500	18	8
Swansea	North Dock (1852)	14	5,500	32	5
	South Dock (1859)	17	6,550	34	7
	Pricne of Wales D. (1891)	28	6,600	32	9
Burry Port	Burry Port Dock (1840)	1.25	250	22	2
Llanelly	Tidal Harbour	15		25	
	Old Dock (1835)	—	—	—	2
	Copper Works Dock			20	2
	Commissioners (1903)	10		27	2

(出所) *South Wales Coal Annual* (1916); Howells, C. S., *Transport Facilities in the Mining and Industial Districts of South Wales and Monmouthshire*, The Business Statistics Publishing Co., Cardiff (1911); *South Wales Ports*, British Transport Commission, Cardiff (1948); Hughes, S., *Industrial Archaeology of the Swansea Region* (1988); Craig, R., 'The Port and Shipping 1750-1914', in *G. C. H.*, vol. 5 (1980); Williams, G. (ed.) *Swansea An Illustrated History*, Christopher Davies (1990); *The Newport Harbour Commission Centenary*, R. H. Jones Ltd. (1936)より作成。

　う。カーディフ港の場合，ドック建設のイニシアティブをとったのは第2代ビュート侯であったが，彼の死後その資産を引き継いだビュート・トラスティー，そして後に当主となった第3代ビュート侯は，ドックの貿易シェアを維持する

のに必要な継続的投資をますます躊躇するようになったのである。

またドック建設の担い手であるビュート侯と後背地の鉱工業者との利害は決して一致していたわけではなかった。カーディフにおけるドック建設の担い手がビュート侯であったのに対して，後背地の産業発展の主導者となったのは製鉄業者や炭鉱業者であった。製鉄業者の多くはイングランドからの移住者であったが，炭鉱業者の中には地元ウェールズ出身者が多く含まれていた。彼らはまた内陸産業と港とを結合する交通機関である運河やトラムロード，さらには鉄道建設の主導者でもあった。彼らはお互いが競争相手であり，その利害も一致していたわけではなかったが，地方地主の利害ともたびたび衝突した。そしてドック建設という点でみると，主に資金上の理由から当初は地方地主に依存していたが，19世紀後半になると内陸産業発展と相まって，ますますドック拡張の要求が高まり，鉱工業者自らその建設に着手する必要が出てきたのであり，またそれが可能となった。その意味で1850年代後半におけるペナース・ドック，さらには1889年におけるバリー・ドックの建設は地方貴族ビュート侯に対する内陸鉱工業者の挑戦と見ることができよう。

なお，表5-1は主として19世紀から20世紀初頭にかけて建設された南ウェールズ主要港のドックとその規模を示している。

II　ビュート・ドックの建設

(1) ビュート・西ドックの建設

カーディフ港においてドック建設が必要となった最大の理由は言うまでもなく交通の渋滞であった。内陸地方の製鉄業や炭鉱業の発展につれて，既存のグラモーガンシャー運河のドックでは輸送の要求に十分対処することができなくなっていた。とりわけ1820年代になり，船舶が大型化するにつれて，運河終点付近の渋滞はますます深刻になり，大規模な港湾施設の建設が焦眉の急を要する問題になっていた。したがって，運河会社がまずその終点のドックを拡張す

る計画を立てた。しかし運河会社がその計画を実行するためにはビュート侯から新たに土地をリースする必要があり，ビュート侯の反対にあって実行できなかった[3]。だがたとえグラモーガンシャー運河会社が事業を計画どおり実行していたとしても，おそらく交通渋滞の問題を十分に解決できなかったであろう。というのは運河会社が立てた計画は問題を解決するにはあまりにも小規模で，「単に既存の海門（Sea Lock）の拡張を提案しているに過ぎず，その位置は干潮時には（海から）あまりにも遠く離れていた」[4]からである。

カーディフにおけるドック建設計画はまた地方自治体によっても立てられた。すなわち1821年にカーディフ・タウン・カウンシル（Cardiff Town Council）は港湾改善についての計画を立て，トマス・テルフォードに調査を依頼した。それはタフ川の水路を変更し，その西側を流れるエリ川と合流させるとともに，その合流地点にドックを建設しようとするものであった。しかしこの計画も費用がかかりすぎるとの理由で見送られた[5]。計画が失敗に終わった主たる理由は当時のカーディフにおける商人層の未成熟にあった。「19世紀初期において（カーディフには）いまだ独立した商人社会は存在せず，単に後背地で生産された商品の通過地に過ぎなかった」[6]のである。

結局，カーディフにおける本格的なドック建設は地方貴族の第2代ビュート侯によって実行されることとなった。1814年にグラモーガン地方の所領を相続した第2代ビュート侯は先見の明があり，エネルギッシュな人物であった。ビュート侯はドック建設によって，ドック自体の収益に加えて多くの付随的な利益が期待できた。すなわち，カーディフ市域の地価の上昇もその一つであるが，なによりも大きな利益が期待できたのは，石炭貿易の増大による鉱区使用権収入の増大であった。実際，侯はカーディフばかりでなく，内陸地方にも広大な所領を持っており，そこで産出される莫大な鉱物資源を開発することを望んでいたのである[7]。ビュート侯はカーディフにおける侯の代理人デヴィッド・ステュアート（David Stuart）の勧告にしたがって，何人かの土木技師に調査を依頼した。1828年には著名な運河技師，ジェームズ・グリーン（James Green）が侯の依頼を受けて報告書を提出し，ドック建設の費用を6万6,600

ポンドと見積もった。グリーンの計画はさらにテルフォードによって修正された後，ビュート・シップ・カナル法案（Bute Ship Canal Bill）として議会に提出された(8)。その法案はグラモーガンシャー運河会社やモンマスシャー運河会社などの反対にもかかわらず議会を通過し，1830年7月16日に勅許を獲得した(9)。

　建設作業が開始されたのは1834年末からであり，ドック本体の工事を請け負ったのはダニエル・ストーム（Daniel Storm）であった。ドック本体の他に，海からドックへ通じる水路（channel）の浚渫，タフ川の堰やフィーダーの設置，グラモーガンシャー運河との連絡水路の掘削などの工事が含まれていた。ビュート侯の技師キャプテン・スミスによれば，建設に要した現金費用は22万2,757ポンドであったが，その他にもビュート侯の所領から石灰，木材，石材などが調達されたために，それらを併せると総額35万ポンドに達したのである(10)。

　ドック入口の海門（Sea Gates）の幅は45フィートで，海に面して面積1.5エーカーのベイスンがあった。ドック本体へ通じる入口の閘門（lock）の全長は152フィート，幅36フィートで，キャプテン・スミスによれば600トンの船舶の通行が可能であったという。ドック本体（シップ・カナル）の全長は1,400ヤード（1,260メートル），幅は200フィート（60メートル）で深さは14-19フィートであった。また，ドックの東側には15エーカーの貯水池があった。ドックへの取水にはタフ川の水が使用された。しかし，ドックに入港する船舶は干潮時には泥地となる1キロメートルもの水路（channel）を通過しなければならなかった(11)。

　新ドックは1839年10月9日に開設し，盛大な開渠式が実施された。その開渠式に出席したダウレス製鉄所社長夫人レディ・シャーロット・ゲストはその日記に式典の模様を次のように記録している。「ドックの堤防には何千人もの人で溢れておりました。数隻の船が入渠を控えて待機しておりましたが，それらの船は旗や吹き流しで飾り立て，なんとも華やいだ光景でした。音楽の演奏，人々の歓声，皆楽しげでした。8時に水門が開き，船が入ってきました。それ

らが水門に入り，入渠の準備をしていると，マーサー（J. J. ゲストの愛称）が
やってきて私を馬車からつれだし，ビュート侯たちが立っているステージへつ
れていきました。……私自身の名前にちなむ蒸気船レディ・シャーロット
（Lady Charlotte）号がちょうど入渠しようとしていたところでした。私は気持
ちを抑えきれなくなって，マーサーの腕につかまってその船に飛び乗りました。
見物人たちは一同喝采し，水門が開き，私たちはドックの中に入っていきまし
た」[12]。

　このような華やかな開渠式にもかかわらず，新ドックの幸先はそれほど好調
とは言えなかった。とりわけ請負業者ダニエル・ストームの資金難とその最終
的破産はドック建設に支障を来したし，彼らの杜撰な工事のために1840年の春
には修理のためにドックを一時閉鎖しなければならなかったのである。しかし，
翌年におけるTVRの開通と相まって，ビュート・ドックからの石炭輸出は順
調に増加し，1840年にはわずか4万3,651トンであったのが，1842年には19万
6,259トン，そして1845年には35万9,755トンとなった[13]。

　さて，ビュート・ドックの貿易の発展に大きな影響を与えたのは言うまでも
なくTVRの拡張に伴う炭鉱開発であったが，ここで注目すべき点はドックと
TVRとの関係である。すでに前章で触れたように，1841年4月に開通した
TVRの建設の主要な担い手は，ダウレス製鉄所のジョサイア・ジョン・ゲス
トやウォーター・コフィン，トマス・パウエルを中心とする内陸の鉱工業者で
あり，彼らは事業の発展のためにできるだけビュート侯の影響力から逃れるの
が得策と考えていた[14]。彼らの意図はすでに1836年のTVR法の序文に明記さ
れているように，タフ川の西を流れるエリ河口西岸のコーガン・ピルまで支線
を敷き，そこに港を建設しようとする計画に表れていた。しかし，この計画は
言うまでもなく自らのドックの独占的使用を求めるビュート侯の利害と対立し
た。論議の末，両者間の利害調整が行われ，1844年に次のような協定が締結さ
れた。すなわち，①ビュート侯はドックの東側を250年間にわたってTVRに
リースする。そしてドックの西側は一般貿易用に使用する。②TVRはエリ港
とその港へ通じる支線の建設を取り下げる。③TVRはすべての貨物をビュー

ト・ドックへ輸送し，そこで荷役する(15)。この協定の内容は1846年8月26日のTVR法の中に組み入れられた。その法律はTVR社が計画しているロンザ渓谷への2本の支線，およびカマー炭鉱（Cymmer Colliery）への支線の拡張を認可するとともに，TVRの本線からビュート・ドックの東側への支線の拡張，および同ドックの波止場のTVRへのリースを認可していた。そして，これらの事業を遂行するために21万6,000ポンドの増資を行う権限を付与していた。しかし反面，この法律によってTVRはコーガン・ピルへの支線計画を放棄し，さらにその計画のために購入していた土地を売却することを強要されたのである(16)。

第2代ビュート侯の死後，1848年8月31日にビュート・エステート法が制定され，それによって一人息子（当時1歳未満）が成人するまで，3人の管財人が侯の財産の責任を負うことが定められた(17)。さらに翌1849年12月にTVRとビュート・トラスティーとの間にさらに新協定が結ばれた。それは概ね1844年の協定を確認するものであったが，さらにそれに加えてTVRはビュート・ドック以外のいかなる港で荷役を行おうとも，それがあたかもビュート・ドックで荷役されたかのように扱われ，ビュート・エステートに波止場使用料や港湾サービス料を支払うことを強要されることとなった(18)。

(2) ビュート・東ドックとラムニー鉄道

1850年代は南ウェールズ産業の急速な成長期であり，産業発展に伴ってカーディフでの輸送の遅れに対する不満が起こってきた。とりわけビュート・西ドックは主として沿岸貿易船を対象として建設されており，外国への石炭輸出の増大とともに，よりいっそう大規模なドックを建設する必要性が生じてきたのである。こうした要求に応えてビュート・トラスティーは新ドックの建設に着手した。

ジョン・レニー（John Rennie）が技師として雇用され，ヘミングウェイとピアソン（Messrs. Hemingway & Pearson）が建設工事を請け負い，1851年に工事が開始された(19)。ここではその建設過程についての詳細は割愛するが，

ただ興味深いのは早くもこのドックの建設中に，その規模をめぐって主要利用者である炭鉱業者がトラスティーの初期の計画に不満を唱えている点である。すなわち技師のレニーは新ドックの入口に設けられる水門の敷居の水深を旧ドックと同じ深さにしようとしていたが，これに対して荷主や船主はそれでは将来の船舶の大型化に十分対処できないとして反対した。とりわけカーディフ炭輸出のパイオニアであったジョン・ニクソンはその急先鋒であった[20]。ロバート・スティーブンソンの助言の結果，ドック入口の水門の水深は当初の計画よりも3フィート深められることになった。そればかりでなく，ドック本体の幅も当初の計画の200フィートから最終的には500フィートにも拡張され，ドックの全長は4,300フィートとされた。水門とベイスン，それにドック本体の最初のセクションは1855年7月20日に完成し，さらに1858年には全長2,000フィート，幅500フィートの第2セクション，翌年9月には全工事が完成した[21]。

さて，ビュート・東ドックは同時期に建設されたラムニー鉄道と密接な関係にあった。というのはこの鉄道の建設はほとんどビュート・トラスティーの意図どおりに建設されたからである。すでにこの鉄道の建設以前にラムニー渓谷の工業化は始まっていた。その中心となったのがラムニー製鉄所であり，ビュート・エステートはその地主であった。鉄道建設前にこの地域で生産された鉄製品や石炭は馬が牽引するラムニー・トラムロード（Rumney Tramroad）〔あるいはオールド・ラムニー鉄道（Old Rumney Railway）と呼ばれた〕を通ってカーディフ港のライバル港であるニューポートへ輸送されていた[22]。カーディフ地主のビュート・トラスティーはこれを快く思わず，ニューポートからカーディフへの輸送転換を計画した[23]。そして，その担い手となったのがラムニー鉄道であった。

ラムニー鉄道の建設を認可する法律は1854年6月に制定された。当初はTVRへの単なる培養線（フィーダー）と想定されていたが，翌年7月に制定された改正法によって同鉄道はカーフィリーまで延長され，そこからタフ渓谷を越えてウォルナット・ツリー・ジャンクションでTVRと連結されることとなった。そればかりでなく，支線によって建設中のビュート・東ドックと連絡

されることとなり，しかもドック使用料を免除されるという特典が与えられることとなった。この鉄道のドック支線は1857年12月に，次いで翌年 2 月25日に幹線が開通し，TVR の路線を経由してラムニーからカーディフまでの貨物輸送を開始した(24)。

ラムニー鉄道がビュート・エステートと密接な関係にあったことは，同鉄道の社長，ジョン・ボイル（John Boile）がビュート・トラスティーの一人であったことからも当然であった。また，1859年 6 月には東ドックの北側を迂回してその西側へ通じる支線が建設されたがビュート財団はこの支線の建設にも支援を与えた。ラムニー渓谷からの石炭輸送は最初の頃はそれほど多くなかったが，この鉄道はビュート・東ドックに建設された輸出貿易用の大型船舶用給炭機（tip）の使用において，TVR よりも遙かに大きな優先権を認められていたのである。その結果，TVR で輸送された輸出用スティーム炭のほとんどが途中のジャンクション（クロックハーバー・ジャンクション）でラムニー鉄道に引き渡されることとなった。というのはそのほとんどが輸出用であり，TVR に割り当てられた給炭機では十分扱えなかったのである。

ラムニー鉄道が開通した翌年の1860年に，TVR は西ドックに13基とリトル・ドックと呼ばれる鉄道会社自身のドックに 3 基，そして東ドックに 3 基の給炭機を利用できた。これに対してラムニー鉄道は東ドックに外国貿易用給炭機を11基，湾内に沿岸貿易用給炭機を 7 基利用できた。その結果，ラムニー鉄道自身によるカーディフまでの石炭輸送量は 8 万8,319トンに過ぎなかったにもかかわらず，途中のジャンクションで TVR から引き渡された69万8,920トンの石炭を荷役していた(25)。TVR による石炭輸送はその後も増加したが，ビュート・ドックの使用が制限されていたために，同鉄道による石炭荷役量は逆に減少していった。これに対してラムニー鉄道による石炭輸送量は TVR による輸送と比べて少なかったが，途中のジャンクションでの引き渡しが増加したために，同鉄道による荷役量は増加したのである（表 5 - 2 ）。

表 5 - 2 からも明らかなように，1864年に TVR は同鉄道で輸送した石炭の60％を途中のジャンクションでラムニー鉄道に引き渡さなければならず，そ

表5-2 TVRとラムニー鉄道による石炭輸送とビュート・ドックでの荷役量

年	TVR石炭	ラムニー鉄道石炭	TVRからラムニー鉄道への引き渡し	TVRによって荷役された石炭
1855	980,632	—	—	980,632
1857	1,256,213	—	—	1,256,213
1859	1,452,718	45,758	411,692	1,051,026
1861	1,701,731	166,000	860,403	841,328
1864	1,903,235	197,467	1,180,657	722,578

(出所) Mountford, E. R., *The Cardiff Railway*, p. 17.

の量はラムニー鉄道が扱った石炭の85％にも達した[26]。このように、ラムニー鉄道は財団からの様々な優遇措置によって新ドックでの石炭荷役施設の大半を支配することとなったのである[27]。そしてこのような状況において、TVRはラムニー鉄道へのジャンクションでの引き渡しを故意に遅らせるなどの妨害措置を取ったため、ラムニー鉄道はTVRの路線を利用することなしにカーディフへの輸送を達成する計画を立てた。この拡張法は1864年8月に議会の認可を得たが、その工事はなかなかはかどらず、1871年になってようやく完成したのである[28]。

III ペナース・ドックとTVR

このようなビュート側による差別政策に対して、TVR社やその鉄道で貨物を輸送していた荷主、とりわけ急速な発展過程にあったタフ渓谷沿いの炭鉱業者は大きな敵愾心を持っていた。彼らのビュート・インタレストへの挑戦は単に経済面にとどまらず、政治面でも行われた。その注目すべき事例の一つとして、ロンザの炭鉱業者で、同時にTVRの社長であったウォーター・コフィンが、1851年の選挙で、ジョン・バチェラーやジョン・ゲストなど仲間の企業家、TVR社員、さらにはグラモーガンシャー運河会社の支援を得て、カーディフ選出の下院議員候補として立候補し、ビュート側の候補者、ニコル氏を敗ってみごと当選した、という出来事をあげることができる。もっとも彼はあまり活動的な議員ではなく、1857年には議員を辞職している[29]。

第5章 ドック・システムの形成と発展　143

①ペナース会社の設立

　他方，エリ河（River Ely）口での波止場とドックの建設は彼ら鉱工業者のビュート・インタレストへの最初の経済的挑戦であった。タフ川の西側を流れるエリ河口に港を建設し，そこから鉄道を敷いてTVRに連絡しょうとする計画を話し合うための準備会議は，1855年7月にロンドンのクローシェイ・ベイリー邸で行われ(30)，同8月23日に最初の発起人集会がカーディフ・アームズ・ホテルで開催された。その会合に出席したのはクローシェイ・ベイリー，トマス・パウエル父子，W. D. カートライト，Rev. G. トマス，ジョン・ニクソン，トマス・ジョセフ，J. H. インソール，ジェームズ・トムソン，そしてサミュエル・ドブソンであり，その多くはタフ渓谷，とりわけアバーデア地方の鉱工業者であった。この会合において，ドブソンが技師に雇用され，資本の調達，港湾とTVRへの連絡線建設の手配，用地獲得のための地主との交渉，さらには議会立法獲得手配の実施，などが決定されている(31)。

　ビュート・インタレストの激しい反対にもかかわらず，The Ely Tidal Harbour and Railway Actは1855年7月21日に勅許を獲得し，これによってTVRのラダー・ジャンクション（Radyr Junction）からエリ河口まで6マイルの鉄道の建設とともに，エリ河口の東岸に石炭荷役用の埠頭を建設する権限が与えられた(32)。法律の通過後，ただちに建設工事を担当する請負人の入札手続きが開始され，8社の応募者のうちからジェームズ・レニー（James Rennie）のものが承諾された。工事は順調に進行し，1859年6月18日にはハーバーとTVRへの連絡線が完成した。

　しかしプロモーター達は，当初から潮の干満の影響を受ける埠頭（tidal harbour）と並んで，ドックの建設も計画しており，第1の法律獲得後，直ちに第2の法案の準備に取りかかった。1856年12月の取締役会では，エリ川の西側にドックを建設するとともに，鉄道を延長すること，またその事業を実行するために17万5,000ポンドの資本（この金額は翌年の取締役会で19万2,000ポンドに増額されている）を調達することが決定されている。新法案は1857年7月

27日に The Penarth Harbour Dock and Railway Act として勅許を獲得した[33]。

　ペナース・ドックの建設工事に関して会社が募った入札に対して，全部で10社が応募した[34]が，落札したのはスミスとナイト氏（Messrs. Smith & Knight）であり，彼らは2万ポンドの株式の引き受けを条件に，ドック建設を委託されることになった。

②建設作業とドックの完成

　ペナース・ドックの建設作業は長引き，建設開始から完成まで7年も要した。建設の遅れは請負業者との契約の破棄をもたらし，ドック会社自身のTVR会社へのリースへと導いたのである。建設作業の遅れについて，例えば1860年12月の取締役会議事録は次のように述べている。「スミスとナイト氏は最近多くの労働者を解雇し，その結果ドック建設作業は遅々として進展しない状態である。とりわけ入口付近の作業はなにも行われていない」[35]。会社の技師による再三にわたる催促にもかかわらず，なんらの効果も得られなかったため，ついに翌年7月には取締役達の堪忍袋の緒が切れて，請負業者との契約は破棄され，会社自らの手で建設が進められることとなったのである[36]。

　こうした建設作業の遅れにより，建設費用も1863年7月には当初の予定を37％も超過し，会社は財政難に陥った[37]。そして結局TVR社との間で協定が行われ，その結果ペナース社のすべての施設は，999年間にわたってTVR社にリースされることとなったのである[38]。しかし，このリース協定に対してビュート・トラスティーは激しく反対した。ビュート側の言い分はこの協定が1849年にトラスティーとTVR社との間で結ばれた協定に違反しているということにあった。結局，上院での裁定の結果，ペナース社のTVR社へのリースは認可されたが，そのかわりにTVR社はペナース・ドックでの荷役料金をカーディフ・ドックでのそれよりも低く設定することが禁止されることになった[39]。もっともTVR社へのリース後もドックはなかなか完成しなかった。それはドック入口の閘門（ロック）ゲイトの完成が遅れたことによっていた。ロック・ゲイトの建設を請け負ったのはダドレイのコクラン（Messrs.

第5章 ドック・システムの形成と発展　145

Cochran) であったが，労働者のストなどにより，この建設に手間取ったのである。実際，1863年から65年におけるペナース社の取締役会議事録の多くがこの問題で占められている。そしてその間にも支線鉄道やドックの付属施設の建設が行われていた。船舶の入渠を助けるためにブイやドルフィンが設置され[40]，またはるばる北東イングランドのウィリアム・アームストロング社に給炭機が発注された[41]。ペナース・ドックが完成したのはようやく1865年6月10日のことであった。開設の式典は満潮時に合わせて早朝7時に挙行され，ドック建設に関係した多くの人々が招待されたのである[42]。この式典において主催者を代表する挨拶を行ったのはペナース社の社長ではなく，TVR社の社長のプール氏であったことは両社の関係を象徴していて興味深い。また，入渠第1号の栄誉を獲得したのがコリー社の蒸気船ウィリアム・コリー (William Cory) 号であったことも，このドックの性格を明示している。コリー社は世界的規模で展開していた給炭基地を通じて，ウェールズ炭を軍艦や商船に供給していた石炭商人として有名であった[43]。

　ペナースの港湾施設はドックとベイスン，そしてタイダル・ハーバーからなり，ドックには10基，ベイスンにはさらに2基の給炭機が設置され，さらに小型船舶用のタイダル・ハーバーの施設とあわせると全部で22基の荷役施設が設置された。このうち大型のものは1時間当たり約300トン，小型のものは約150トンの石炭を炭車から石炭運搬船に積み込むことができた。ドックの全長は2,100フィート，ベイスンのそれは400フィート，ドックの幅は370フィート，ベイスンの幅は330フィート，全体の面積は20.5エーカーに達し，幅60フィートまでの船舶が入渠できた[44]。

③ドックの交通発展

　ドックの利用は開設当初伸び悩んでいたが，1860年代後半から70年代初期にかけて急速に成長した。すなわち，ペナース・ドックからの石炭輸出量はドック開設年にはわずか27万トンあまりに過ぎなかったのが，1870年には約122万トン，1880年には188万トン，そしてバリー・ドック開設前年の1888年には335

表5-3 ペナース社の配当変化

年度	年平均配当率	年度	年平均配当率
1871～72	4.0	1881～82	5.0
1873～74	4.0	1883～84	5.25
1875～76	4.0	1885～86	5.25
1877～78	4.5	1887～88	5.25
1879～80	4.5	1889～90	5.25

(出所) P. H. D. & R. Co., *General Meeting Minutes*, 各年度より作成。なお年配当率の決定は毎年2月と8月の総会で行われている。本表はこれらを平均したものである。

万トンに達した。こうした貿易急増の背景には、内陸地域の炭鉱業の発展が見られたのであるが、ペナース・ドックが、カーディフにおけるビュート・ドックに対して、幾分のメリットを有していた点も重要であった。まず第1にあげられるのはドック・ゲイトから外海への距離がビュート・ドックに比べて短く、したがって大型船の入渠がいっそう容易であった点である(45)。第2のメリットはドックと鉄道が一つの企業体によって支配されていたことであり、そのため炭鉱からドックまでの石炭の輸送に要する時間は、鉄道とドックが別々の企業体に支配されている場合に比べて短時間であった(46)。

このように、ペナース・ドックはビュート・ドックに比べて様々な利点をもっていたため、かなりの輸送経路の転換がみられ、1870年にはTVRによって輸送された石炭全体の28％がペナース・ドックから積み出されていた。だが、そうかと言って、このことがビュート・ドックの衰退を引き起こしたわけではなかったし、ペナース・ドックが営業的にそれほど成功したわけでもなかった。港湾使用料の点ではペナースがビュート・ドックよりも安価というわけではなかった。というのは、前述のように、1849年のTVRとビュート・トラスティーの協定により、ペナースでの港湾使用料をビュート・ドックよりも低く設定することが禁止されていたからである。このことはドックの貿易発展の大きな制約となり、その収益性に悪影響を与えた。TVR社にとってペナース・ドックは決してそれほど収益性の高い事業とはならず、表5-3で示しているように、その配当率は1870年代には4～4.5％にすぎなかった。

それにもかかわらず、ドックからの石炭輸出は70年代後半にはかなり増加した（1875年の106万トンから1880年には188万トンに増加）ために、TVRはドックの拡張を決定した。ペナース・ドック拡張のための法案は、1881年6月3

日に勅許を獲得し，それに従ってドックの北端で約270ヤードの拡張工事が行われた。工事を請け負ったのはセヴァン・トンネルのコントラクターでもあったウォーカー（T. A. Walker）であった。工事は順調に行われ，1884年4月9日に完成した。これにより，ドックの面積はベイスンも併せて26.5エーカーとなった[47]。

南ウェールズにおける他のほとんどの港と同様に，ペナース・ドックの貿易の大半は石炭輸出からなっていた。このことは19世紀末のこの港の搬出入貨物を示した表5-4を見れば明らかである。1900年には前年に比べて石炭搬出量が11万5,507トン減少している

表5-4 ペナース・ドックでの取り扱い商品

（単位：トン）

	1899年	1900年
搬出品		
石炭とコークス	3,368,255	3,253,256
パテントヒューエル	155	130
鉄製品	262	108
一般貨物	956	627
合計	3,369,628	3,254,121
搬入品		
鉄鉱石	5,720	15,584
鉄製品	392	444
枕木	750	2,460
その他の木材	16	409
坑木	1,739	4,468
馬鈴薯	229	
煉瓦	1,095	
パルプ	30,483	35,304
ガス炭	23,146	45,870
一般貨物	37,995	27,302
合計	101,565	131,841

（出所） South Wales Daily News (27th Feb. 1901).

が，これは8月に起こったタフ・ヴェール鉄道のストライキによるものであった。いずれにせよ，同表からも明白なように，1899年の石炭搬出トン数はこの港の貿易全体の実に97％を占めていたのである。

ペナース・ドックの建設は地域社会に大きな影響を及ぼした。ペナースの人口は1841年から1871年までの30年間に475人から2,652人に，すなわち約5.6倍に増加している。人口の急増はドック建設とともに生じ，ドック建設に伴う大量の建設労働者の流入と，その後の港の発展によるものであった。ベンジャミンの研究によれば，人口増加の大部分はウェールズ西部，イングランド，そしてアイルランドからの移民の流入によっていた[48]。

Ⅳ　バリー・ドックと鉄道

(1) BDR 設立の背景

①歴史的経緯

　次に，バリー・ドック鉄道について考察しよう。バリーはカーディフから約8マイル南西部に位置し，人口4万人程度の比較的小さな町である[49]。現在は夏の海水浴シーズンには行楽客で賑わうが，一般的には郊外の閑静な住宅地となっている。ここは1世紀前には世界最大の石炭輸出港として栄えたのであるが，昔日の繁栄の面影は現代ではほとんど見られない[50]。この町の繁栄の中心となったのが，The Barry Dock and Railway Co.（同社は1891年に The Barry Railway Co. と改名されたが，以下では BDR と略記する）の設立とその発展であった[51]。設立当初の社名からも明らかなように，この会社のユニークな点の一つはドック[52]と鉄道とが一体となり，一つの会社によって経営されていたことである。同社が設立されたのは1884年であり，ドックと鉄道が営業を始めるのは1889年であった。それ以後，南ウェールズにおける他の多くの鉄道と同様，1922年にグレート・ウェスタン鉄道に合併されるまでの約30数年間が独立企業体として営業していた時期であった。

　BDR 設立の動機はカーディフ，およびその郊外のペナースにおけるドック施設や TVR が，後背地の産業，とりわけ炭鉱業の急速な発展と船舶の大型化に十分対処できなくなってきたことであった。さらには，大規模なドック建設を可能にするほど，ロンザや，アバーデア渓谷を中心とする内陸炭鉱業者の間に資本が蓄積されてきたことも，大きな要因であった。

　19世紀後半は世界的規模での工業化の波及期であり，交通革命の時代であったことに注目する必要がある。海運業の分野では木造帆船から鉄製，鋼製蒸気船への移行期であり，陸上では鉄道網がイギリスを越えて世界中に広がっていた時期であった。そしてこうした工業化の波及，交通革命は南ウェールズ，と

りわけカーディフの後背地域，アバーデアやロンザ地方で産出されたスティーム炭に対する需要を飛躍的に増加させた。この過程で南ウェールズはイギリス全体の中でも1，2を争う大炭鉱地帯となったばかりでなく，イングランド北東部を抜いてイギリス最大の石炭輸出地域となった。全盛期にはイギリス石炭輸出全体の40％を上回り，世界最大の石炭輸出地域となったのである[53]。

　だが，内陸地方の炭鉱業や海運業発展に伴う船舶大型化に直面して，カーディフにおける港湾施設はますます時代遅れになっていった。ビュート・ドックの渋滞がいかにひどいものであったかについて，ある者は「ドックの端から端まで船のデッキを歩いて渡ることができた」[54]と表現した。カーディフにおけるドック建設の大きな特徴は，近代的なドック施設がビュート侯という一地方貴族によって建設されたことであった[55]。ビュート・ドックはその建設初期においては，カーディフが他の全ての南ウェールズ諸港を凌駕して，「世界のコール・メトロポリス」となる上で大きな役割を演じたのであるが，時が経つにつれて，逆にその発展を抑制する要因にもなっていった。とりわけ，カーディフ港建設の担い手であった第2代ビュート侯の死後，その資産管理を委託されたビュート・トラスティーはドック施設の拡張に消極的であったし，さらに成年に達した第3代ビュート侯は事業にほとんど関心を示さなかった。彼は建築家ウィリアム・バージェスにカーディフ城やカステル・コッホを自らの趣向に合わせて建設させることにより，中世的幻想の世界に没頭し，ドックや所領経営にほとんど関心を示さなかったのである。だが，よりいっそう根本的な問題はビュート・エステート自体の資力の限界にあり，M. J. ドーントンが詳しく分析しているように，ドックは期待されたほどの収益性をあげることができず，むしろビュートの資産への重荷になっていったのである[56]。

　他方，後背地の鉱工業者はお互いに激しいライバル関係にあったが，同時にカーディフ市内，および内陸地域の広大な地主であったビュート侯とも利害を異にしていた。カーディフ郊外に建設されたペナース・ドックはこの地方の貴族のヘゲモニーに対する内陸鉱工業者の最初の挑戦と見ることができるが，その規模はますます加速化する炭鉱業発展に対処するにはあまりにも小規模であ

った⁽⁵⁷⁾。とりわけ，1870年代以降におけるロンザ渓谷での炭鉱業発展につれて，ますます大規模な港湾施設を建設する必要が出てきたのであり，また，炭鉱業者の資本蓄積につれて，彼ら自らそれを行うことが可能となったのである。実際，BDR は南ウェールズ炭鉱業の全盛時代を象徴し，増加する石炭取引と海運業発展の必要性から建設されたのであるが，同時にそれはカーディフにおけるビュート侯のヘゲモニーに対する鉱工業者の挑戦という側面も強くもっていたのである。

② 法案をめぐる攻防

1881年にビュート・トラスティーの管理責任者はジョン・ボイル (John Boile) からウィリアム・ルイス (W. T. Lewis) に交代した[58]。ルイス自身ロンザやアバー渓谷を中心とする大炭鉱業者であり，代議士でもあった。彼は1879年から84年にかけて南ウェールズ炭鉱業者の雇用者団体 (The South Wales Coalowners' Association) の会長であり，とりわけバリー・ドック建設への強力な反対者であった。バリー・ドック建設の動きを察したビュート関係者は機先を制する動きに出，1882年に新ドック建設法案を議会に提出した。だが，ロンザの炭鉱業者はこれに激しく反対した。その主張によれば，提案されている新ドックはカーディフ港の渋滞問題を解決するにはあまりにも小規模であった。とくに争点となったのはトン当たり1ペニーの追加料金であった。ビュート側は資金不足を補うために単に新ドックの使用に対してばかりでなく，旧ドックの使用に対しても追加料金を課そうとしていた。このため，「バリーは1ペニーのために建設された」(Barry was built for a penny.) という諺が生まれた[59]。

さて，バリー・ドック建設の主導者はデヴィッド・デイヴィス (David Davies) をはじめとするロンザやアバーデア渓谷の炭鉱業者[60]であった。デイヴィスは当初中部ウェールズにおける鉄道建設請負業者として活躍していたが，やがてロンザ渓谷の炭鉱業の可能性を察するに至り，仲間の企業家たちとともにアッパー・ロンザ渓谷において鉱区権を獲得し，炭鉱業に進出した。そ

第5章　ドック・システムの形成と発展　151

して後に南ウェールズで最大級の炭鉱会社となる The Ocean Coal Company の基礎を築いていった(61)。デイヴィスは非常に強力な個性の持ち主であり，彼のリーダーシップと資力なしにはバリー・ドックの建設はあり得なかったのである。

　デイヴィスは，既存の TVR からもビュート・ドックからも独立した独自の港湾施設と鉄道の計画を抱いており，しかもそれらの施設は実質的に炭鉱業者によって所有され，統制されるべきであると考えていた(62)。彼は，当初ニューポートやオグモア河口を捌け口とすることも計画していた(63)が，これらの港はいずれも大規模な石炭輸出港としては不適当と判断された。これに対してバリーは小さな島で遮られることによって，荒天時の船の避難港として最適であり，地勢にも恵まれていたので港湾建設に適していたし，船舶の出入りの便利さの点でもカーディフより優れていた。すなわち外洋に近いために，カーディフよりも1時間早く入港でき，1時間遅く出港できたのである。ドックの入口から外洋までの距離はカーディフの場合には3マイルもあったのに対して，バリーではわずか半マイルに過ぎず，しかもドックまでの特別の水路を必要としなかったのである。バリーのもう一つの大きな利点は2人の大地主，すなわちバリー島におけるウィンザー卿 (Lord Windsor) と本土側のロミリー卿 (Lord Romily) がともに港湾計画に協力的であり，その実施を切望していたことであった(64)。

　BDR 法案は1883年に議会に提出され，案件を審議するための委員会が開催された。既得権益者であるビュート・エステートや TVR は当然のこととしてこの法案に激しく反対した。とりわけその急先鋒の W. T. ルイスは石炭の生産と需要はまもなく均衡するであろうし，バリーの計画は利己的であり，他の施設から輸送を転換するだけでなんらの意義も認められないと主張した(65)。この最初の法案は下院を通過した後，上院で否決された。しかしプロモーター達は怯まず，次回の会期に再度法案を提出した。彼らが法案の再審議を急いだのはライバルの the Ogmore Dock & Railway Co. のプロモーターたちがロンザ渓谷への路線拡張を計画していたからであった(66)。なお，法案の議会通過に際

して是非とも触れておくべき点はカーディフ船主協会のメンバーの多くがバリーの計画を支持していた点である[67]。もちろんモレル社のようにビュートの言い分に理解を示すものがいないわけではなかったが[68]，船主たちの多くはカーディフ港の現状に不満を持っていたために，バリー築港計画を支持した。とりわけ船主協会会長のトムソン（T. R. Thompson）はBDRプロモーターの一人でもあった。彼の委員会での説得力のある証言は，法案の通過に少なからぬ影響を与えたのである[69]。

③ BDR法と会社設立当初の出資者

　ビュートやTVR社の激しい反対にもかかわらず，BDR法は議会を通過し，1884年8月14日に勅許を獲得した[70]。法案の通過には7万ポンドもの費用を要したといわれている[71]。その法律によって，BDRはバリー島と本土との間にドックを建設し，そのドックからTVRのジャンクションまで鉄道を敷設することが認可されたほか，多くの付属施設を建設する権限を与えられた。これによって建設されたドックの規模は面積が73エイカー，全長3,400フィート（約1,020メートル），最大幅は1,100フィート（約330メートル），水深37フィート9インチ（約11.3メートル）であり，当時イギリス最大級のウェット・ドックであった[72]。また，法律によって認可された幹線鉄道はバリー・ドックからカドックストン（Cadoxton）を通過し，そこから北へ曲がり，トレフォレスト（Treforest）およびトレハヴォド（Trehafod）でTVRの本線，およびロンザ支線と連絡されることになった。BDRの本線の全長は約19マイルで，その他にドック施設や炭鉱と連絡する6本の支線が建設されることとなった。

　会社の社長にはウィンザー卿が就任したが，実質的な最高責任者は副社長に就任したデヴィッド・デイヴィスであった。取締役のほとんどがロンザやアバーデア渓谷を中心とする炭鉱業者，石炭商人，および海運業者であった。設立時の公称資本金は105万ポンド（1株10ポンド）であったが，さらに35万ポンドまで借入を行う権限が与えられていた[73]。しかし，実際にはこれだけでは不十分で，その後の建設の進展につれて何度も増資が行われ，1889年7月の

第5章　ドック・システムの形成と発展　153

開業までにその資本金は190万ポンドあまりに達していた(74)。

会社設立当初における出資者のうち500株以上の出資者と株数を列挙したのが表5-5である。この表によって主要出資者のほとんどがBDR法に列挙されているプロモーターであり、ロンザやアバーデアの炭鉱業となんらかのかかわりを持つ者であったことが明らかになる。以下、主要出資

表5-5　バリー・ドック会社設立当時の主要出資者

氏　名	株　数	氏　名	株　数
David Davies	5,800	Lord Windsor	5,000
Edward Davies	3,800	Crawshay Bailey	2,500
Lewis Davis	2,500	John Cory	2,250
Richard Cory	2,250	Archibald Hood	2,000
Louis Gueret	1,500	James W. Insole	1,000
E. H. Watts	1,000	Mrs. R. Thomas	900
Edmund Thomas	800	Thomas Webb	650
J. & H. Cory	600	John Guthrie	600
S. Aitken	500	J. Fry	500
E. S. Hett	500	H. H. Hett	500
E. Jenkins	500	Edward R. Moxey	500
George Perfitt	500	John O. Riches	500
J. H. Thomas	500	T. R. Thompson	500
J. Ware	500	J. H. Wilson	500
Llewllyn Wood	500	F. J. Yarrow	500

(注)　1884年10月までの株式発行総額は60万ポンドであった。また、同年9月には10万ポンドの株式公募が行われている。B. D. & R. Co., *Directors Meeting Minutes* (1st Sept., 19th Sept., 15th Oct. 1884) より作成。

者でかつ会社の設立のために活躍した主要な取締役たちのプロフィールを簡単に紹介しておこう(75)。

　最大の出資者はオーシャン炭鉱の所有者でBDR社副社長でもあった、デヴィッド・デイヴィスとその息子のエドワードで、併せて9,600株に達している。このことからも同社における彼らの役割の重要性が明らかになる。なおデイヴィスについてはすでに触れたのでここでは省略する。デイヴィス父子に次ぐ大口出資者は社長でバリー島の地主のウィンザー卿であった。ウィンザー卿は正式にはR. G. ウィンザー・クライヴ（Robert George Windsor-Clive）と言い、第14代ウィンザー男爵であった。彼が生まれたのは1857年8月27日で、1869年に男爵の地位に着いた。彼は1757年にインドのプラッシーの戦いで活躍した東インド会社書記の子孫で、ペナース地区やバリー島の地主で、カーディフ近郊のセント・フェイガン城主でもあった。

　会社の取締役のほとんどが500株以上を所有していた。その一人、クローシェイ・ベイリー（Crawshay Bairey）は、ヨークシャー出身で、カヴァースヴ

ァ製鉄所のリチャード・クローシェイの甥にあたり，当初兄とともにおじの製鉄所で働いていたが，後にモンマスシャー地方やアバーデア地方に製鉄所を設立し，1845年にはダウレス製鉄所のJ. J. ゲストの支援によってアバーデア鉄道を建設した。しかし，彼は事業の完成を待たず1887年に他界した[76]。ベイリーと同数の株式を所有していたルイス・デイヴィスは小ロンザ渓谷，フェーンデール地方の炭鉱業者であったが，彼も事業の完成を前にして他界したため，息子のF. C. デイヴィス（F. C. Davis）が彼の後を継いで取締役となった[77]。またコリー兄弟（John Cory と Richard Cory）は世界中の給炭基地で南ウェールズ炭を蒸気船に補給する石炭商人で，同時に炭鉱業者でもあった[78]。アーチボルド・フード（Archibald Hood）はスコットランド，エアシャー，キルマーノック出身の炭鉱技師で，1860年に南ウェールズに移住し，the Glamorgan Coal Co. の経営者となった。彼は終始BDR社の中心人物の一人であり，後にデヴィッド・デイヴィスの死亡後，副社長として活躍した[79]。北東イングランド生まれのエドモンド・H・ワッツ（E. H. Watts）はニューカッスルの海運業者で，1872年に Watts, Ward & Co. を設立していた。彼は南ウェールズの炭鉱を購入し，Abercarn Coal Co. および National Steam Coal Co. の社長でもあった[80]。フランス出身のルイ・ゲレ（Louis Gueret）は，20歳の時にカーディフに移住し，フランス人が経営するパテントフューエル工場で働いた後，同工場の経営者となり，石炭輸出事業にも関与した。J. H. トマス（J. H. Thomas）は Messr. Thomas, Riches & Co. (Clydach Vale) およびアバーデアにおける Samuel Thomas & Co. の経営者であった[81]。T. R. トムソン（T. R. Thompson）はサンダーランド生まれで，1858年にカーディフに移住し父親の経営する船舶ブローカー業に加わった。父親の死後，その事業を引継ぎ，またキャプテン・ジョン・コリーとの関係で海運業の経営にも関与した[82]。その他，ジェームズ・W・インソールも炭鉱業者で会社の取締役として活躍した[83]。また，主要出資者の中にはカーディフの主要海運業者 John Cory & Sons（前記の石炭商人，コリー兄弟とは別会社）の名前も見られる[84]。

(2) ドックと鉄道の建設

BDR 社の主要な工事はドックと鉄道からなっていた。これらの諸施設の設計と建設を行った主任技師 (Consulting Engineer) は奇しくも会社と同名のバリー (John Wolfe Barry) であり，彼は1870年代にはペナース・タウンを開発したウィンザー・エステートの技師として活躍していた[85]。彼のパートナーの中には世界的に有名な技師，I. K. ブルネルの息子のヘンリー・マーク・ブルネル (H. M. Brunel)[86]をはじめとして，ツルンパー (J. W. Szlumper)，ブラウン (T. F. Brown)，アダムズ (G. F. Adams) がいた[87]。

表5-6 BDR ドックと主要鉄道工事入札者

氏 名	入札金額		
	£	s.	d.
J. B. Billups	623,424	5	0
Easton G. Skipton	707,545	0	0
John Jackson	497,684	1	8
Scott & Edwards	929,680	0	0
Walter Scott & Co.	606,493	6	8
William Jones	641,881	6	8
Thomas A. Walker	600,000	0	0
Green & Parker	627,366	13	4
Muttall & Bigley	329,930	0	0

(出所) B. D. & R. Co., *Directors Meeting Minutes* (1st Oct. 1884) より作成。

技師の指示の下で実際に工事を担当したのが請負業者であった。BDR 社取締役会議事録にはドックの主要工事への入札者とその金額が記載されているが，その明細は表5-6のとおりである。議事録によると，最初はJ. ジャクソン (John Jackson) のものが受け入れられたが，小委員会での検討により誤りが指摘され，再検討の結果，ウォーカー (Thomas A. Walker) の入札が56万3,907ポンドで受け入れられている。彼はドックそのものだけでなく，セントフェイガンまでの鉄道建設も行っている[88]。ちなみにウォーカーはセヴァン・トンネルの建設にも関与していたが，その仕事はほとんど終わりに近づいていた[89]。なお彼の他にロヴァト＆ショウ (Lovat and Shaw) やマッケイ＆サン (J. Mckay & Son) も後に鉄道工事の一部を請け負っている[90]。

ドック建設の起工式は1884年11月14日に挙行され，会長のウィンザー卿に続いて副社長のデヴィッド・デイヴィスが記念の鍬入れの儀式を執り行った[91]。そして，実質的な工事はバリー海峡をせき止めるダムの建設から始められた。そのさいドック建設に必要な防波堤やダムの建設に要する費用として請負業者

ウォーカーは 4 万7,500ポンドと見積もっており，取締役会がこれを了承している。またドック入口の水門工事を請け負ったのは The Thames Ironworks, Shipbuilding Co. で，3 万563ポンドで落札している(92)。また，ドック工事が完成に近づくと，石炭荷役のために給炭機の注文も行われている。それらの多くは遙か北東イングランド地方のアームストロング社（William Armstrong & Co.）に注文されている(93)。

ドック建設と並行して鉄道建設も行われているが，その工事に従事した労働者のことや建設の進行状態についてはほとんど不明である。ただこのドックに先立つペナース・ドックの建設にさいして隣接地方やアイルランドからの人口流入が生じていることから，このドックの建設にさいしても同様のことが類推される(94)。また，議事録を見るかぎり，TVRとのジャンクションの建設やその路線上の乗り入れ権をめぐって両社間で若干の軋轢があったことが指摘される(95)。路線の建設が完成に近づくと機関車や貨車の注文も行われているが，そのさい機関車の製造も入札によって行われ，シャープ・ステュアート社（Messrs. Sharp Stewart & Co.）のものが数多く採用されている(96)。この鉄道は南ウェールズにおける他のほとんどの鉄道と同様，石炭がその主要貨物であった関係もあって，いわゆるオープン・システムの鉄道であり，荷主である炭鉱業者が自ら貨車を仕立てて輸送を行い，鉄道会社は荷主から通行料を徴収するという方法を採用していた(97)。しかしそうだからと言って，全く貨車を所有しなかったわけではなく，10トン積み炭車を発注している(98)。会社はそれらの炭車を炭鉱業者に貸与したものと考えられる。

ドックと鉄道が完成したのは1889年 7 月18日であり，その開設を祝って盛大な式典が挙行された。式典の模様は Western Mail や South Wales Daily News などの地方紙で詳しく報じられ，The Graphic 誌はイラスト付きで開設式の模様を報じた。その式典はバリー・ドック構内で実施され，招待客を乗せた特別列車はカーディフ駅を出発し，グレート・ウェスタン鉄道の路線を経由して，バリー・ドックに到着した。その式典の主賓として予定されていたレディ・ウィンザーが身内の不幸を理由に欠席したため，フェーンデールの炭鉱業者ルイ

ス・デイヴィス夫人が代わってリボン・カットの儀式を挙行した。その後，待機していた多くの船舶がドック内に入渠してきた。入渠した船舶はドック北側に停泊し，石炭はチップ (tip)，あるいはステイス (staithe) と呼ばれる給炭施設を使用することによって，炭車から船舶に積み込まれた。その際，列車から切り離された炭車は1台ずつ台座の上に載せられ，水圧機関の力で引き上げられた。そして台座が傾けられる (tip される) と石炭は炭車から滑り台 (shute) を滑って船の石炭倉に積み込まれた。石炭船の中ではトリマー (trimmer) が積み込まれた石炭を水平にならす骨の折れる作業に従事していたのである。そうした作業が行われている間に，招待客たちは2,000人が収容できる天幕内の会場で，取締役や技師たちの挨拶を聞きながら午餐を楽しんでいた。また，こうした取締役たちを中心とする式典とは別に，請負業者のT. A. ウォーカーは建設に従事した彼の従業員1,600人を労うための祝宴を行っていた。その祝宴はバリーの空き地に設置されたテントの中で行われたが，労働者たちはそれまでの労苦を忘れて，一時の飲食を楽しんだのである。

(3) 波　　紋

①ライバル鉄道との競争

　BDR の開設は既存の鉄道，とりわけ TVR との激しい競争を引き起こした。まず最初に，BDR が開設されると TVR は荷主に次のような回状を回して通行料の切り下げを通告した。

　　「タフ・ヴェール鉄道
　　　セクレタリー事務所　カーディフ　1889年8月31日
　拝啓　1889年より，将来さらに通知が行われるまで，生産地で列車を満載にして積み込まれ，港まで輸送される石炭の通行料をトン・マイル当たり0.55ペニーとする。またそれ以外の石炭については生産地から港までの料金をトン・マイル当たり0.575ペニーとする。……鉄鉱石や坑木の料金も削減されるが，その詳細については以下に記す者まで問い合わせられたし。

セクレタリー　J. ジョーンズ」[99]

　TVR の石炭通行料は切り下げが行われるまではトン・マイル当たり0.74ペニーであったので，この切り下げは約26％であった。そして，トレハヴォドのジャンクションからビュート・西ドックまで15マイルの石炭通行料は，切り下げ以前にはトン当たり11.1ペンスであったのが，切り下げ後は8.25ペンスとなった。

　これに対して，BDR 社も直ちに通行料の切り下げを通知している。すなわち，

「バリー・ドック鉄道会社
セクレタリー事務所　　　　　　　　　　　　カーディフ　1889年9月2日
拝啓　最近の株主総会での当社副会長（デヴィッド・デイヴィス）による公示により，バリー・ドックとの交通に関する通行料をカーディフ，およびペナースのどのドックとの交通についての通行料よりも高くならないように設定することを公表する。　　　　　　　　　　　　　　　　敬具
　　　　　　　　　　　　　G. C. ダウニング，セクレタリー」[100]

　この通知は BDR による通行料が TVR のそれと等しくなるように設定されることを意味していた。トレハヴォド・ジャンクションからバリー・ドックまでの距離はビュート・ドックまでの距離よりも長く，約18マイルであったので，トン・マイル当たりでは TVR よりも低く，約0.458ペニーということになる。
　また，BDR 社の開設は TVR ばかりでなく，ラムニー鉄道に対しても影響を及ぼし，同鉄道はカーディフへの石炭通行料を TVR と同じトン・マイル当たり0.55ペニーに引き下げた[101]。このような通行料の切り下げにより，ラムニー社の収入は低下したが，労賃の上昇により費用は低下しなかったために，同社の1889年次の配当は前期の9％から後期には6％に低下した[102]。しかし，ここで興味深い点は，通行料の切り下げは1回限りに止まり，再度の切り下げ

が行われなかったことである。BDR の開設後に行われた一つの重要な動きは TVR，ビュート，そして BDR の 3 者間の合併計画であった[103]。それはちょうどリヴァプールにおける Mersey Dock and Harbour Board のようなトラストを結成し，地方当局や商工業代表者に管理を委託しようとするものであった[104]。しかし，この計画はビュート侯の反対によって失敗に終わった[105]。これにより，料金切り下げ競争の再燃が懸念されたが，そうはならず，内陸炭鉱業の繁栄により，ドックや鉄道の拡張へと向かっていった。通行料について企業間で暗黙の合意があったかどうかは不明であるが，すでに1891年6月13日にライバルの一社であるラムニー鉄道は若干の通行料の引き上げを実施しているし[106]，1894年12月には TVR もトン・マイルあたりの通行料を0.55ペンスから0.575ペンスに引き上げている[107]。

さて，鉄道間の競争は支線建設による路線拡張競争の面でも展開された。その焦点となったのは，カーディフとバリーを結合する沿海支線の建設であった。その場合，まず TVR 社は1885年に The Cardiff, Penarth and Barry Junction Railway を設立し，1889年7月にはペナースから海岸線を通ってバリー近辺のビグリス（Biglis）まで路線を延長していた。これに対して BDR 社は TVR 列車のバリーへの乗り入れを禁止し，ようやく1890年5月になって，BDR 社は同社のカドックストン（Cadoxton）駅までの乗り入れを認可した。しかも，その駅を越えての TVR 列車の走行は遊覧客を運ぶエクスカーション列車以外では許されなかったので，ペナースからバリーへの旅客は Cadoxton で BDR 社の列車に乗り換えなければならなかった。他方，BDR 社は1888年12月にペナース近辺のコーガンまでの旅客輸送を開始したが，そこからさらにカーディフまで行こうとするものは，その駅で降りて，TVR のペナース・ドック駅まで歩いていき，そこで TVR の列車に乗り換えなければならず，非常に不便であった。その後，1893年になってはじめて TVR とグレート・ウェスタン鉄道の路線を使用することにより，カーディフまで乗り入れることができるようになったのである[108]。

表5-7　カーディフとその近隣ドックからの石炭輸出

年度	Bute Docks	%	Penarth Dock	%	Barry Dock	%
1885	6,678,133	70.73	2,763,257	29.27		
1888	7,604,856	69.41	3,350,655	30.59		
1889	7,735,536	66.78	2,776,712	23.97	1,073,575	9.26
1890	7,420,080	60.97	1,558,911	12.8	3,192,691	26.23
1891	6,949,424	54.12	1,930,218	15.04	3,959,621	30.84
1892	7,323,095	53.86	2,082,425	15.32	4,191,076	30.82
1893	6,724,320	51.46	2,132,290	16.32	4,211,122	32.22
1894	7,668,606	51.15	2,428,045	16.19	4,896,684	33.66
1895	7,542,220	49.93	2,509,752	16.62	5,051,832	35.45
1896	7,690,205	48.71	2,806,212	17.84	5,279,454	33.45

(出所) Thorne, E. A., *A History of Penarth Dock*, County of Glamorgan (1984) p. 42より作成。

②ライバルのドックへの影響

　BDRの開設はライバルのドックの交通にも大きなインパクトを与えた。表5-7はBDR開設前後のビュート・ドック、ペナース・ドック、およびバリー・ドックからの石炭搬出量の変化を示している。この表により、バリー・ドックからの石炭搬出量が順調に増加しているのと対照的に、ライバルのドックの搬出量は程度の差はあれ、いずれもしばらくは低下していることが確認される。

　最も大きな影響を受けたのはペナース・ドックであった。しかもその影響は新ドック開設後すぐに現れた。例えば、1889年8月末のThe South Wales Daily Newsによると、ペナースでの石炭取扱量はバリー・ドック開設以前には1日1万4,000トンから1万6,000トンであったのが、今や2,000トンに落ち込んでいると報じている。同様に、9月9日のWestern Mailも、ペナースにおいて、「給炭機は数日間にわたって活動しておらず、業者は不満を言い始めており、労働者はペナースからバリーへ移動を始めている」[109]と報じている。実際、表5-7を見れば明らかなように、ペナースからの石炭搬出量は1888年に約335万トンであったのが、翌年には約278万トンに、そして1890年には156万トンにまで落ち込んでいる。

　次に、ビュート・ドックへの影響についてであるが、表5-7からも明らか

なように，バリー・ドックの開設後，しばらくは低下したものの，その影響は比較的軽微であった。これはビュート・ドックへの貨物がロンザやアバーデア渓谷ばかりでなく，バリー・ドックと直接競合しない地域，とりわけラムニー渓谷からの輸送が増加していたことによっていたし，さらに南ウェールズ炭に対する需要の全般的拡大に伴う内陸炭鉱業の繁栄によって，バリー・ドックへの輸送転換が相殺されたことによっていた(110)。表からも明らかなように，ペナース・ドックやビュート・ドックからの搬出量もバリー・ドックの開設後しばらく低下した後，19世紀末には再び回復しているのである。

表5-8 BDR社の配当変化

(2年ごとの平均)

年度	配当	年度	配当
1889〜90	7.75	1907〜08	7.90
1891〜92	10.00	1909〜10	6.60
1893〜94	9.50	1911〜12	5.80
1895〜96	10.00	1913〜14	10.00
1897〜98	10.00	1915〜16	9.30
1899〜1900	7.75	1917〜18	9.50
1901〜02	6.75	1919〜20	10.00
1903〜04	9.00	1921〜22	10.00
1905〜06	8.75		

(出所) B. D. & R. Co., *General Meeting Minutes* 各年度より作成。

③配当の変化

BDR社とライバルとの競争の程度については，競争企業の配当がどのように変化したかを見ることによって，ある程度推測することができる。まず，BDRの開通後に生じた輸送の転換によって，TVRの収益性は悪影響を受けたことは確かである。実際，TVRの配当率は1888年に15％にも達していたのが，翌年には9.5％に低下し，1890年には3％，そして1891年には2.25％にまで低下した。その後の石炭輸送の増大によって回復したとはいえ，BDR開設のショックが相当大きかったことは確かである(111)。それに伴う経費削減の努力が労働者の賃金を圧迫し，そのことが1900年のストライキの主要因ではないにせよ，その一因になったと考えられる(112)。

他方，BDR社の収益性の指標となる同社の配当は当初から非常に好調であったことは表5-8によって確認されるであろう。BDR社はすでに事業が開始された1889年に5％の配当を行い，翌年には10％に引き上げた。以後，19世紀を通じて毎年10％程度の高配当を行っていたのである。このことは，TVRと

の競争の程度がそれほど大きく収益性の圧迫にならなかったことを暗示している。

④施設の拡張とドックの繁栄

　以上，BDR の開設がライバルの鉄道やドックに与えた影響を考察してきたが，広い視野に立ってみれば，BDR の開設は従来からの輸送のボトルネックを解消し，ロンザやアバーデア渓谷をはじめとする南ウェールズ炭鉱業発展に大きく貢献したのである。石炭は価格変動がきわめて大きな商品であり，例えば南ウェールズ諸港（カーディフ，ニューポート，スウォンジー）における石炭の f. o. b. 価格は，1875年から20世紀初頭にかけて，トン当たり8シリング5ペンスから15シリングまで変動した[113]。また石炭のような嵩高貨物において輸送費用は価格の中できわめて大きな割合を占めていた。周知のように南ウェールズ炭の多くは海外へ輸出されたのであり，輸送費の大半が海運費用からなっていたことは言うまでもないことである[114]。しかし，とは言っても，鉄道輸送費も決して無視できない重要性をもっていた。すなわち，BDR が開設した頃のカーディフでの石炭価格は約9シリングであり，BDR 開設に伴う通行料切り下げにより，TVR によるトレハヴォドからカーディフまで15マイルの鉄道通行料は11.1ペンスから8.25ペンスに，すなわちカーディフでの価格の約10.2％から7.6％に低下したのである。こうした鉄道間の競争による輸送費の低下は渓谷地帯の炭鉱開発の大きな刺激となったことは疑いない。

　そして，ドックの繁栄はやがてよりいっそうの施設拡張へと導いた。ここでは BDR のその後の施設拡張について簡単に触れるに止める。その1つは第2ドックの建設であり，他方は，干潮時でも入渠可能な閘門の建設であり，これは後にレディ・ウィンザー・ロックと呼ばれるようになった。第2ドックの建設は1894年に開始され，1898年に開設した。他方，レディ・ウィンザー・ロックも同年に完成した。この他に，BDR 社はバリーからブリッジエンドへと延びる The Vale of Glamorgan 鉄道の建設を支援した。同鉄道建設の主導者はロンザ渓谷の西部，サンヴィ（Llanfi），ガルー（Garw），およびオグモア

(Ogmore) 渓谷の炭鉱業者たちであった。これらの渓谷からの貨物はポースコウル (Porthcawl) という小港から搬出されていたが，それには自ずと限界があったため，内陸企業家達はバリーまで鉄道を建設することにより，販路の拡張を計画した。彼らは BDR 社の取締役たちと交渉を開始し，1889年に議会立法を獲得

表5-9　BDR 社の初期の収入構成

（単位：ポンド）

	1891年	1892年	平　均
旅客・郵便	9,254	8,314	8,784
一般商品・家畜	4,097	3,167	3,632
鉱物	55,735	60,038	57,887
海運	21,098	23,513	22,306
ドック収入	49,157	51,734	50,446
その他	1,537	2,423	1,980
合　計	140,878	149,189	145,034

(出所)　*The Railway Times* (11th Feb. 1893) より作成。なおこの表で示されている両年の数値とも 6 月から12月までの半年間の値である。

した。建設を担当したのは BDR 社の技師でもあった，ツルンパー (J. W. Szlumper) とその親族たちであった。急勾配の区間を通過する路線の建設は困難を極め，とりわけポースケリー陸橋の建設は難関であった。BDR 社の金融的支援によって漸く1897年12月に開通にこぎつけたが，開通まもなく陸橋の修理をするなど，前途は決して順風満帆というわけではなかった[115]。BDR 社が the Vale of Glamorgan Railway を支援することで，西部への利権拡張を図ると，TVR は The Cowbridge and Aberthaw Railway を支援することによって BDR 社に対抗した。後者はトウ (Thaw) 渓谷から海へ通じる路線であり，TVR は後にこの会社を吸収した[116]。

さて，このようなドックや鉄道施設の拡張により，19世紀末から第 1 次世界大戦にかけて BDR は繁栄の絶頂に達した。そこで以下では若干の統計資料を用いて，この会社の事業の性格やその繁栄の実態を垣間見ておこう。まず最初に，表5-9は BDR 社の初期の収入を項目別に示したものである。ここで示されている鉱物項目の大半は，鉄道による石炭輸送に由来する通行料収入を示しており，ドック収入は言うまでもなくドック使用料である。また，この表から BDR はすでに旅客輸送も行っていたことがわかるが，その多くはペナースからバリーまでの沿岸線での輸送であった。というのはトレハヴォドからバリーまでの本線での輸送は，当初貨物輸送のみに限られており，地域住民からの強い要請や TVR との協定によって漸く，1896年 3 月に BDR 社は

表5-10 バリー・ドック入渠船舶トン数と平均トン数

年	蒸気船入渠トン数	隻数	汽船平均トン数	帆船入渠トン数	隻数	帆船平均トン数	合計トン数	隻数	全体平均トン数
1889	440,679	461	956	127,279	137	929	567,958	598	950
1890	1,310,039	1,321	992	382,184	432	885	1,692,223	1,753	965
1891	1,645,208	1,613	1,020	362,063	483	750	2,007,271	2,096	958
1892	1,787,225	1,681	1,063	449,602	501	897	2,236,827	2,182	1,025
1893	1,819,228	1,759	1,034	380,678	403	945	2,199,906	2,162	1,018
1894	2,125,978	1,814	1,172	384,625	352	1,093	2,510,603	2,166	1,159
1895	2,203,805	1,921	1,147	312,317	357	875	2,516,122	2,278	1,105
1896	2,402,979	2,312	1,039	293,764	334	880	2,696,743	2,646	1,019
1897	2,844,862	2,489	1,143	322,449	317	1,017	3,167,311	2,806	1,129
1898	2,219,910	1,997	1,112	221,050	274	807	2,440,960	2,271	1,075
1899	3,529,163	2,978	1,185	213,193	292	730	3,742,356	3,270	1,144
1900	3,565,626	2,909	1,226	211,202	206	1,025	3,776,828	3,115	1,212
1901	3,676,887	2,904	1,266	170,711	172	993	3,847,598	3,076	1,251
1902	4,039,312	2,938	1,375	118,237	134	882	4,157,549	3,072	1,353
1903	4,202,462	3,014	1,394	66,691	112	595	4,269,153	3,126	1,366
1904	4,258,496	2,959	1,439	55,070	101	545	4,313,566	3,060	1,410
1905	4,202,633	3,048	1,379	76,106	177	430	4,278,739	3,225	1,327
1906	4,556,416	3,062	1,488	46,807	153	306	4,603,223	3,215	1,432
1907	4,589,202	3,111	1,475	81,573	258	316	4,670,775	3,369	1,386
1908	4,365,747	3,096	1,410	110,253	242	456	4,476,000	3,338	1,341
1909	4,434,082	3,167	1,400	74,314	214	347	4,508,396	3,381	1,333
1910	4,272,236	3,085	1,385	41,787	182	230	4,314,023	3,267	1,320
1911	4,005,604	2,785	1,438	31,040	194	160	4,036,644	2,979	1,355
1912	4,304,593	2,945	1,462	54,070	195	277	4,358,663	3,140	1,388
1913	4,771,141	3,092	1,543	62,641	177	354	4,833,782	3,269	1,479

(出所) Rimel, R. J., *History of the Barry Railway Company*, Western Mail Ltd. (1923) p. 66より作成。

ポースからポンティプリーズを経由してバリーまでの旅客輸送も開始したからである[117]。また、表5-9の中でかなりの割合(約15%)に達している海運収入は会社自ら経営した海運業からの収入ではなく、海運業者からの港湾使用料であったと考えられる。確かにBDR社はバリー島からブリストル湾の対岸、ウェストン・スーパーメアやイフラコーム (Ilfracome) への旅客船サービスを試みたことがあったが、そのサービスが開始されたのは1905年であり、しかも赤字続きであったために、1910年には取りやめになっている[118]。

また、表5-10はバリー・ドックに入渠した船舶を蒸気船と帆船に分類し、

そのトン数，隻数，平均トン数などを表したものである。この表により，すでにこの港が開港したころには不定期船分野においても帆船から蒸気船への移行はほとんど完了しており[119]，バリーに入港した船舶のトン数，隻数とも大半が蒸気船であったことが明白となる。蒸気船の入渠トン数は1890年に約131万トンであったのが，1913年には約477万トンに，すなわち約3.6倍に増加したのに対して，その隻数は1,321隻から3,092隻に，すなわち約2.3倍に増加している。隻数がトン数ほど増加しなかったのはこの間の船舶の大型化を表しており，蒸気船の平均トン数は1890年に1,000トン足らずであったのが，1913年には1,500トン以上になり，この間の技術進歩を示唆している。これに対して帆船の入渠トン数は1890年には約38万トンで，すでに全体の22.6％と少なかったが，1913年にはわずか6万トンで，全体の1.3％にまで低下している。このように帆船はトン数でも取るに足らない量に低下したが，平均トン数でも大きく低下し，1890年には1,000トン近くであったが，第1次世界大戦前夜には300トン前後となった。このことは蒸気船がその航路を世界的に拡大していったのと対照的に，帆船はいまや鉄道サーヴィスが利用できず，しかも大型蒸気船も入港不可能な地方の小港への石炭供給で細々と余命を保っていたことを暗示している[120]。

　最後に，表5-11はビュート・ドックからの石炭搬出量とバリー・ドックの貨物の搬入・搬出量を示している。また，図5-1は表5-11と同様の史料に基づいて作成したものであり，ビュート・ドックとバリー・ドックからの石炭搬出量を示している。これらの図表により，次のことが明らかになる。まず第1に，バリー・ドックからの石炭搬出量は1898年のかなり大幅な低下と，1900年，1910年初期の低下を除外して，概して増加傾向にあり，20世紀初期にはビュート・ドックからの搬出量を凌駕している。すなわちバリー・ドックからの石炭搬出量は1898年の約437万トンから1901年には784万トンとなり，この年よりビュート・ドックからの搬出量を凌駕したのである。バリー・ドックからの石炭搬出量はその後も増加し続け，1910年から翌年にかけては不況の影響で，一時落ち込んでいるものの，1913年には約1,105万トンでピーク

表5-11 ビュート・ドックとバリー・ドックの搬出・搬入量

年度	ビュート・ドック 石炭搬出量	バリー・ドック 総搬出量	バリー・ドック 石炭搬出量	バリー・ドック 総搬入量	合計
1889	7,735,536	1,091,657	1,073,575	14,745	1,106,402
1890	7,420,080	3,201,621	3,192,691	63,675	3,265,296
1891	6,949,424	3,968,041	3,959,621	87,533	4,055,574
1892	7,323,095	4,201,865	4,191,074	81,764	4,283,629
1893	6,725,320	4,217,171	4,211,822	145,406	4,362,577
1894	7,668,606	4,899,317	4,896,683	167,697	5,067,014
1895	7,542,320	5,059,676	5,051,831	206,872	5,266,548
1896	7,690,205	5,285,002	5,279,232	210,446	5,495,448
1897	7,722,995	5,859,255	5,854,920	248,349	6,107,604
1898	5,652,666	4,373,238	4,369,448	178,161	4,551,399
1899	8,279,005	7,237,264	7,223,669	252,053	7,489,317
1900	7,549,312	7,231,717	7,225,669	255,279	7,486,996
1901	7,216,311	7,851,165	7,844,464	234,252	8,085,417
1902	7,090,291	8,681,614	8,673,728	258,491	8,940,105
1903	7,169,912	8,855,180	8,840,891	389,596	9,244,776
1904	7,490,481	9,125,431	9,113,762	423,827	9,549,258
1905	7,294,020	8,671,868	8,651,015	399,996	9,071,864
1906	7,935,490	9,757,380	9,729,326	506,103	10,263,483
1907	8,909,823	9,910,485	9,883,096	514,117	10,424,602
1908	9,017,603	9,759,485	9,731,110	636,640	10,396,125
1909	9,614,950	10,089,174	10,047,370	653,110	10,742,284
1910	9,501,960	9,716,189	9,673,499	667,593	10,383,782
1911	9,320,656	9,182,027	9,145,788	634,379	9,816,406
1912	9,601,648	9,767,925	9,728,319	603,830	10,371,755
1913	10,576,506	11,081,509	11,049,711	654,670	11,736,179

(出所) Mountford, E. R., *The Cardiff Railway*, The Oakwood Press (1987) p. 175; Rimell, R. J., *History of the Barry Railway Company* (1923) p. 65より作成。

に達している。

　また，これらの図表からも明らかなように，単にバリー・ドックばかりでなく，ライバルのビュート・ドックからの搬出量も，一時バリー・ドック開設の影響を受けて落ち込みが見られるが，やがては回復している。このことは，BDRの開設が従来この地方で見られた鉄道輸送の独占を打破し，炭鉱業者にとって輸送費用の低下をもたらしたばかりか，大規模なドック施設の開設により，海上輸送のボトルネックも解消されたことによっていた。さらには，鉄道間の競争は，他方では路線拡張競争となって現れたため，従来は未開発に止ま

第5章　ドック・システムの形成と発展　167

図5-1　ビュートドックとバリードックからの石炭搬出量
(単位：百万トン)

☆ビュート・ドック　●バリー・ドック

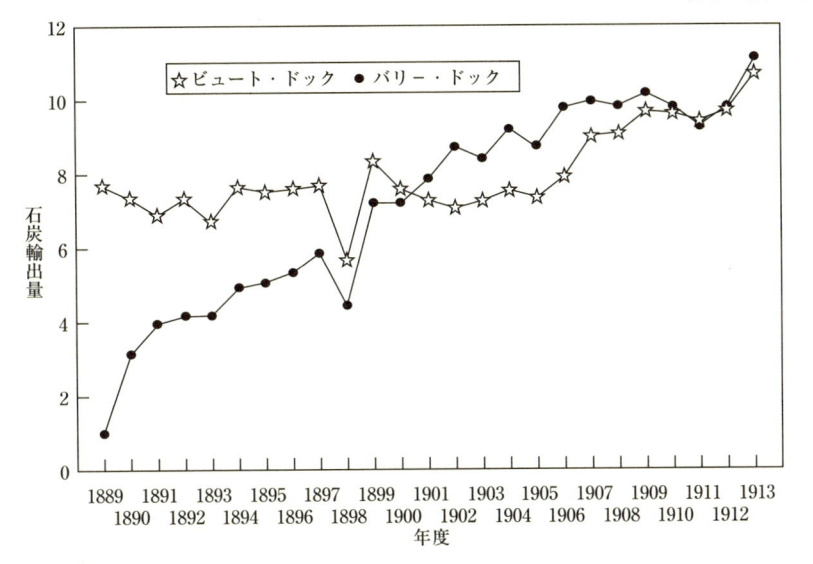

っていたオグモア渓谷をはじめとする西部地方でも，ますます炭鉱開発は進められたのである。

なお，1898年における両港からの石炭搬出量の大幅な低下は，同年3月から6カ月間にもわたる南ウェールズ炭鉱労働者のストライキによっていた。ストライキが起こる以前にこの地方の炭鉱業ではスライディング・スケール制度が導入されていたが，石炭価格の低下につれて炭鉱労働者の賃金も徐々に低下していた。そうして中で炭鉱労働者たちはW.アブラハム（マヴォン）〔William Abraham (Mavon)〕の指導のもとに大規模なストライキを敢行し，生産がストップしたのである[121]。また，1900年の搬出量の低下はTVR労働者のストライキ，さらに1910年の低下はカンブリアン炭鉱のストライキに端を発する南ウェールズ炭鉱労働者のストライキによっていた。他方，ビュート・ドックからの搬出量はバリー・ドックの開設後，しばらく低下した後，低迷を続けたが，1907年頃には上昇に向かっている。これは新ドック（クィーン・アレクサンドラ・ドック）の開設によるものである。

図5-2　バリー鉄道の路線（20世紀初期）

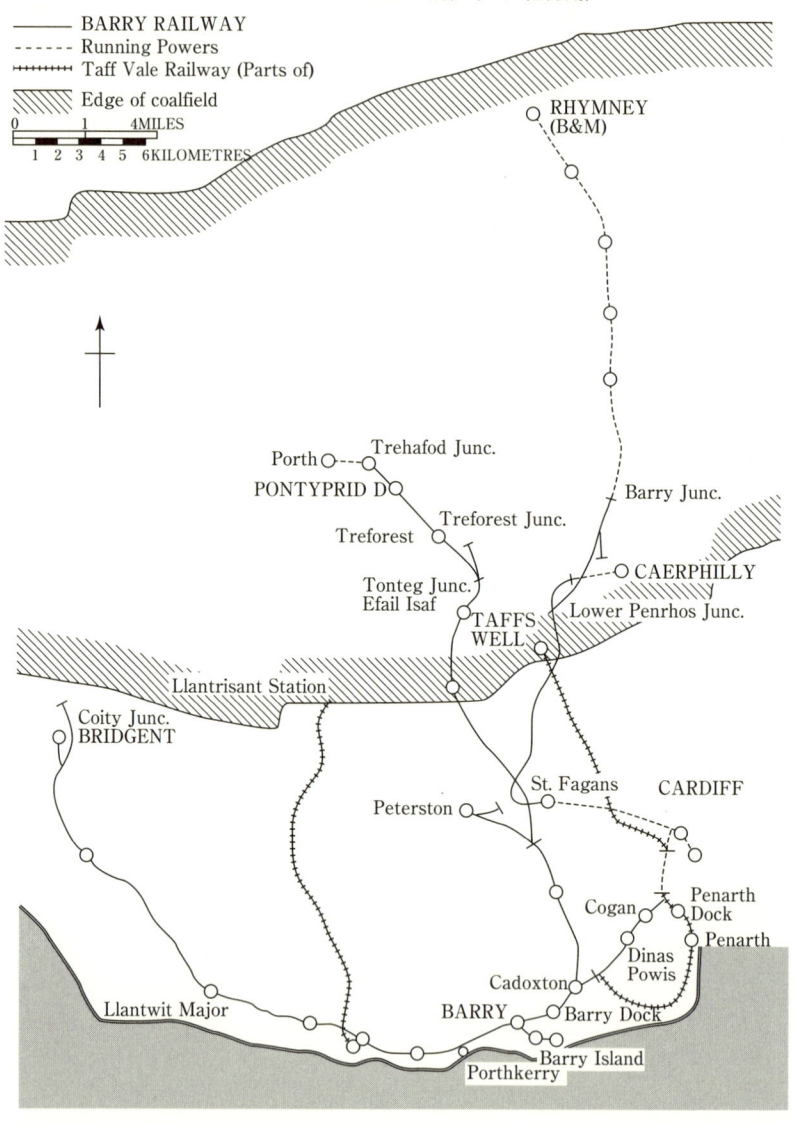

― BARRY RAILWAY
------ Running Powers
++++++ Taff Vale Railway (Parts of)
▨▨▨ Edge of coalfield

0　1　4MILES
1 2 3 4 5 6KILOMETRES

RHYMNEY (B&M)

Porth
Trehafod Junc.
PONTYPRID D
Treforest Junc.
Treforest
Barry Junc.
Tonteg Junc.
Efail Isaf
TAFFS WELL
CAERPHILLY
Lower Penrhos Junc.
Llantrisant Station
Coity Junc.
BRIDGENT
St. Fagans
CARDIFF
Peterston
Cogan
Penarth Dock
Penarth
Dinas Powis
Cadoxton
Llantwit Major
BARRY
Barry Dock
Porthkerry
Barry Island

（出所）Moore (ed.), *Barry—The Centenary Book*—, The Barry Centenary Book Committee Limited (1994).

さて，表5-11ではバリー・ドックの総搬出量と搬入量の関係も示されている。この港の貨物取扱量全体の中に占める搬入量の割合はわずか2％から6％あまりに過ぎなかった。もっともバリーの町の発展につれて，食糧を中心とする生活必需品や工業原料の搬入が増加したために，総搬入量は1890年に約6.4万トン（貨物取扱量全体の2.2％）であったのが，1910年にはその10倍以上の約67万トンに，そして貨物取扱量全体に占める割合も6.5％に増加している。だが，こうした変化にもかかわらず，この港は南ウェールズにおける他のほとんどの港と同様，石炭貿易に専門化した港であったことは明白であり，石炭搬出量は全体の93％から98％にも達したのである。そしてこの港に入港した船舶のほとんどが不定期船であり，いわゆる 'coal out grain home trade' に従事していたのである。石炭を満載してバリーを出港した船舶は主として地中海，バルト海，黒海，あるいは大西洋を横断してアルゼンチンやブラジルへと向かった。そして復航には穀物を積載して消費の中心地であるロンドンやリヴァプールに寄港し，バラストや若干の雑貨品を積んでバリーに戻ってくるというのがその典型的なパターンであった。

V　むすび

以上，カーディフとその近郊におけるペナース，バリー・ドックの建設とその影響について見てきた。最後にここで明らかにした点を簡単に要約しておこう。はじめにも述べたように，カーディフ，およびその後背地の産業発展はドックや鉄道といったインフラストラクチャーの建設と密接に関連しており，しかもカーディフでのドック建設が南ウェールズのいかなる港よりも早く，しかも大規模に行われたことが同港発展の重要な要因となったのである。カーディフにおけるドック建設は第2代ビュート侯によって実行されたが，ビュート侯，およびその管財人であるビュート・トラスティーの利害と内陸鉱工業者の利害は必ずしも一致せず，そのことがペナース・ドック，さらにはバリー・ドック建設の動機となったのである。とりわけBDRの設立は，一方ではロンザやア

バーデア渓谷を中心とする，南ウェールズ炭鉱業の発展や，蒸気船の発展に伴う船舶の大型化に対して，既存のドックが十分対応できなくなっていたことにあったが，同時にこの会社の設立は，南ウェールズ炭鉱業の発展と，それに伴って成長した炭鉱企業家による既存のビュート・ドック，およびTVRのヘゲモニーへの挑戦という性格をもっていたのである。

BDRの完成は，ライバルのTVRやラムニー鉄道との間に通行料切り下げや路線拡張競争を引き起こし，既存のビュート・ドックやペナース・ドックの交通に大きなインパクトを与え，とりわけペナース・ドックからの石炭輸出は一時的に激減した。しかし，こうした悪影響は一時的にとどまり，ライバル達の業績もやがて回復に向かった。そして全体としてみれば，新ドックの開設は従来の輸送のボトルネックを解消し，南ウェールズ炭鉱業の発展に大きく寄与したと言えよう。

注

(1) Jevons, H. S., *The British Coal Trade.* 1st Pub. By Kegan Paul Trench Trubner & Co. (1915) rep., A. M. Kelley, New York (1969) p. 109.
(2) Daunton, M. J., *Coal Metropolis Cardiff 1870-1914,* Leicester University Press (1977) p. 24.
(3) グラモーガンシャー運河とその渋滞問題，運河会社によるシー・ロック・ポンドの拡張計画については本書第3章参照。
(4) Daunton, M. J., 'Coal to Capital', p. 206; Do., *Coal Mertopolis Cardiff,* p. 20.
(5) Chappell, E. L., *History of the Port of Cardiff,* Priory Press Ltd. (1939) p. 78.
(6) Daunton, 'Coal to Capital', in *Glamorgan County History,* vol. 6 (1988) p. 205.
(7) ビュート侯によるカーディフ，およびその後背地の所領開発の歴史については Davies, J., *Cardiff and the Marquesses of Bute,* University of Cardiff Press (1981) 参照。
(8) *Ibid.,* p. 247.
(9) この法律によってビュート侯には次のような権限が与えられた。①タフ河口のイースト・ムーアからカーディフ市内までの海洋船舶用運河 (Ship Canal) の建設。②グラモーガンシャー運河との連絡用の1～2の水路の建設。③タフ川からの取水用水路，トンネルないしは水道橋の建設。④これらの施設建設のための土地購入権。⑤ドック施設建設のため，一定期間グラモーガンシャー運河の交通を

妨害することの認可。⑥入渠船舶に対するドック使用料の賦課。*An Act for Empowering the Marquis of Bute to make and maintain a Ship Canal commencing near the Mouth of the River Taff and terminating near the Town of Cardiff* (16th July 1830). なお，この法律は1834年に若干修正された。*Cap. xix. Act to alter and enlarge the Powers of an Act passed in the First Year of the Reign of His present Majesty King William the Fourth* (22nd May 1834).

(10) Smyth, W. H., *Nautical Observations on the Port and Maritime Vicinity of Cardiff*, W. Bird, Cardiff (1840) p. 21; Chappell, *op. cit.*, p. 81.

(11) Smyth, *op. cit.*, pp. 20-22.

(12) Lady Charlotte Guest; *Extracts from her Journal 1833-1852*, the Earl of Bessbourough (ed.) (8 Oct. 1839).

(13) Mountford, E. R., *The Cardiff Railway*, The Oakwood Press, Oxford (1987) Appendix C. p. 175 参照。

(14) 拙稿「タフ・ヴェール鉄道の設立と発展」『帝塚山大学経済学』第7巻 (1998) 参照。

(15) Mountford, *op. cit.*, p. 11.

(16) *An Act to empower the Taff Vale Railway Company to construct certain Branch Railways and Extensions and to make Arrangements for the Use of certain Wharfs adjoining to the Bute Ship Canal* (9 & 10Victoria 1846).

(17) *An Act to alter and amend certain Powers of leasing contained in the last Will and Testament of the late Most Honourable John Crichton Stuart Marquess of Bute and Earl of Dumfries deceased* (31st August 1848). ビュート侯の財産管理を委託された管財人は当初，Lord, J. Stuart, O. T. Bruce および J. M. Macnabb の3人であったが，1852年に John Boyle が Macnabb に代わって管財人の一人となった（Davies, J., *op. cit.*, p. 70）。

(18) Mountford, *op. cit.*, p. 12.

(19) Chappell, *op. cit.*, pp. 91-92.

(20) John Nixon による南ウェールズ炭海外市場の開拓については Vincent, J. E., *John Nixon:Pioneer of The Steam Coal Trade in South Wales*, John Murray, London (1900) を参照。

(21) Chappell, *op. cit.*, pp. 91-92.

(22) ラムニー鉄道の建設事情についての詳細は Barrie, D. S., *The Rhymney Railway*, The Oakwood Press, Oxford (1963) を参照。それによると 'Old Rumney Railway' 建設の権限は1825年に認可され，1836年に完成したが，それは馬力によるトラムロードであった。

(23) Davies, *op. cit.*, pp. 284-285.

(24) Barrie, *op. cit.*, pp. 52-55.
(25) Mountford, *op. cit.*, p. 17.
(26) *Ibid.*, p. 17.
(27) *Ibid.*, pp. 14-16.
(28) Rymney Railway. *Directors Meeting Minutes* (22 August 1871).
(29) Thorne, R., *A History of Penarth Dock,* County of Glamorgan (1984) p. 14.
(30) Ely Tidal Harbour & Railway Co. *Minute Book* (10th July 1855).
(31) *Ibid.* (23rd Aug. 1855). 同議事録によれば、創業資本金は10万ポンド（1株100ポンド）であった。またこの事業の中心人物となったクローシェイ・ベイリー（Crawshay Bailey, 1789-1872）はヨークシャー出身で、カヴァースヴァ製鉄所のリチャード・クローシェイの甥にあたり、当初兄とともにおじの製鉄所で働いていたが、後にナンティグロとビューフォート（モンマスシャー地方）に製鉄所を設立した。後にアバーデア地方に進出し、1845年にダウレス製鉄所のJ. J. ゲストの支援を得てアバーデア鉄道を建設した。また、トマス・パウエル（Thomas Powell, 1779 ? -1863）は南ウェールズ炭鉱業のパイオニアの一人であり、1842年以後、アバーデアを中心に軍艦用スティーム炭の開発に成功し、1862年には16もの炭坑を所有していた。その他、J. ニクソンやJ. H. インソールも著名な炭鉱業者であった。詳しくは Phillips, E., *A History of the Pioneers of Welsh Coalfield,* Western Mail Ltd. (1925) 参照。
(32) *An Act for making a Railway from the Taff Vale Railway to the River Ely in the County of Glamorgan, for converting Part of the said River into a tidal Harvour and regulating the Access thereto, for authorizing Arrangements with the Taff Vale Railway Company and for other Purposes* (21st July 1856).
(33) 正式には *An Act for enabling the Penarth Harbour, Dock and Railway Company to construct Railways to and a Dock and other Works on and adjoining the South West Bank of the River Ely and for other Purposes* (Royal Assent 27th July 1857).
(34) その応募者は Wm. Webster, Waring Bros., R. Hatlerley, Messrs. Tredwell, Thos. Fairgand, John Logan, Thos. Brassey, Thos. Nelson, H. Lee & Son そして Smith & Knight であった。P. H. D. & R. Co., *Directors M. M.* (12nd Feb. 1869). 著名な請負業者トマス・ブラッシーの名前も見られる。
(35) P. H. D. & R. Co., *D. M. M.* (3rd Dec. 1860).
(36) *Ibid.* (17th July 1861).
(37) ペナース社は資金不足を補うためにイングランド銀行から10万ポンドの融資を受けている。*Ibid.* (Sept. 1862).
(38) 1862年7月におけるリース協定において、ペナース社の全ての施設を TVR にリースする代わりに TVR がペナース社に年間4.5％の配当を支払うことが規定さ

第 5 章　ドック・システムの形成と発展　173

れていたが，後に 5.25％ に変更されたようである。*Heads of Agreement between the Taff Vale Railway and the Penarth Harbour Dock & Railway Company* (July 1862).
(39)　Thorne, R., *op. cit.*, p. 24.
(40)　P. H. D. & R. Co. (22nd Aug. 1864).
(41)　*Ibid.* (17th Jan. 1864).
(42)　開渠式の手配において次のような記述が見られる。'With reference to the opening of the Dock on Saturday the 10th inst, the Secretary was desired to request all Directors to be present at Penarth at 7 o'clock. He was likewise requested to send each Director 2 tickets for the breakfast and 6 to Mr. Poole and 6 to Mr. Bushell of the Taff Vale Company—*Ibid.* (7th July 1865).
(43)　石炭商人 Cory Brothers の企業者活動については Green M. H., 'The Origin and Activities of Cory Brothers and Company', *The Syren and Shipping*, July (1946)；拙稿「南ウェールズ石炭輸出とイギリス海運業の発展，1870-1913年」関西大学『経済論集』第39巻第 2 号（1989）参照。
(44)　Sprinks, N. & Mountford, E., *The Taff Vale Lines to Penarth*, Oakwood Press. (1993) p. 10; Thorne, *op. cit.*, p. 22.
(45)　Thorne, *op. cit.*, p. 34.
(46)　Chappell, *op. cit.*, p. 88.
(47)　Sprinks & Mountford, *op. cit.*, p. 15.
(48)　Benjamin, E. A., *Penarth, 1841-1872. A Glimpse of the Past*, D. Brown & Sons, Cowbridge (1980) pp. 17-31；詳しくは拙稿「19世紀半ばにおける南ウェールズの港湾建設——ビュート・ドックとペナース・ドックを中心として——」『帝塚山学術論集』第 5 号（1998）参照。
(49)　バリーの人口は1881年には494人であったが，ドック開設後1891年には 1 万3,379人に急増し，1921年には 3 万8,945人に達した。ちなみに1971年の人口は 4 万1,681人となっている。Williams, J., *Digest of Welsh Historical Statistics*, vol. 1. University College of Wales, Aberystwyth (1985) p. 63.
(50)　ドックの虚ろな空間やバリー・ドック駅南隣に建つ Barry 社本部の建物（1897～1900年建設。現在は税関となっている），およびその前に図面を両手に持って立つデヴィッド・デイヴィスの立像（1893年建設）などが貴重な産業遺産として保存されている〔Newman J., *The Buildings of Wales: Glamorgan*, Penguin Books University of Wales Press (1995) pp. 148-149 参照〕。
(51)　この会社が設立される以前においても少なくとも 2 回にわたってバリーに港と鉄道を設立しようとする試みが行われた。その最初の試みは1865年にバリー近辺のウェンボー城のキャプテン・ジェンナーによって行われた。計画によると，バリー島に波止場を建設するとともに南ウェールズ鉄道と鉄道連絡を行おうとする

ものであったが、1866年におけるオヴァレント・ガーニー恐慌によって資金繰りが困難となり、失敗した。また、類似の企画は1877年にも立てられたが、これも計画倒れとなった。Barrie, D. S., *The Barry Railway*, Oakwood Press, pp. 154-158.

(52) ここで「ドック」という場合、荷役作業を行うための「ウェット・ドック」を意味しており、船舶を建造したり修理したりするための「ドライ・ドック」ではない。カーディフやバリーでは潮の干満差が9～10メートルにも達したため、近代的港湾施設の建設はウェット・ドックの建設を意味していた。

(53) すなわち、ピーク時の1913年に南ウェールズは5,683万トン（イギリス全体の約20%）を産出し、23万3,091人（同21%）を雇用しており、イギリスの石炭輸出全体の41%に相当する2,979万トンの石炭を輸出していた〔*South Wales Coal Annual* (1916) pp. 237-238〕。

(54) Barrie, D. S. M., *The Barry Railway*, The Oakwood Press, p. 157.

(55) 第2代ビュート侯とドック建設に関する研究は数多く存在するが、さしあたりDavies, J., *Cardiff and The Marquesses of Bute*, University of Wales Press (1981) を参照。

(56) Daunton, M. J., *Coal Metropolis Cardiff 1870-1914*, Leicester U. P. (1977); Do., 'Aristocrat and Traders: The Bute Docks, 1839-1914', *The Journal of Transport History*, New Ser. vol. 3, no. 2 (1975) 参照。

(57) 拙稿「19世紀半ばにおける南ウェールズの港湾建設」『帝塚山学術論集』第5号（1998）。

(58) ジョン・ボイルは1850年代初期からビュート・トラスティーの一人で、同時にラムニー鉄道の社長でもあった。この点については Barrie, *op. cit.* 参照。また、*Dictionary of Business Biography*, Butterworth, London に W. T. ルイスの簡単な伝記が記載されている。

(59) もっとも、1882年のビュート・ドック法案は議会を通過し、1887年にロース・ドックが開設された。Prothero, I. W., 'The Port and Railways of Barry', in Moor, D. (ed.), *Barry—The Centenary Book—*, The Barry Centenary Book Committee Ltd. (1984) p. 225.

(60) この点について I. W. Prothero は当初のバリー・ドック計画におけるアーチボルド・フードや J. O. リッチェスの役割を重視しており、デヴィッド・デイヴィスは、当初バリーの計画にそれほど積極的でなかったと述べている（Prethero, *op. cit.*, pp. 220-221）。しかし、事業の推進や資本提供など全体的にみると、ディヴィスがこの会社の主導者であったことに疑問の余地はない。

(61) デヴィッド・デイヴィスの伝記としては Thomas, I., *Top Sawyer: A Biography of David Davies of Llandinam*, Longmans Green & Co. (1938); Williams, H., *Davies The Ocean: Railway King and Coal Tycoon*, University of Wales Press, Cardiff (1991) が

第5章　ドック・システムの形成と発展　175

ある。また *Dictionary of Business Biography,* Butterworth, London にも紹介されている。
(62)　Chappell, E. L., *History of the Port of Cardiff,* Merton Priory Press (1939) p. 103.
(63)　このうちニューポートに捌け口を見いだす計画はエリオット（Sir George Elliot）によって実行された。それはポンティプリーズからカーフィリーを越えてニューポートまで達する鉄道を敷設するものであり，エリオットは1878年に The Pontypridd, Caerphilly and Newport Railway Act を獲得し，その路線は数年後に完成した。しかしこの鉄道の大きな欠陥は急勾配によって生じる高輸送費にあり，ロンザ渓谷からニューポートへの石炭輸送費はカーディフよりトン当たり3ペンスも高かったという。Thomas, *op. cit.,* p. 282.
(64)　Thomas, I., *op. cit.,* pp. 283-284; Chappell, *op. cit.,* p. 104.
(65)　Thomas, *op. cit.,* p. 290.
(66)　Prothero, *op. cit.,* p. 226.
(67)　バリー・ドック建設に対するカーディフ船主協会の対応についてはJenkins, D., *Shipowners of Cardiff. A Class by Themselves,* University of Wales Press (1997) pp. 7-9参照。
(68)　カーディフの大船主 Thomas Morrel は委員会の証言ではビュート側の言い分を支持し，バリー・ドック建設の必要性を否定していたが，必ずしもそれほど強い反対者というわけではなかった。実際，彼は1903年にその死亡にさいしてBDR社株を6万ポンドも所有していたのである。Gibbs, J. M., *Morrels of Cardiff: The History of A Family Shippping Firm,* National Museum of Wales, Cardiff (1982) p. 87, p. 170; Jenkins, *op. cit.,* p. 8.
(69)　*South Wales Daily News* (19th July 1889).
(70)　*An Act to authorize the construction of a dock at Barry Island and railways and works in Glamorganshire connected therewith and for other purposes* (14th August 1884).
(71)　Barrie, *op. cit.,* p. 159.
(72)　*Ibid.,* p. 161.
(73)　*Ibid.,* p. 159.
(74)　ブラッドショウ鉄道ガイドによると，Barry Dock and Railway の1884年の資本金は119万ポンドであったが，1885年，1888年，そして1889年における増資により，1889年の時点での総資本金は190万1,216ポンドとなっていた。*Bradshaw's Shareholders' Guide Railway Manual and Directory* (1890) pp. 14-15.
(75)　BDR社の設立に関係した主要炭鉱業者に関する以下の簡単なプロフィールは主として Walters, R. H., *The Economic and Business History of the South Wales Steam Coal Industry 1840-1914,* Arno Press (1977) chapter 2, および *South Wales Daily*

News (19th July 1889) によっている。

(76) Phillips, E., *A History of the Pioneers of the Welsh Coalfield,* Cardiff (1925) pp. 70-73.

(77) Young, D., *A Noble Life—Incidents in the Career of Lewis Davis of Ferndale,* London (1899) 参照。

(78) コリー兄弟の海運業については，本書第6章参照。

(79) Blyth, A., *From Rosewell to the Rhondda—The Story of Archibald Food. A Great Scots Mining Engineer,* Midlothian District Library Service (1994) 参照。

(80) Walters, *op. cit.,* p. 75.

(81) Anon, 'A Great Welsh Coal Combine', *Syren and Shipping* (March 30. 1910) 参照。

(82) *South Wales Daily News* (19th July 1889).

(83) Wilkins, C., *The South Wales Coal Trade and Its Allied Industries,* Cardiff (1888) pp. 131-132 参照。

(84) *A Century of Family Ship-owning,* John Cory and Sons Cardiff (1954) 参照。

(85) Prothero, *op. cit.,* p. 228.

(86) H. M. ブルネル (1842-1903) は I. K. ブルネルの次男で，アームストロング (William Armstrong) のエルスウィック (Elswick) 工場で技師としての訓練を受けた後，当時の著名な技師 John Hawkshaw とともに East London Railway や Penarth Dock を建設した。彼は1878年にJ. W. バリー (John Wolf Barry) のパートナーとなった (Jones, S. T., *Brunel in South Wales,* Library and Learning Resource Centre. South Glamorgan Institute of Higher Education. Cardiff).

(87) このうちアダムズが1884年に死亡したため，リーズ (I. T. Rees) に取って代わられた。また，ツルンバーは1861年以来デヴィッド・デイヴィスの技師であった (Prothero, *op. cit.,* p. 228)。

(88) B. D. & R. Co., *Directors Meeting Minutes* (15th Oct. 1884), (28th Oct. 1884).

(89) セヴァン・トンネルの工事は1885年4月に完成し，同年9月5日に最初の列車が走行した。Williams, H., *Railways in Wales,* Christopher Davies Ltd. (1981) p. 154. ウォーカーはその他にマンチェスター・シップ・カナルの建設にも関与していた。この点についてはFarnie, D. A., *The Manchester Ship Canal and the Rise of the Port of Manchester, 1894-1975,* Manchester University Press (1980) 参照。

(90) B. D & R. Co., *Directors Meeting Minutes* (21st Aug. 1885), (18th June 1886).

(91) この点について，1884年10月15日の取締役会議事録に次のように書かれている。
'It was proposed by Mr. David Davies and seconded by Mr. John Cory that the first sod of the Dock be cut on Wednesday the 14th day of November next' (B. D. & R. Co., *Directors Meeting Minutes* [15th. Oct. 1884]).

(92) B. D. & R. Co., *Directors Meeting Minutes* (18th Feb. 1887).

(93) *Ibid.* (18th May 1888). なおシャープ・ステュアート社については北政巳『近代スコットランド鉄道・海運業史』御茶の水書房（1999）第2章参照。
(94) 拙稿「19世紀半ばにおける南ウェールズの港湾建設」『帝塚山学術論集』第5号（1998）参照。
(95) B. D. & R. Co., *Directors Meeting Minutes* (16th Dec. 1887), (20th April 1888).
(96) *Ibid.* (15th June 1888).
(97) 湯沢威『イギリス鉄道経営史』日本経済評論社（1988）第6章, 参照。なお, TVRやラムニー鉄道など南ウェールズの鉄道の多くがこのシステムを採用していた。
(98) *Ibid.* (15th June 1888). なお, この会社がグレート・ウェスタン鉄道に合併された1922年当時148台の機関車と2,316台の貨車を所有していた。'The Lines Absorbed by the Great Western Railway: the Barry Railway', in *Great Western Magazine* (1923).
(99) *South Wales Daily News* (2nd Sept. 1889).
(100) *Ibid.* (3rd Sept. 1889).
(101) *Ibid.* (23rd Jan. 1890).
(102) *Western Mail* (3rd Feb. 1890).
(103) BDR社の開設以前にもTVRとビュート・ドックの合併計画が持ち上がったことがあったが, 失敗に終わっている。
(104) *South Wales Daily News* (24th Oct. 1890).
(105) *Ibid.* (8th. Dec. 1890).
(106) *Evening Express* (13th June 1891).
(107) *Western Mail* (30th Nov. 1894).
(108) Prothero, *op. cit.,* pp. 236-237.
(109) Western Mail (9th Sept. 1889).
(110) Chappell, *op. cit.,* p. 112.
(111) Barrie, D. S., *The Taff Vale Railway,* p. 26.
(112) Daunton, M. J., 'The Taff Vale Strike of 1900', *Glamorgan Historian,* vol. 10 (1974); 松村高夫「タフ・ヴェイル判決とイギリス鉄道労働運動」『三田学会雑誌』第79巻第5号（1986）をはじめとする一連の研究参照。
(113) すなわち, 1875年から1900年までの南ウェールズ諸港での平均f. o. b.最低価格は1880年の8シリング5ペンスで, 最高価格は1900年で15シリング1ペニーとなっている。*The South Wales Coal Annual* (1903) p. 70.
(114) 例えば1900年にカーディフからブエノスアイレスまでの蒸気船による石炭運賃は最低で9シリング（1月）, 最高で25シリング（12月）であり, 同じくジブラルタルへの運賃は6シリングから9シリング3ペンスに変動した。*The South*

    Wales Coal Annual (1903) pp. 120-121.
(115)　*Ibid.,* pp. 238-240.
(116)　The Cowbridge and Aberthaw Railway は1892年12月に開通し，1895年に TVR に合併された。Barrie, D. S., *The Taff Vale Railway,* The Oakwood Press (First ed. 1939, Rep. 1962) p. 22.
(117)　Barrie, D. S. M., *The Barry Railway,* p. 171.
(118)　Prothero, *op. cit.,* p. 245.
(119)　連合王国の海運業において，1880年から1890年の間に蒸気船トン数が帆船トン数を上回り，前者が273万トンから504万トンに増加したのに対して後者は385万トンから294万トンに減少した。Kirkaldy, A. W., *British Shipping: Its History, Organization and Importance,* London (1914) App. 17参照。
(120)　Greenhill, B., *The Merchant Schooners,* 2 vols., David & Charles Newton Abbot (1951, 1968); 拙稿「イギリス沿岸海運の発展」『海外海事研究』No. 117 (1992) 参照。
(121)　Evans, D. G., *A History of Wales 1815-1906,* University of Wales Press, Cardiff (1989) pp. 310-311.

第6章　南ウェールズ石炭輸出とイギリス海運業の発展

I　はじめに

　イギリス海運業の発展は石炭と密接に結びついていた。石炭は古くから沿岸航海に従事する船舶の重要な貨物であり，16～17世紀にはイギリス沿岸船の主要な貨物であった。当時，ニューカッスルから出荷された海炭（sea-coal）はロンドン市民にとって欠くことのできない燃料となっており，18世紀半ばにはイギリスの沿岸輸送に従事する船舶の過半数が石炭輸送に関係していたのである[1]。

　19世紀半ば以降の鉄道網の拡充につれて，内陸部の炭鉱開発も進み，鉄道による石炭輸送が増加したので，ロンドンへの石炭輸送において1860年代半ばには，鉄道によって輸送された石炭が北東イングランドからの海炭を上回るに至った[2]。もっともこのことは決して沿岸石炭輸送の衰退を意味するものではなく，20世紀初期になっても，沿岸船は石炭などのバルク・カーゴ輸送において，鉄道と対等に張り合うことができたのである[3]。

　このように石炭は古くからイギリス沿岸船の重要貨物であったが，1870年代以降になると，海外への石炭輸出が急増する。イギリスの輸出額全体に占める石炭の割合は1855年にはわずか2.5％に過ぎなかったのが，1910年には10％近くになり，今や綿製品に次いで第2位を占めるに至る。そしてこうした多額の石炭輸出から得られる収入は貿易収入の中で重要な役割を演じることになる。

というのは石炭は木綿などとは異なり,外国からの原料輸入を必要としないので,輸出から得られる収入の全てがイギリスのものとなったからである[4]。

また石炭はこの国の外航海運にとってもきわめて重要な貨物となった。その場合,問題となるのは輸出額よりもむしろその量の多さであった。当時の「世界の工場」イギリスは,工場での加工に必要な様々な原料(例えば,原綿,羊毛,鉄鉱石,木材,など)を輸入し,工場労働者の食糧もますます世界各地からの輸入に頼らなければならなくなっていた。これらの輸入品はいずれも船舶の積み荷としては嵩張るものばかりであった。これに対してイギリスから世界各地へ輸出される工業品の多くは価値は高いが,船舶スペースをそれほどとるものではなかった。この間隙を埋めたのが石炭であった。実際,D. A. トマスの計算によると,石炭輸出はイギリスからの輸出品のウエイトの5分の4以上を占めており,それなくしてはイギリスへの穀物,綿花,羊毛,木材,砂糖などをもたらす船舶は貨物を積まずにバラス積みで出港しなければならなかったであろう[5]。その意味からしても,石炭はイギリスの港から出港する船舶,とりわけ不定期船にとって不可欠の貨物であった。以下,19世紀の第4四半期から第1次世界大戦にかけてのイギリス石炭輸出,とりわけ南ウェールズのスティーム炭輸出を海運業の発展との関連で考察しよう。

II 南ウェールズ石炭輸出の増大

①石炭輸出の概観

19世紀の第4四半期から第1次世界大戦にかけてのイギリス石炭輸出の実態を示しているのが表6-1である。この表により,輸出総額に占める石炭輸出額の割合は1855年にはわずか2.55%であったが,1905～10年には年間10%近くに達していたことがわかる。同期間に石炭輸出量は500万トン弱から8,300万トン以上に,すなわち約17倍に増加し,イギリスの総石炭産出量に占める輸出量の割合は,1855年の8%足らずから32%にも増加したのである。

イギリスの主要輸出品の中で石炭は1870年には綿製品,毛織物,鉄鋼,リン

表6-1 イギリスの石炭輸出

(単位:1万ポンド,百万トン)

年	石炭輸出額	石炭総産出量(A)	石炭輸出量(B)	(B)／(A)×100
1855	245(2.6)	64	5	7.8
1856—60	315(2.5)	70	7	9.6
1861—65	393(2.7)	89	8	9.5
1866—70	533(2.8)	105	10	9.8
1871—75	1,090(4.3)	126	17	13.2
1876—80	793(3.9)	136	21	15.3
1881—85	1,010(4.3)	159	28	17.9
1886—90	1,303(5.5)	170	35	20.3
1891—95	1,658(7.3)	181	41	22.3
1896—1900	2,233(9.3)	209	51	24.4
1901—05	2,762(9.5)	229	63	27.5
1906—10	3,804(9.8)	262	83	31.8

(出所) Jevons, H. S., *The British Coal Trade*, London (1915) p. 676.
(注) 括弧内の数字はイギリスの輸出総額に占める石炭輸出の割合。

表6-2 世界の主要石炭輸出国

(単位:1万トン)

年	連合王国	ドイツ	合衆国	ベルギー	日 本	その他	連合王国以外合計
1885	3,077	952	127	510	59	266	1,913
1890	3,866	1,015	208	582	124	347	2,276
1895	4,291	1,265	368	589	188	435	2,845
1900	5,841	1,773	792	682	335	621	4,203

(出所) Thomas, D. A., 'The Growth and Direction of Our Foreign Trade in Coal during the last Half Century', *Journal of Royal Statistical Society*, vol. 66 (1903) p. 465.

ネルに次ぐ地位にあり,第1位を占める綿製品の10分の1にも達しなかったのが,1900年には綿製品に次ぐ第2位にのし上がったのである(6)。

　イギリス石炭輸出の重要性は他の主要石炭輸出国と比較することによってさらに明白になる。すなわち,表6-2から明らかなように,19世紀末期にイギリスの石炭輸出は他の全ての国々の石炭輸出総量よりも多く,全体の3分の2を占めていたのである。

　石炭輸出の海運業にとっての重要性の点からみると,イギリスの地位はさらに高まる。というのは,ドイツやベルギー,あるいは合衆国の輸出のうち,かなり多くの割合が鉄道を中心とする陸路での輸出であったのに対して,イギリ

表6-3 連合王国の主要地域からの石炭輸出の割合

(単位:%)

年	ブリストル湾諸港	北西部諸港	北東部諸港	ハンバー湾諸港	東スコットランド	西スコットランド
1850	18.3	8.3	63.6	4.1	6.1	4.4
1860	24.4	8.6	53.5	6.7	5.8	3.4
1870	31.2	4.9	46.9	7.9	7.5	4.6
1880	39.0	3.4	39.5	8.4	7.8	3.0
1890	43.6	2.1	31.1	11.9	11.4	3.6
1900	41.9	1.6	29.7	13.7	13.1	3.6

(出所) Thomas, *op. cit.*, p. 498.

スの場合には全ての輸出が海路によるもので,船舶で運ばれていたからである[7]。トマスの推定では19世紀末にイギリスは世界の海上石炭輸出の80％以上を支配しており,しかもその大半がイギリス船によっていたのである[8]。このことからもイギリス海運業,とりわけ不定期船業にとって石炭輸送がいかに重要であったか推測することができよう。

②南ウェールズ石炭輸出

　これらの石炭輸出の中心地域にのし上がったのが南ウェールズであった。1850年にブリストル湾諸港からの石炭輸出はわずか40万トンで,連合王国全体のうちの18％を占めるに過ぎなかった。この時期の主要輸出地域は北東イングランドであり,少なくとも19世紀前半までには輸出の大半がこの地域から行われていたのである[9]。しかし,19世紀後半,とりわけ1870年代以降になると,イギリス石炭輸出の中心はイングランド北東部から南ウェールズへ移行し,1880年代初期には両者の地位は逆転した。それ以後第1次世界大戦前夜まで,ウェールズ諸港からの輸出が40％以上を占めていたのに対し,北東部諸港のそれは30％程度に留まっていたのである(表6-3)。

　北東イングランド炭と南ウェールズ炭とでは輸出地域でもかなり大きな相違が見られた。そのことを明確に示しているのが表6-4である。それによると,1887年のイギリス石炭輸出量2,327万トンのうち,1,911万トン,すなわち全体の約82％がヨーロッパ向けであった。1912年にはイギリスからの石炭輸出

表6-4 イギリス主要地域から石炭輸出地域

(単位:1万トン)

	ブリストル湾諸港		北東イングランド		連合王国全体	
	1887年	1912年	1887年	1912年	1887年	1912年
バルト海・北海	23	162	346	1,089	730	2,527
フランス・地中海	749	1,771	311	963	1,181	3,113
アフリカ・インド	103	88	10	4	139	100
セイロン・極東	56	38	1	0	61	39
北米大西洋岸	33	7	3	1	65	18
南米大西洋岸	90	497	9	19	120	590
南北米太平洋岸	8	48	9	9	30	58
世界全体	1,063	2,613	689	2,085	2,327	6,444

(出所) Jevons, op. cit., p. 683より作成。

6,444万トンのうち,5,640万トン,すなわち全体の約87%がヨーロッパ向けであった。このうち,南ウェールズからの輸出についてみると,1887年の輸出1,063万トンのうち,ヨーロッパ向けは773万トンで,全体の73%,1912年には2,613万トンの輸出量のうち,ヨーロッパ向け輸出は1,934万トンで,全体の74%であった。つまり南ウェールズ炭についても,ヨーロッパ向け輸出は大きな割合を占めていたが,イギリスの他の地域に比べるとヨーロッパ以外への輸出の割合がかなり高かったのである。

こうした南ウェールズ炭の特異な地位は,主としてその石炭の品質や用途の特殊性によって説明される。すなわち,北東イングランドに代表される石炭が家庭用,ないし一般工業用燃料として使用されていたのに対して,南ウェールズ炭はこうした用途に加えて,かなりの割合が蒸気船の燃料として使用されていたのである。蒸気船の燃料としての需要の決定要因は,価格もさることながら,品質の優秀性にあった。後に述べるように,最も安価な石炭が必ずしも最も経済的とは言えなかったのである。

さて,南ウェールズ石炭輸出の中心となったのがカーディフ港であった(表6-5)。19世紀以前のカーディフは農産物を積み出す地方の1小港に過ぎなかったが,後背地における製鉄業や炭鉱業の発展,それと関連する運河や鉄道の建設によって,19世紀後半には「世界のコール・メトロポリス」に成長していったのである。

表6-5 南ウェールズの主要石炭輸出港
(単位:百万トン)

	1893年	1903年	1913年
カーディフ (バリーとペナースを含む)	9.7	14.4	19.3
ニューポート	1.8	3.0	4.7
スウォンジー	6.9	1.8	3.5
ポート・ターボット	—	0.4	1.9

(出所) Asteris, M. J., 'The Rise and Decline of South Wales Coal Exports 1870-1930', *Welsh History Review*, vol. 13.

19世紀前半において,南ウェールズの主要石炭輸出港はカーディフよりもむしろスウォンジーやニューポートであった。1840年にスウォンジーからの石炭搬出量は約8万トン(うち外国向けは3万トンあまり),ニューポートからの搬出量は5.5万トン(外国向けは7,000トン)であったのに対して,カーディフからの出荷は約2万トン(外国向けは4,000トン)に過ぎなかった。だが,その後のカーディフの成長はめざましく,1851年には約75万トン(外国向けは25万トン)に達し,スウォンジーやニューポートを抜いて,南ウェールズ最大の石炭積出港に成長するのである[10]。

石炭輸出港としてのカーディフの急成長を可能にしたのは,炭田地帯と港とを結合し,後背地域における良質炭田の開発を可能にした鉄道,とりわけTVRと港湾建設であった。これらの建設についてはすでに述べたとおりである。

③船舶用燃料としての南ウェールズ炭

前述のように,南ウェールズ炭はイギリスの石炭輸出の中でかなり特異な地位を占めていた。すなわち,ウェールズ以外のイギリス炭の輸出市場がほとんどヨーロッパに集中していたのに対し,南ウェールズ炭の場合には,ヨーロッパ市場の重要性もさることながら,むしろヨーロッパ以外への輸出の割合が相当高い比率を占めていたのである。このことはウェールズ炭のかなりの割合が蒸気船の燃料として使用されたことを暗示している。

蒸気船の燃料として見た場合,「最も安価な石炭が必ずしも最も経済的というわけではなく,実際にはしばしば全く逆のことが当てはまった。安価な石炭は嵩張り,早く燃え尽き,蒸気の発生にとっても満足のいくものではなかった。比較的高価な石炭がこれと全く逆のことが言えた。それゆえ,現地で採掘され

た劣等炭を使用するよりも遠方から最良のウェールズ炭を輸入するほうが有利なことがあった」[11]。実際，ウェールズ炭が蒸気船の燃料としてはるばる遠方の南アメリカや極東まで輸出された最大の理由は，それが嵩張らず，しかも燃焼時間が長かったために，劣等炭よりも長距離航海が可能な点にあった。例えば，ウェールズ炭1トンの量は約40立方フィートであり，ダービーシャー炭の場合は47立方フィートであった。ある蒸気船の1日の石炭消費が60トンだとすると，ウェールズ炭はダービーシャー炭に比べて1日420立方フィートものスペースの節約になった[12]。1航海に何十日もの長距離航海に従事する遠洋蒸気船にとって，良質炭は少々高くても，それによって得られる貨物スペースの増加によって十分採算がとれたのである。

　このような船舶燃料としての南ウェールズ炭の優秀性は，1845年から20年あまりにわたって行われたイギリスの軍艦用燃料をめぐる北東イングランド炭との確執を通じて実証された[13]。

　19世紀半ばにイギリス海軍は，蒸気船の採用をめぐって，スクリュー船や鉄の船体などの実験を行っていたが，それと並んで軍艦用燃料としてどのような石炭が最適かを決定する必要があった。そこで海軍本部は最初の蒸気船バーケンヘッド（Birkenhead）購入後，ベッシュ（Sir Henry de la Beche）とプレイフェア（Lyon Playfair）博士に石炭の品質調査を依頼した。その結果は1846～1851年に Report on the Coals for the Steam Navy と題する3つの報告書として発表された[14]。

　彼らによれば，軍艦用燃料に適した石炭は次のような性質を併せもっていなければならなかった。すなわち，①迅速な蒸気の発生，②強い火力，③燃焼に際して煙が出ないこと，④嵩張らないこと，⑤摩擦抵抗力が強いこと，そして⑥自然発火しないこと，がそれであるが，それら全ての性質を完備している石炭は稀であったという。全国から選ばれた98銘柄のサンプル（このうちウェールズ炭は38銘柄，ニューカッスル炭は17銘柄）の品質検査が個別的に行われた。

　表6-6は南ウェールズと北東イングランドの上位5銘柄の蒸気発生力の比較を表している。彼らの検査によって，南ウェールズ産スティーム炭の優秀性

表6-6 ウェールズ炭と北東イングランド炭の品質比較

品 目	石炭1ポンド当たり蒸気発生量(ポンド)	1時間当たりの蒸気発生量 (ポンド)	石炭1立方フィート当たり重量(ポンド)
○ウェールズ炭			
Aberaman Merthyr	10.75	—	48.9
Ebbw Vale	10.21	460.22	48.9
Thomas Merthyr	10.16	520.8	53.0
Duffryn	10.14	409.32	53.22
Nixon's Merthyr	9.96	511.4	51.7
○ニューカッスル炭			
Willington	9.95	—	53.2
Andrews House Tanfield	9.39	351.2	53.1
Bowden Close	9.38	—	50.6
Haswell Wallsend	8.87	411.66	47.6
Newcastle Hartley	8.23	308.0	50.5

(出所) Morris, J. H. & Williams, L. J., *The South Wales Coal Industry, 1841-1875*, Cardiff (1958) p. 35.

が十分実証された。すなわち，それらは高い蒸気発生力を示したばかりでなく，ほとんど煙をださず，しかも窯焚きに要する人手も少なくてすんだため，軍艦用燃料に最適であることが実証されたのである。この検査の結果，それまで徐々に高まっていたウェールズ炭の評判が一気に頂点に達し，折から勃発したクリミア戦争中にベッシュ=プレイフェア検査の正当性が立証されたのである。

だがこうした状況を当時最大の炭鉱地帯であったイングランド北東部の炭鉱業者達が黙認するはずがなかった。彼らはベッシュ=プレイフェア検査を決定的とは見なさず，人気を取り戻すためにあらゆる手段を講じた。軍艦用燃料としての北東イングランド炭の最大の欠陥は煙の発生にあったが，この問題はリヴァプールのウィリアム氏という人物によって解決されたと主張した。また彼らはウェールズ炭の単独使用では多くの粉炭を出すことを指摘し，北東イングランド炭との混合使用を要請した。この要請は受け入れられ，1860年代には混合炭が使われていた。しかし，混合炭の使用には多くの問題があることがわかった。とくに実戦に参加している海軍士官たちの報告はいずれも混合炭よりウェールズ炭の単独使用を訴えていた。彼らの訴えによれば，混合炭は煙が多かったために敵艦に発見されやすかったし，燃料の消耗が速くなったため，巡航

表6-7 イギリス海軍用石炭の主要銘柄

1887-1888年		1888-1889年	
銘柄名	トン数	銘柄名	トン数
Tylor's Merthyr	53,200	Hood's Merthyr	61,100
Hood's Merthyr	37,400	Dowlais Merthyr	56,350
Dowlais Merthyr	35,200	Tylor's Merthyr	19,150
Cambrian Navigation	32,900	Standard Merthyr	15,600
Harris Deep Navigation	9,900	Cory's Merthyr	12,500
Broomboll West Hartley	8,900	Harris Deep Navigation	11,400
Lewis's Merthyr	7,500	Powell's Dufflyn	9,750
Powell's Dufflyn	7,000	Locket's Merthyr	6,900
Standard Merthyr	4,300	Nixon's Navigation	4,800
West Hartley Main	3,000	Hill's Plymouth Merthyr	4,700
ウェールズ炭合計	194,450	ウェールズ炭合計	217,950
北東部炭合計	13,850	北東部炭合計	0

(出所) *Return showing the names of collieries from which supplies of coal for use of Her Majesty's Navy were and total quantity so purchased in* (1887-8) *and in* (1888-9).

距離が短縮した。また産炭地域が異なる石炭の混合によけいな出費を必要としたことも問題であった。当初現場からの批判を無視していた海軍本部も，その苦情の多さに重い腰を上げざるを得ず，やむなく1872年以降，再び南ウェールズ炭のみを軍艦用に使用するという当初の方針に戻らざるを得なかった。これによって，今やウェールズ炭は軍艦用燃料として地位を確立することができたのである。表6-7からも明らかなように，1880年代末には，南ウェールズ炭がイギリスの軍艦用石炭供給をほとんど独占していたのである[15]。

III 蒸気船の改善と石炭輸出

実際，イギリス海軍による「お墨付き」は絶好のタイミングと言えた。というのはちょうどこの時期は蒸気船による帆船の駆逐期に当たっていたからである。蒸気船はすでに19世紀前半に沿岸航海や遠洋の郵便および旅客輸送の分野に進出していたが，それらが貨物輸送，とりわけ木材や綿花，穀物，石炭などのバルク・カーゴ輸送において帆船に取って代わるまでには多くの歳月を必要

表6-8 蒸気船の石炭消費

(1時間1馬力当たり)

年	圧力 (lbs.)	石炭消費 (lbs.)	エンジンの性質
1868	40-50	3.6	低圧,ジェット・コンデンサー
1878	70-80	2.8	コンパウンド,サーフェスコンデンサー
1882	100	2.6	〃
1886	140	1.9	トリプル・エクスパンション
1890-92	160	1.5	〃
1896-98	200-205	1.3	クォドリカル・エクスパンション

(出所) Thomas, D. A., *op. cit.*, p. 476.

とした。初期の蒸気船には多くの問題点があったが、とりわけ重要な欠陥は舶用機関の技術的未成熟性から生じる燃料効率の悪さであった。このため船舶スペースの大半がエンジンやボイラー、さらには炭倉用に占められてしまい、経済的に採算がとれなかったのである。したがって、貨物輸送分野での帆船から蒸気船への移行の鍵を握っていたのは、舶用機関の燃料効率の改善であった。この問題は1850～60年代におけるコンパウンド・エンジン、19世紀末における三連成機関、あるいは四連成機関などのエンジンの改良やボイラーの改良によって解決された。その結果、蒸気船の燃料効率は飛躍的に向上し、1868年から19世紀末までの30年間に1馬力当たりの石炭消費量は約3分の1に減少した[16]。舶用機関やボイラーの改善は他方では素材面での鋼鉄の使用によって可能となったが、鋼鉄はさらに船体の材料にも使用され、船舶の軽量化、大型化に貢献し、貨物積載力の増加を可能にしたのである（表6-8）。

このような貨物輸送分野における帆船から蒸気船への移行過程は造船技術の発展のたまものであったが、この過程は、当時の船舶供給過剰とも相まって、運賃率の大幅な低下を伴い、鉄道建設の世界的普及との相乗効果によって、穀物をはじめとするバルク輸送の世界的拡大の原因になったのである。

周知のように、19世紀の第4四半期は一般に「大不況期」と呼ばれ、一般物価水準の下降期であったが、同時に前述のような造船技術の革新期でもあり、それによる輸送力の大幅な増大は国際貿易の拡大による船舶需要の増大を上回る勢いで増加し、その結果、運賃率は一般物価水準以上の低下を示したのであ

第6章　南ウェールズ石炭輸出とイギリス海運業の発展　189

図6-1　カーディフからの石炭運賃率

(単位：ペンス)

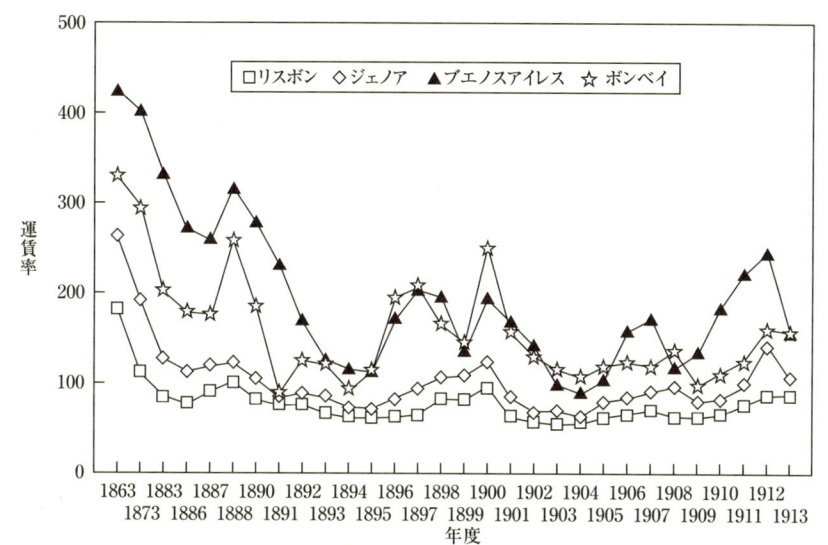

(出所)　Jevons, H. S., *The British Coal Trade*, London (1915) pp. 692-693より作成。

る。

　例えば，イギリスは1846年の穀物法廃止以降，パンの原料としての小麦をますます海外諸国からの輸入に依存するようになったが，小麦は価格中，輸送費の占める割合が高い貨物であった。それは不定期船の最重要貨物の一つであったが，運賃がその貿易の発展を大きく左右したのである。その意味でこの貿易における運賃率の低下，とりわけ北米や南米からヨーロッパへの貿易のような遠隔地貿易の運賃率の低下は，穀物供給源の世界的拡大，ひいては国際的相互依存関係の深化に大きく貢献したことは疑いない[17]。

　穀物の運賃と同様に，この時期には石炭の海上運賃率も大幅に低下した。図6-1はカーディフから主要外国諸港への石炭運賃率を示しているが，この図により，19世紀半ばから1913年までの60年間に運賃率は約2分の1から約3分の1に低下していることがわかる。ここでとくに興味深い点は，リスボンやジェノアのような比較的短距離の港への輸出に比べて，より遠方のボンベイやブ

エノスアイレスへの運賃低下が大きかったことである。その結果，距離の遠近による運賃格差は大幅に縮小し，遠方への石炭輸出がますます有利になった。まさにこのことがカーディフ炭の世界的輸出拡大の一因であったとおもわれる。というのは当時ドイツやアメリカがますます手強い競争相手として台頭してきたが，これらの国々の炭田は概して内陸に存在しており，鉄道輸送費が高くついたのである。例えば，バクストンによれば，ブエノスアイレスへの輸送費は合衆国の炭田からよりもより遠方の南ウェールズからのほうが安価であったという[18]。

IV 蒸気船の給炭問題

　蒸気船の技術的改良に伴うイギリス海運業の発展は，一方では運賃率の低下を通じて国際的相互依存関係を深化するのに役立ったが，同時にそれは蒸気船自身の給炭の必要性を生み出し，そのことが南ウェールズ炭輸出とカーディフ海運業の世界的拡大の条件ともなった。確かに蒸気船の燃料効率の改善につれて，一回の石炭の積み込みによる航続距離は増加したであろうが，そのことは決して途中で石炭を補給する必要性がなくなったことを意味するものではなかった。とくにアフリカや東洋，オーストラリアといった長距離航路に従事する蒸気船にとっては「給炭」の問題は会社の運命を左右しかねないほど大きな重要性をもっていた。そこで若干の海運企業の給炭問題について考察するとともに，蒸気船会社に石炭を供給する不定期船会社の発展を見ていこう。

　周知のように，P&O 社はウィルコックス（B. M. Willcox）によって設立された海運ブローカー企業に端を発し，アンダーソン（A. Anderson）をパートナーに加えて，Messrs. Willcox & Anderson となり，1837年には海軍本部との郵便運送契約により，ジブラルタル海峡への蒸気船による定期郵便輸送を開始した。1840年代にはアレクサンドリア，インド，さらには中国へと航路を拡張し，イギリスと東洋，オーストラリアを結ぶ基軸的な郵便蒸気船会社に発展していった[19]。

第6章 南ウェールズ石炭輸出とイギリス海運業の発展　191

　P&O 社にとって，設立当初の最大の課題の一つが石炭補給の問題であった。同社の東洋への進出は1842年9月にサザンプトンを出港したヒンドスタン号によって開始されたが，遠方海域で石炭の補給を行うためにあらかじめ石炭を積んだ帆船を汽船の寄港先に派遣して待機させていた[20]。当時 P&O 社が使用していた石炭は主としてイギリス炭，とりわけ南ウェールズ炭であり，航路が遠方に延びるにつれて，石炭もイギリスから帆船によって貯蔵基地へ運ぶ必要があった。このため会社は，蒸気船による定期航路を維持するために多数の帆船を用船しており，リンゼイ（W. S. Lindsay）によると，スエズ運河開通後に P&O 社は給炭基地への石炭輸送のために，170隻もの帆船を用船していたという[21]。この意味で「多くの帆船企業はそうした舶用炭輸送によってその強敵である汽船企業の成長を援けるという皮肉な立場におかれていた」[22]のである。

　実際，石炭輸送に要する費用は P&O 社の支出の中できわめて大きな割合を占めていた。使用された石炭はほとんどイギリスから運ばなければならなかったために，イギリスからの距離が遠くなるにつれて，それだけ炭価は高くなった。例えば，後藤氏の研究によれば，1850年頃にはその価格はスエズ以西と以東とでは倍以上の開きがあった。すなわちアレクサンドリアにおいては，1848～52年の3カ年の年平均の炭価は18シリングであったが，アデンでは1852～53年の年平均が41シリング4ペンス，セイロンでは33シリング2ペンス，香港では42シリング8ペンス，そして帆船による輸送が最も困難なスエズでは62シリングもついたのである[23]。したがって，とくにスエズ以東では費用の中で燃料費の割合が最も高く，後藤氏の計算では，スエズ＝カルカッタ間に月一回配船した場合，費用のうち燃料費が40％以上に達したという[24]。

　もちろん P&O 社は燃料費削減のためになんの対策も講じなかったわけではない。できるだけ安価でしかも良質な石炭を確保するために，同社が取った対策の一つは現地での炭鉱開発であり，他は南ウェールズ炭の安価な輸送のために，補助的な蒸気船会社を設立することであった。例えば，インドで最初の鉄道の一つである東インド鉄道会社創設の目的はインドの内陸での炭鉱開発であり，この会社への出資者の中に P&O 社関係者が含まれていたことは注目に値

する。

　すなわち，P&O 社は1845年に東インド鉄道会社の設立を主導して，その大口出資者となり，取締役会副会長のキャンベル（Sir John Campbell）を鉄道会社の取締役会に送り込んだが，その目的は鉄道がもたらす大量の貨物とともに，バードワン炭鉱の開発であった。その他にクリミア戦争中の炭価高騰期には極東の代理人を通じてスマトラや台湾でも炭田を開発し，汽船の燃料に使用しようとしていたのである[25]。こうした試みがどの程度成功したか明らかではないが，多くのベンガル商人による鉄道建設支援が炭田開発から得られる利益の見込みにあった[26]こと等に鑑みれば，この計画はかなり成功したことが想像される。

　また，後にケープ植民地への郵便蒸気船会社として発展する Union Steam Ship 社の前身は Union Steam Collier 社といい，その設立の中心人物は P&O 社の取締役アンダーソンであった。アンダーソンの意図は P&O 社のイギリスでの基地であるサザンプトンへ南ウェールズ炭を蒸気船で迅速かつ大量に輸送することであった。当時のサザンプトンは P&O 社をはじめ多くの蒸気船会社の基地として繁栄していたが，海外の給炭地と同様，ここで石炭を確保することは必ずしも容易なことではなかったのである[27]。19世紀半ばにイギリス国内の石炭輸送はほとんど帆船で行われていた。北東イングランドからロンドンへの輸送がその幹線であったが，40年代以降の鉄道による内陸炭輸送の増大という新事態は，蒸気船による石炭輸送への大きな刺激となった。その先駆者がパーマー（C. Palmer）であったが，アンダーソンもそれに続いた。パーマーのジョン・ボウズ（John Bowes）号が就航した翌年の1853年に，南ウェールズ炭を大量に輸送するためにアンダーソンの設立した会社が Union Steam Collier 社であった。同社がロンドンの造船所に注文した4隻のスクリュー船は次々に進水したが，クリミア戦争という不測の事態によって，アンダーソンの意図は頓挫してしまったのである[28]。戦争中4隻の船はいずれも政府に徴用され，軍需物資の輸送に使用されたが，戦後の不況により，サザンプトンへの蒸気船による石炭輸送はもはや魅力のある業務ではなくなっていた。Union Steam

第6章　南ウェールズ石炭輸出とイギリス海運業の発展　193

Collier 社は1856年にその社名を Union Steam Ship 社に変更し，政府との郵便運送契約により航路を南アフリカに変更するのである。

さて，P&O 社にとって1869年におけるスエズ運河の開通後も燃料費は依然として支出の中で高い割合を占めていた。運河の開通は世界史に少なからぬインパクトを与えたが，とりわけ海運史に与えた影響は特筆に値する[29]。運河の開通は快速クリッパー船の輸送領域であった東洋航路への蒸気船の割り込みを助長し，クリッパー船衰退の原因となったが，運河の利用に積極的であったのはフランスのメサジェリ・マリティーム社[30]やイギリスのブルー・ファネル・ラインのような新興蒸気船会社であり，アレクサンドリア＝スエズ間の鉄道をはじめとする陸上輸送施設を有する P&O 社は新事態への対応に遅れ，重大な経営危機に見舞われた[31]。P&O 社が運河の利用を決定したのは，運河開通から3年以上もたった1873年のことであった。会社は新しい経営者サザーランドの指揮のもとで経営刷新を断行した。そのさい，人員の整理が合理化の中心であったが，もちろん船隊の近代化や石炭調達方法の変更による経費の削減も行われた。このうち石炭調達方法についてみると，従来からの公開入札方法は1867年に廃止され，それに代わって直接契約により石炭を購入し，自社船で輸送する方法が採られた。これにより年6万ポンドの経費節約が可能になったという。会社の最大の支出項目である燃料費は相変わらず高い割合を占めていたが，こうした合理化により，その比率は幾分かは低下したのである[32]。

当時の遠洋蒸気船にとって，高燃料費が大きな経営課題の一つであったことは，西アフリカ航路の蒸気船会社 African Steam Navigation Co.〔バーケンヘッドの造船業者レアード（M. Laird）が1852年に創設〕，およびそのライバルで1868年にエジンバラで設立された the British and African Steam Nav. Co. についても言えた。両社の経営は19世紀末には有能な企業家アルフレッド・ジョーンズ（Alfred Jones）の支配のもとに統合されることになったが，ジョーンズは単に海運業の経営ばかりでなく，多様な事業に手を広げた。その一つが南ウェールズでの炭鉱業であった[33]。ジョーンズの海運業にとって良質で安価な石炭は切実な問題であり，彼はこの問題をグラモーガン地方のガース

(Garth) とマステグ (Maesteg) における炭鉱の購入によって解決し，1900年に Elders Navigation Collieries Ltd. を設立した。この炭鉱で採掘された石炭は自社船舶用として，また販売用としてポート・ターボットから出荷されたのである。さらに彼はカナリー諸島のラスパルマスや西アフリカ各地に給炭基地を設置し，子会社を通じて蒸気船の給炭にも乗り出した。とりわけラスパルマス給炭基地でジョーンズが経営する the Grand Canary Coaling Co. は Elder Dempster 社のみならず，イギリスをはじめ各国の軍艦や200以上の海運会社に石炭を供給し，20世紀初頭には年間25万トン以上の石炭を販売していたと言われている[34]。

他方，蒸気船の給炭の必要性は多くの帆船会社に貴重な活動分野を提供していた。実際，中川氏が述べておられるように，「帆船企業の一部にはそうした石炭輸送によって蓄積した力によって，後に汽船会社に成長したものも少なくなかった」[35]のである。先に触れた Union Line はその一例であるが，その他にも後にこの Union Line と合併して Union Castle Line を形成したドナルド・キュリー (Donald Currie) の Castle Line や，後に P&O のライバルとなる W. トムソン (William Thomson) の海運企業も，初期には帆船会社として蒸気船会社への給炭を行っていたのである。

海運企業家キュリーは大西洋航路の著名な郵便蒸気船会社であったキュナード社の経営者マッキーバーの部下として，アーヴルやブレーメンをはじめ，多くのヨーロッパ支店の開設に尽力した。だが企業心の旺盛な彼は1862年に Cunard 社を退社し，独立の海運会社の経営に乗り出した[36]。彼は1870年代に南アフリカへの汽船航路を開設し，前述の Union Line の手強い競争相手となるが，それまでのしばらくの間，帆船によりカルカッタ航路に活路を見いだそうとしていた。その主たる目的は A. ホルト (A. Holt) の Blue Funnel Line をはじめとする東洋航路の蒸気船にウェールズ炭を供給することであった[37]。彼は1866年6月，すなわち Holt 兄弟が Ocean Steam Ship 社を設立する1カ月前に南ウェールズの炭鉱業者ジョン・ニクソンとの提携により，カルカッタへの石炭輸送を開始したのである。ニクソンは南ウェールズ有数の炭鉱業者であ

り，スティーム炭の最も精力的な輸出推進者であった。したがって両者の提携はお互いに得るところが大きかったのである。まもなくニクソンはキュリーの海運会社の主要株主の一人となり，両社の提携は1899年にニクソンが死ぬまで続くことになる[38]。

このように遠洋航路に従事する蒸気船会社への給炭は当時の帆船会社にとっての重大事業の一つであり，数多くの不定期船が石炭輸送に従事していた。実際，不定期船業は19世紀末から第1次世界大戦前のイギリス海運業発展の中心であり，その基盤が石炭輸出であった。第1次世界大戦前夜に不定期船はイギリス船全体の約60％を占めていたと言われるが，その多くが多かれ少なかれ石炭輸送に関与していた。その意味で19世紀末にカーディフ港が急速に不定期船所有の中心地として成長してきたことは決して不思議なことではなかったのである。ドーントンによれば，20世紀初頭にカーディフは世界最大の不定期船の所有港に成長しており，1907年にカーディフで登録された船舶の石炭輸送力は約130万トン，1920年には150万トンに達し，122もの船会社が存在していたのである[39]。カーディフ海運業の成長は石炭輸出の全盛時代である1870～1884年と1897～1910年の2期にわたって起こり，そのうち第1期にはその船舶数は138隻（約2万6,000トン）から331隻（約17万トン）に増加し，第2期には船舶の大型化により船の数はほとんど増加しなかったが，トン数は約19万トンから45万トンに増加した[40]。なお，カーディフ海運業の発展については次章で詳述する。

V 石炭輸出商人の活躍

上述のように，海運業の発展に伴う蒸気船の燃料供給の必要性は，多くの不定期船会社に活躍の機会を与えたが，こうした蒸気船の燃料としての石炭需要の増加は，ひいては南ウェールズ炭鉱業発展の重要な刺激要因になったのである。また，石炭輸出の増加はその輸出に従事する商人に大きな商機を提供した。確かに炭鉱会社の中には単に石炭の採掘ばかりでなく，代理店や倉庫を所有し，

表6-9 南ウェールズ2港における石炭商人数

	ニューポート	カーディフ
1830年	1	2
1844年	11	8
1880年	17	49
1914年	35	113

(出所) Walters, R. H., *The Economic and Business History of the South Wales Steam Coal Industy 1840-1914*, Arno Press (1977) p. 306.

販売を行うものもあった。例えば，Powell Duffryn Steam Coal 社のような大会社はほとんど一定顧客（海軍本部や大海運会社）との契約により，中間商人を介することなしに直接石炭と販売していた[41]。しかし，炭鉱会社が販売に関与するのはむしろ例外であり，南ウェールズ炭はたいてい中間商人を通じて販売されていたのである。こうした石炭商人の数は表6-9に示しているように石炭輸出とともに増加し，カーディフにおいて1880年には49人，1914年には113人もの商人が石炭輸出に従事していたのである。

こうした石炭商人には炭鉱業者とは全く異質の知識や経験が必要とされた。例えばc. i. f. 取引に関する知識，石炭市況，購入国の諸事情，運賃市場，外国語の知識などがその例である[42]。また，彼らは取引に伴う金融上のリスクも負担しなければならず，時には予想外の運賃変動によって損害を被ることもあった。

表6-9からも明らかなように，19世紀末から第1次世界大戦にかけての石炭輸出の拡大期には商人の数も増加した。これらの商人の中には石炭取引に専念する者も数多くいたが，その過半数は他の事業も兼ねており，19世紀末には商人の活動範囲はますます拡大したのである。例えば，石炭取引と海運ブローカーを兼ねる者の数は1882年には14名であったが，1889年には25名，1900年には76名に増加した。1900年には石炭商人の41％が海運ブローカーを兼ね，逆に海運ブローカーの44％が石炭取引にも従事していた[43]。大規模業者による事業の統合も進行し，中にはD. A. トマス（D. A. Thomas）の Cambrian Combine のように，炭鉱業者が石炭商人を併合し，販売や輸送に乗り出す場合も見られた[44]。他方，南ウェールズの石炭商人の中には世界各地に倉庫網をはりめぐらし，やがては炭鉱業に進出するものも見られた。以下に取り上げるコリー兄弟（Cory Bros.）の事業はその好例と言えよう。

第6章 南ウェールズ石炭輸出とイギリス海運業の発展 197

　コリー兄弟の事業は1842年に遡り，リチャード・コリー（Richard Cory）によって創業された(45)。彼は最初，カーディフとアイルランドの間を往来する小型船の船長であり，持分所有者であり，またカーディフにおける食料商人でもあった。1844年に2人の息子リチャードとジョンとともにカーディフ・ドックにおいて海運ブローカー業，および石炭輸出業者としての事業を開始した。1859年に父親の引退後，息子ジョンとリチャードが Cory Bros. という名義で父親の事業を引継ぎ，事業を拡大していった。

　コリー兄弟の中心事業は世界中の主要港に給炭倉庫を設置し，寄港する船舶に石炭を供給することであった。彼らは世界各地の供給基地に南ウェールズ炭を中心に北東イングランドやスコットランドの石炭を蓄えていき，寄港するあらゆる国籍の船舶に給炭していたのである。また，付随的であるが，彼らは外国の鉄道，製造企業，および一般家庭にも石炭を販売し，さらには船舶の荷役や代理店業も営んでいた。コリー兄弟の事業は1889年には100万ポンドの資本金でもって株式会社となり，社長はジョン・コリーであったが，1911年にクリフォード・コリー（Clifford Cory）がこれを継いだ。

　会社の本部はカーディフ波止場近くのコリー・ビルディングであったが，1871年にはロンドンに支店が開設され，後にここが事業の中心となっていった。なおロンドン営業所は最初はクロスビー・スクェア（Crosby Square）にあったが，後にフェンチャーチ・アベニュー（Fenchurch Avenue）3番地に移転した。

　イギリス国内の支店や代理店網は，南ウェールズのスウォンジー，ニューポートの他にハルにも開設され，また1875年以来，グラスゴーの F. W. Allen & Co. を同地の代理店に指定し，スコットランド炭の購入に当たらせた。また，リヴァプールにおいては1871年以来，キリック（W. C. Killick）が代理人となって，海運と石炭取引を担当していたが，1913年には直営の支店が開設された。その中心事業は遠洋蒸気船の給炭，外国への輸出，および南ウェールズ炭やランカシャー炭の陸上販売であり，リヴァプールのほとんどの主要海運業者と取引関係を持っていたのである。

表6-10 コリー兄弟社の主要倉庫網

地　名	事業概要
アデン	ベネック（Benecke）家が1875年以来の代理人。倉庫業の他に引き船や艀を所有。給炭の他に貨物の積替えなどの業務も行う。
セント・ヴィンセント（ケープ・ヴェルデ）	ケープヴェルデ諸島のセントヴィンセント倉庫の建設は1837年に遡り，早くも1842年には給炭基地となり，海外給炭基地のパイオニア。当時，ロイヤル・メイル・ラインの要求に応じて石炭は帆船で運ばれていた。ヴィスガーとミラー（Visger & Millar）（ブリストル）がオリジナルな給炭業者であったが，1889年にコリー兄弟が関係をもつようになると，社名はMillers & Corys Cape Verde Islands Ltd.に改名された。
バルバドス	1883年以降，M. Cavan & Co.が代理人であったが，後にGardner, Austin & Co.と改名。給炭業務が中心。
リオデジャネイロ	1887年にコリー兄弟により，Brazilian Coal Co. Ltd.という社名で倉庫が開設される。この会社は鉄道や工業企業への石炭供給，世界各国の外洋船への給炭，さらには船舶修理工場を有し，引き船や艀も所有し，荷役作業も行っていた。
ペルナンブコ	1904年に支店が開設され，会社の倉庫で給炭と一般貨物の荷役を行う。このため多くのタグボートや艀を所有していた。
バイア	当初はMessrs. Benn & Co.が代理人であり，給炭作業や貨物の取扱いを行い，鉄道や工業企業への石炭供給を行っていたが，1918年に直営の支店となる。倉庫の他に艀やタグボートも所有。
ブエノスアイレス	コリー兄弟により1897年に倉庫が設置。海上および陸上の給炭のためのあらゆる設備を所有し，荷役業務を行う他，市内や郊外に小売店を設立し，石炭販売も行う。
バイアブランカ	1909年に設立されたコリー兄弟の倉庫はアルゼンチン鉄道と連携して給炭だけでなく，多くの陸上業務も行っていた。
ポートサイド	Messrs. Savon Bazinが長期にわたり代理人であったが，1900年にコリー兄弟社が同社の利権を獲得。その中心業務は船舶への給炭，荷役，旅行代理店業，海運代理業。
スエズ	1900年以後，主として紅海諸港を航行する沿岸船の給炭を行う。
アルジェ	1903年に事務所が開設され，石炭や石油の補給，荷役業務を行う。
マルセイユ	1902年に倉庫を開設。給炭ばかりでなく，陸上輸送用の石炭供給も行う。波止場に石炭をストックするスペースを所有し，荷役作業も行う。
コロンボ	コロンボで老舗のMessrs. Bosanquet and Skyrne Ltd.が代理人であり，大量の石炭ストックにより，船舶の給炭と荷役作業を行う。
ラスパルマス	1904年に子会社のCory Hermanos y Ciaにより倉庫が設立され，石炭だけでなく石油の補給も行う。
マデイラ	Madeira Coaling Co. Ltd.が代理店であり，給炭作業の他に船員の食料供給も行う。

(出所) Green, M. H., 'The Origin and Activities of Cory Brothers and Company', *The Syren and Shipping* (July 1946) より作成。

　コリー兄弟の給炭倉庫は世界各地に設立された。その主要なものは表6-10にあげられているが，ドーントンによれば，「1908年に彼らは118の代理店と倉庫を所有し，全ての主要な海運ルートで石炭補給を行っていた」[46]のである。ここではその一つであるアデンにおける彼らの給炭基地での仕事を簡単に触れておこう。アデンは1869年のスエズ運河開通によって，ヨーロッパと東洋を結

ぶ蒸気船の重要な寄港地となったが、コリー兄弟がここに進出するのは1875年のことであった。それは当地の代理人ベネック家によって営まれ、以後、同家は長期にわたってコリー兄弟のアデン代理店としての役割を果たすことになった。アデン代理店の仕事は言うまでもなく寄港する蒸気船への給炭であったが、その他にも多くのタグボートを所有し、船舶の修理や荷役作業も営んでいた。また20世紀に入り、ディーゼル船の増加につれて、石油の補給も重要な仕事になっていった。

コリー兄弟は19世紀末には、炭鉱業にも進出する。すなわち1884年に Gelli and Tynybedw 炭鉱（ロンザ渓谷）を獲得したが、その後 Tydraw Wyndham 炭鉱など、ロンザ地方を中心に優秀なスティーム炭を産する炭鉱を次々に買収していったのである。

VI　むすび

以下、本稿で明らかにした点を簡単に要約しておこう。19世紀の第4四半期から第1次世界大戦にかけてのイギリス石炭輸出の飛躍的増大はこの国の海運業発展と不可分の関係にあった。当時の海運業者、とりわけ不定期船業者にとって、石炭は欠くことのできない輸出貨物であり、大量の石炭輸出なしには当時の海運業の発展は考えられなかったであろう。

この時期の石炭輸出の中心地となったのが南ウェールズ、とりわけカーディフ（近郊のペナースやバリーを含む）であった。主要輸出市場は、他の輸出地域と同様にヨーロッパであり、工業用、鉄道用、および家庭用燃料需要に応えるものであったが、これと並んで南ウェールズ炭は蒸気船の燃料として最適であったため、世界各地の給炭基地へ大量に輸出されていたのである。

他方、海運業者の側からみると、いかにして安価で良質の石炭を入手するかということは、P&Oの事例からも明らかなように、当時の定期船会社の経営者にとって難問題であったようであるが、その反面蒸気船の給炭の必要性そのものが、不定期船会社に貴重な活動舞台を提供していたし、これらの不定期船

会社の中から大海運業者に成長したものも決して少なくなかったのである。また，A. ジョーンズ（A. Jones）のように，自社船への給炭の必要性からさらにすすんで炭鉱業に進出する海運業者も見られたのである。さらに，世界中を駆けめぐる商船や軍艦に石炭を補給するために，世界各地に「コーリング・ステイション」が設置され，コリー兄弟のような石炭商人に活躍の場を提供していたのである。

かくして，当時のイギリス海運業の発展は石炭輸出と密接に結びついていた。海運業ばかりでなく，当時のイギリス経済全体が石炭の恩恵を受けていたのであるが，当時の知識人の中にはこうした過度の石炭への依存に危惧の念を抱く者も決して少なくなかった。早くもジェヴォンズ（W. S. Jevons）は1865年に"Coal Question"を著し，石炭の枯渇がイギリス経済の進歩を停止させるであろうと警告していたし，また高名な経済学者のマーシャル（A. Marshall）も外国への大量の石炭輸出は現在の繁栄のために将来を犠牲にするものであると述べ[47]，警鐘を鳴らしていた。確かにこうした危惧は決してすぐには現実のものとはならなかったが，長期的には決して的外れではなかったのである。

注
（1） 18世紀のイギリス沿岸石炭輸送については Willan, T. S., *The English Coasting Trade, 1600-1750,* Manchester U. P. (1936); Ashton, T. S. & Sykes, J., *The Coal Industry of the 18th Century,* Manchester U. P. (1929); 拙稿「18世紀イギリス沿岸石炭流通と輸送」関西大学『経済論集』第35巻第2号（1985）参照。
（2） 19世紀半ばのロンドンへの石炭輸送をめぐる鉄道と沿岸船の競争については拙稿「19世紀半ばにおける鉄道と沿岸海運の競争——ロンドンへの石炭輸送をめぐって——」関西大学『経済論集』第37巻第6号（1988）参照。
（3） 例えば Armstrong によれば，1910年において沿岸船はトン・マイル数で見て，イギリス貨物輸送全体の59％を占めていた。Armstrong, J., 'The Role of Coastal Shipping in UK Transport, An Estimate of Comparative Traffic Movement in 1910', *Journal of Transport History,* Third ser., vol. 8, no. 2 (1987).
（4） Buxton, N. K., *The Economic Development of the British Coal Industry,* B. T. Batsford, London (1978) pp. 91-94.
（5） Thomas, D. A., 'The Growth and Direction of Our Foreign Trade in Coal during

the Last Half Century', *Journal of Royal Statistical Society,* vol. 66 (1903) p. 454.
(6) Mitchel, B. R. & Dean, P., *Abstract of British Histrical Statistics,* Cambridge U. P. (1962) pp. 304-305.
(7) Thomas, *op. cit.,* pp. 466-467.
(8) *Ibid.,* p. 467.
(9) 19世紀前半の石炭輸出は輸出関税によって規制されていた。例えば，1830年から1834年にかけてイギリス船での輸出の場合にはトン当たり3～5ペンス，外国船での輸出の場合は6～12ペンスの関税がかけられていた。この率はその後漸次削減され，1845年にはイギリス船での輸出に対しては無税，外国船での輸出に対してはトン当たり4ペンスとなり，1850年には全ての輸出関税が撤廃された。Baxton, *op. cit.,* p. 52.
(10) Daunton, M. J., *Coal Metropolis Cardiff, 1870-1914,* Leicester U. P. (1977) p. 4. またカーディフ港とその石炭輸出の発展については山崎勇治「世界の石炭輸出港カーディフの成立過程」北九州大学『商経論集』第14巻第2号 (1978) も参照。
(11) Kirkaldy, A. W., *British Shipping, Its History, Organization and Importance,* London (1914) p. 455.
(12) *Ibid.,* p. 455, App. 12.
(13) なおすでにイギリス海軍の採用以前に，南ウェールズ炭鉱業者，John Nixonの市場開拓努力により，フランス海軍が南ウェールズ炭を軍艦用燃料として採用していた。ニクソンによる市場開拓の詳細については Vincent, J. E., *John Nixon, Pioneer of the Steam Coal Trade in South Wales,* London (1900) 参照。
(14) イギリス海軍による軍艦用燃料炭の採用過程については，とりあえずは Morris J. H. & Williams, L. J., *The South Wales Coal Industry, 1841-1875,* Cardiff (1958) pp. 34-41 および Asteris, M., 'The Rise and Decline of South Wales Coal Export, 1870-1930', *Welsh History Review,* vol. 13 参照。
(15) ちなみに，20世紀初期のイギリス海軍用リストに挙げられている石炭銘柄は以下のとおりである。Albion Merthyr, Burnyeat's Navigation, Cambrian Navigation, Cory's Merthyr, Cyfarthfa, Dowlais Cardiff, Dowlais Merthyr, Ferndale, Graham's Navigation, Great Western Navigation, Harris's Deep Navigation, Hill's Plymouth Merthyr, Hood's Merthyr, Imperial Navigation, Insole's Cymmer, Insole's Merthyr, Lewis's Merthyr, Locket's Merthyr, McLaren Merthyr, National Merthyr, Naval Merthyr, New Tredegar, Nixon's Navigation, Ocean Merthyr, Oriental Merthyr, Penrikyber, Powell Duffryn, Rhymney Merthyr, Tynybedw, Ynysfaio Merthyr (出所：*The South Wales Coal Annual* [1916] p. 280).
(16) Thomas, *op. cit.,* p. 476; 富田昌宏「船舶技術革新の影響」『海運経済研究』第14号 (1980)；拙稿「イギリス不定期蒸気船業の発展」『千里山経済学』第15号

(1981) 参照。
(17) 輸送の発展に伴う運賃率の低下がもたらす意味について，例えばノースは「輸送費の低下は，国家的，国際的レベルの専門化と分業を可能にし，2世紀前の西洋世界を支配していた相対的に自給的な経済にとって代わった」として高く評価している。North, D., 'Ocean Freight Rates and Economic Development 1750-1913', *Journal of Economic History,* vol. 18 (1958); Harley, C. K., 'Transportation, the World Wheat Trade and the Kuznets Cycle, 1850-1913', *Exploration of Economic History,* vol. 17 (1980); Do., 'Ocean Freight Rates and Productivity, 1740-1913: The Primacy of Mechanical Invention Reaffirmed', *Journal of Economic History,* vol. 48 (4) (1988) 参照。
(18) Buxton, *op. cit.,* p. 94. もっともこうした輸送上の優位性は徐々に生産性面での劣位性によって相殺されていったことも確かである。この点についてはBuxton, *op. cit.,* pp. 95-98; Taylor, A. J., 'Labour Productivity and Technological Innovation in the British Coal Industry, 1850-1914', *Economic History Review,* vol., 1961-61; Do., 'The Coal Industry', in Aldcroft (ed.). *The Development of British Industry and Foreign Competition, 1875-1914,* George Allen & Unwin, London (1968) などを参照。
(19) P&O 社の経営史については，中川敬一郎「P&O 汽船会社の成立」『資本主義の成立の発展，土屋喬雄教授還暦記念論文集』東京大学経済学会 (1959)；後藤伸「インドへの汽船交通の確立——イギリス海運企業 P&O の成立によせて——」『香川大学経済論叢』(1984)；同「スエズ運河と P&O ——1860・70年代における P&O の経営危機——」香川大学経済学部，研究年報26 (1987)；澤喜司郎「東洋航路への蒸気船の進出と定期航路の開設」(1)(2)山口大学『東亜経済研究』第48巻第3・4号 (1982)，第49巻第1・2号 (1984); Cable, B. A., *A Hundred Years of P & O,* London (1937) 参照。
(20) 中川，前掲論文，290ページ。
(21) Lindsay, W. S., *History of Merchant Shipping and Ancient Commerce,* London (1876) vol. 4, pp. 408-409; 中川，前掲論文，291ページ。
(22) 中川，前掲論文，291ページ。
(23) 後藤伸「1840・50年代 P&O の東洋航路経営」『海事産業研究所報』No. 240 (1986) 65-66ページ。
(24) 同上，67-68ページ。
(25) 中川，前掲論文，291ページ。
(26) Thorner, D., *Investment in Empire. British Railway and Steam Shipping Enterprises in India, 1825-1849* (First Pub. 1950. Reprint Arno Press, 1977) pp. 66-77.
(27) Murray, M., *Union-Castle Chronicle, 1853-1953,* Longmans, Green & Co., London

(1953) pp. 3-6.
(28) *Ibid.*, pp. 7-8.
(29) スエズ運河が海運業に与えた影響については，Fletcher, M. E., 'The Suez Canal and World Shipping, 1869-1914', *Journal of Economic History*, vol. 18, no. 4 (1958); Farnie, D. A., *East and West of Suez. The Suez Canal History 1854-1956*, Oxford, Cladendon Press (1969) 参照。
(30) メサジェリ・マリティーム社にとっても石炭補給は重大な問題であり，スエズ以東においてはアッサム炭や日本炭の他にイギリスからも輸送しなければならなかったという。詳しくは大野彰「メサジェリ・マリティーム社を通じて見たフランスの対外経済関係」関西学院大学『経済学研究』第16号 (1983) 参照。
(31) スエズ運河開通前後のP&O社の対応については，後藤氏の前掲論文「スエズ運河とP&O」に詳しく論述されている。
(32) 後藤，前掲論文，212-214ページ。
(33) Alfred Jones の企業者活動についての記述は Davies, P. N., *Sir Alfred Jones —Shipping Entrepreneuer Par Excellence—*, London, Europa Publication Ltd. (1978) によっている。
(34) *Ibid.*, pp. 60-61.
(35) 中川，前掲論文，291ページ。
(36) Donald Currie の企業者活動については Porter, A., *Victorian Shipping, Business and Imperial Policy—Donald Currie, the Castle Line and Southern Africa—*, Suffolk (1986); Murray, *op. cit.*; Hyde, F. E., *Cunard and North Atlantic*, London (1975) 参照。
(37) Porter, *op. cit.*, pp. 45-46.
(38) *Ibid.*, p. 46.
(39) Daunton, *op. cit.*, pp. 64-67.
(40) *Ibid.*, p. 64.
(41) Walters, *op. cit.*,
(42) 石炭取引の詳細については Walters, *op. cit.*, chap. 7; Daunton, *op. cit.*, chap. 4; Asteris, 'The Rise and Decline of South Wales Coal Export, 1870-1930' を参照。
(43) Daunton, *op. cit.*, p. 56.
(44) Thomas Cambrian Combine 'A Great Welsh Coal Combine', *Syren and Shipping*, vol. 30 (1910); Boynes, T., 'Rationalization in the Inter-War Period; The Case of the South Wales Steam Coal Industry', *Business History*, vol. 29, no. 3 (1987) 参照。
(45) 以下の事業活動については主として Green, M. H., 'A World Organization. The Origin and Activities of Cory Brothers and Company Ltd.', *Syren and Shipping*, vol. 3 (1946) pp. 43-59; Daunton, *op. cit.*, chap. 4; Walters, *op. cit.*, chap. 7によっている。

(46) Daunton, *op. cit.*, p. 58. なお Green の論文にはそれらの支店や代理店の所在地を示す世界地図が掲載されている。

(47) Marshall, A., *Industry and Trade* (1919) p. 628.

第7章　カーディフ海運業の発展

I　はじめに

　本章では19世紀後半から第1次世界大戦にかけて，南ウェールズの中心的石炭輸出港となった，カーディフにおける海運業の発展について若干の考察を行う。イギリスの炭鉱から採掘された石炭の多くは国内需要を満たすものであり，その大半が工業用，家庭用，あるいは鉄道用燃料として使用されていたのであるが，南ウェールズ炭とその他のイギリスの炭鉱で採掘された石炭との間に見られる最大の相違点は，前者の場合，その産出量全体に占める輸出の割合がきわめて高かった点であり，しかもその海外輸出は19世紀末から第1次世界大戦前にかけてますます飛躍的に増大したのである。具体的な数字をあげると，1855年にはなお南ウェールズの石炭産出量の大半が国内需要に応じるものであり，総産出量，約855万トンのうち，海外輸出は約111万トン（13.6％）に過ぎず，この時期の国内消費の多くはマーサーを中心とする製鉄業の需要に応えるものであった。しかしそれから30年後の1885年には，総産出量，約2,434万トン中，総輸出量は約982万トン（40.4％）に増加し，ピーク時の1913年には総産出量，約5,683万トンの52.4％（約2,978万トン）が海外向け輸出であった[1]。こうした石炭輸出の飛躍的増大につれて，南ウェールズはイギリス最大の石炭輸出地域となり，1855年には連合王国石炭輸出全体の23.4％を占めるに過ぎなかったのが，1885年には43.3％，1895年には46.2％にも達したのである。この

割合は20世紀に入って幾分低下したが、それでも輸出がピークに達する1913年には連合王国石炭輸出全体の40.6％が南ウェールズ炭であった(2)。海外へ輸出された石炭のうちの相当な割合が世界各地に散在する給炭基地で軍艦や商船用燃料として使用されたのである。そして、こうした南ウェールズ炭の海外輸出はイギリス海運業、とりわけ不定期船業発展の基盤を提供していたのであり、ひいては本章で考察するカーディフ海運業発展の基盤となったのである。

II カーディフ海運業の発展

(1) 概　　観

　まず、イギリス海運業全体に占める南ウェールズ、とりわけカーディフ海運業の地位について考察することから始めよう。表7-1はイギリスの主要港の出入港トン数を示している。この表ではイギリスから外国や植民地、およびイギリス沿岸の他の港に向けて出港した全てのイギリス船と外国船、およびそれらの地域から入港した全てのイギリス船と外国船が含まれている。まず1870年の入港トン数を見ると、ロンドンとリヴァプールが群を抜いて1位と2位を独占しており、タイン諸港、ダブリン、ベルファスト、ハルに次いでカーディフは第7位の地位にあったことがわかる。他方、同年にイギリス最大の出港トン数を記録した港はリヴァプールで、次いでロンドンとなっており、カーディフはすでにこの年にイギリス第4の出港トン数を記録していることがわかる。

　言うまでもなく、ロンドンとリヴァプールはともにイギリスを代表する貿易港であり、外国や植民地との商品貿易や旅客輸送に従事する多くの定期船会社がこれらの両港を発着点としていたし、また同時にこれらの港を中心として活発な沿岸海運活動が展開されていたことを思えば、これら両港が出入港トン数のトップを独占していたとしてもなんら驚くべきことではない。他方、タイン諸港はカーディフと同様、石炭の重要な積出港であり、とくにヨーロッパとの貿易が活発に行われていた。またこれらの港は古くからロンドンへの石炭輸送

表7-1 主要港の出入港トン数

(単位：千トン)

	1870年		1890年		1900年		1909年	
	入港	出港	入港	出港	入港	出港	入港	出港
Belfast	1,191	703	1,940	2,013	2,504	2,335	2,833	2,834
Bristol	911	505	1,231	1,228	1,441	1,413	1,858	1,989
Cardiff	1,040	2,376	6,375	6,646	9,481	9,331	10,512	10,759
Dublin	1,501	1,025	2,054	2,016	2,457	2,460	2,482	2,536
Glasgow	971	1,407	2,875	3,103	3,584	3,878	4,334	5,042
Hull	1,174	1,140	2,530	2,531	3,418	3,314	4,698	4,627
Leith	574	468	1,150	1,179	1,720	1,680	2,073	2,160
Liverpool	5,019	4,860	8,408	8,213	9,316	9,158	11,212	10,574
London	6,939	4,231	13,141	7,821	15,553	15,248	18,113	17,075
Newport	356	932	2,024	1,979	2,179	2,166	2,964	2,947
Plymouth	542	347	814	730	884	833	—	2,187
Southampton	802	530	1,669	1,610	2,805	2,717	5,783	5,678
Sunderland	705	2,032	2,399	2,479	2,454	2,559	2,957	3,033
Swansea	666	1,016	1,424	1,419	2,054	1,985	2,194	2,215
Tyne ports	2,200	4,527	7,698	7,980	8,325	8,272	10,044	10,141

(出所) B. P. P., *Annual Statement of Navigation and Shipping* (1872), (1890), (1900), (1911).

の中心地でもあった。これらの港に次いでカーディフは出港トン数ではすでに1870年にはイギリス第4の地位を占めていたのである。だが、表7-1から読みとることができる最も顕著な特徴は1870年以降のカーディフ港の急速な発展である。すなわち1870年当時においてはなおリヴァプールやロンドンの半分以下の出入港トン数に過ぎなかったのが、20世紀になるとタイン諸港を凌駕し、イギリス第3の貿易港に成長していたばかりでなく、出港トン数ではリヴァプールに迫る勢いを示していたのである。

カーディフの外国貿易に関して注目すべき点の1つは、輸出入貿易に著しいアンバランスが見られたことであった。表7-2はロンドン、リヴァプール、およびカーディフにおける載貨出入港トン数を示しているが、この表により、リヴァプール港の場合には載貨トン数はほとんど均衡しているのに対して、ロ

表7-2 載貨出入港トン数, 1913年

	入港	出港
ロンドン	17,328,576	10,631,273
リヴァプール	11,559,135	11,874,187
カーディフ	1,799,607	11,132,008

(出所) Daunton, M. J., 'Coals to Capital: Cardiff since 1839', in *Glamorgan County History*, vol. 6, p. 216.

ンドンの場合,貨物を積載して入港したトン数が出港トン数の1.6倍以上になっている。このことはこの都市がイギリスの消費の中心地であることを明白に示している。これに対してカーディフ港の場合,載貨入港トン数は同出入港トン数全体の14%以下に過ぎず,入港した船舶のほとんどがバラスト積みであったことがわかる(3)。そしてこのことは石炭輸出の専門港としてのカーディフの特徴を暗に示している。すなわちカーディフ港から石炭を満載して出港した不定期船の相当数が外国や植民地の港で貨物を陸揚げした後,バラストを積んでカーディフへ戻ってくるか,あるいは穀物や木材のような他のバルクカーゴを積んでイギリスの他の港,例えばロンドンやリヴァプールに入港し,再び沿岸航路でカーディフに戻ってくるという一種の三角航路を取っていたことを示している。

次に船舶所有港としてのカーディフの地位についてみていこう。チャペルが述べているように,「カーディフからの石炭輸出の初期において,貨物はほとんど他港に所属する船舶で運ばれており,カーディフ港に登録された船舶はほんのわずかに過ぎなかった。1850年代においても,同港にはわずか68隻が存在したに過ぎず,それらは平均96トンに過ぎなかった」(4)。この状況はその後どのように変化したであろうか。表7-3はイングランドとウェールズ主要港の船舶所有統計を示している。ここで注意を要するのは,船舶が登録された港は必ずしもそれが使用された港であるとは限らないということである。例えば,形式上はロンドンで登録された船舶であったとしても,必ずしもその船がロンドンからの貿易に使用されたとは限らず,もっぱらカーディフからの海外向け石炭貿易に使用される場合もあり得たわけであり,とりわけ20世紀初頭にカーディフを母港とする船舶にこうして事例が多く見られたのである。この点に注意して,船舶所有港としてのカーディフ港に見られる特徴を見ていこう。

まず第1に,船舶所有港としてのカーディフはその貿易量,とりわけ輸出量と比較すると明らかに見劣りがする。すなわち,1872年におけるイギリス最大の船舶所有港はリヴァプールであり,次いでロンドンが第2位となっており,この両港が他を圧倒していたことがわかる。そして両港からかなり離れてタイ

表7-3 イングランドとウェールズ主要港の船舶登録統計

	1872年		1890年		1899年		1910年	
	A	B	A	B	A	B	A	B
Bristol	292	55	178	40	166	46	211	86
Cardiff	140	33	307	174	270	212	367	452
Hartlepool	185	63	299	303	272	381	305	521
Hull	700	173	843	236	867	229	1,246	276
Liverpool	2,458	1,411	2,319	1,923	2,085	2,213	2,149	2,785
London	2,837	1,097	2,517	1,406	2,877	1,639	3,281	2,231
Plymouth	638	41	354	35	334	58	266	89
Rochester	262	37	1,030	57	1,057	61	900	50
Southampton	607	34	332	83	351	130	515	143
Sunderland	992	215	301	252	263	275	227	310
Swansea	392	50	146	59	82	50	98	56
Whitby	736	59	146	114	103	124	67	118
Yarmouth	731	33	539	28	398	21	356	16
Tyne Ports	385	427	810	390	821	515	782	693

(出所) Annual Statement on Navigation and Shipping, (1872), (1890), (1899), (1910).
(注) Aは船舶数で隻数、Bはトン数で単位千トン。

ン諸港、サンダーランド、次いでハルの順になっていた。当時のカーディフ港の船舶登録トン数はわずか3万トンあまりで、リヴァプールのわずか2％に過ぎず、イングランドとウェールズを含めた港では12～13位の地位に甘んじていた。実際、この頃までのカーディフはブリストル湾諸港の中でも決して抜きん出た地位にあったわけではなく、少なくとも19世紀半ばまではブリストルやスウォンジーのほうがカーディフよりも大規模な貿易を営んでいたのである。

カーディフ港が急速な発展を開始するのは19世紀後半、とりわけ第4四半期以後のことであり、ここを根拠として多くの船主が海運企業活動を開始するタイミングもこの貿易の拡大以後のことであった。実際、19世紀第4四半期以降のカーディフの船舶所有港としての成長は誠に急速であり、1910年にはリヴァプール、ロンドン、タイン諸港、そしてハートルプールに次いでイングランドとウェールズで第5位に躍進していたのである。

(2)「コール・メトロポリス」カーディフ

中川敬一郎氏によれば、全盛時代のイギリス海運業は定期船海運よりむしろ

表7-4　イギリスの主要石炭輸出港(1895年)

港名	石炭輸出量 (千トン)	輸出金額 (千ポンド)	港名	石炭輸出量 (千トン)	輸出金額 (千ポンド)
Cardiff	10,906	5,494	Newcastle	4,258	1,642
Shields	3,201	1,325	Newport	2,417	1,178
Sunderland	1,672	701	Swansea	1,108	523
Kirkaldy	1,383	513	Grangemouth	1,042	479
Hull	953	483	Glasgow	794	297
Grimsby	742	421	Goole	579	265
Leith	430	238	Liverpool	353	207

(出所)　*Returns of Export of Coal from Ports of the United Kingdom* (1897).

不定期船海運を中心に発展し,「1913年においても, 英国の船舶の60％は不定期船であった」[5]と述べておられる。不定期船業発展の基盤はイギリスの外国貿易の性質にあり,「輸入においては, アルゼンチン, カナダ, 米国, 黒海沿岸からの小麦, スペイン, キューバ, チリー, スウェーデンからの鉱石, ガルフ諸港からの綿花, チリーからの硝石, 満州からの大豆, 西インド, ジャワからの砂糖など」[6]が中心貨物であったが, それらの貨物を満載してイギリスの港に帰ってきた不定期船が本国から積み出した貨物の中心となっていたのが石炭であった。

石炭輸出の中心港としてのカーディフの発展についてはすでに前章で述べたので, ここでは若干の統計数字を使用することにより, 補足的に触れるにとどめる。まず, 表7-4は19世紀末におけるイギリスの主要石炭輸出港とその輸出の実態を示しているが, この表から当時のカーディフはイギリス最大の（というより世界最大の）石炭輸出港であったことが明らかとなる。19世紀半ばにおけるイギリス最大の石炭輸出地域は北東イングランドであり, 当時イギリス全体の約64％がこの地域から輸出されており, 当時のブリストル湾諸港からの輸出は全体の約18％に過ぎなかった。しかし, 表7-4に示されているように, 19世紀末には両者の関係は逆転し, とりわけカーディフがイギリス最大の石炭輸出港となったのである。

また, 他のイギリス炭の場合に見られないカーディフ炭輸出の大きな特徴は

第7章 カーディフ海運業の発展 211

表7-5 カーディフ港からの主要石炭輸出国・地域 (1896年)

(単位：千トン)

輸出地域	輸出量	輸出地域	輸出量	輸出地域	輸出量
North Russia	94	South Russia	26	Sweden	65
Norway	39	Denmark	39	Germany	56
Holland	33	France	2,304	Portugal	126
Azores	37	Madeira	67	Spain	529
Canary	373	Italy	1,711	Austria	71
Greece	95	Rumania	247	Turkey	361
Egypt	1,252	Tunisia	13	Algeria	151
West Africa	358	East Africa	19	Arabia	15
Java	75	China	1	Hongkong	33
Japan	27	USA	18	West Indies	89
Mexico	25	Colombia	13	Peru	10
Chile	79	Brazil	590	Uruguay	250
Argentina	510	Gibraltar	97	Marta	261
Cape	322	Zambia	24	Mauritius	41
Aden	172	Bombay	220	Ceylon	284

(出所) *Return of Export of Coal from Ports of U. K.* (1897).

　その輸出市場が世界各地に分散していたことである。例えば，1887年のイギリス石炭輸出量2,326万トンのうち1,911万トン，すなわち約82％がヨーロッパ市場向けであったが，同年の南ウェールズ諸港からの石炭輸出1,063万トン中，ヨーロッパへの輸出は約773万トンで，他はヨーロッパ以外の遠隔市場向けであった。

　表7-5は19世紀末にカーディフ港からの石炭がどの地域に輸出されたかを示しているが，この表によってもカーディフ炭が単にヨーロッパばかりでなく，世界各地に輸出されていたことが明らかになる。カーディフ炭はもちろん工業用，家庭用の燃料としても使用されたが，その重要な特徴は軍艦や商船の燃料として最適であった点であり，とりわけ1870年代初期にイギリス海軍が正式に軍艦燃料としてカーディフ炭の採用に踏み切ると，その名声は大きく高まり[7]，今やカーディフ炭は世界中に散在する給炭基地へと輸出され，蒸気船の燃料として大量に使用されることになったのである。表7-5に示されているマデイラ，カナリー諸島，エジプト，マルタ，セイロン，ジブラルタル，喜望峰，ボンベイなどへの輸出の大半はこうした需要に応えるものであった。そ

表7-6 外国向け船舶のバンカー炭搬出量(1895年)

(単位:千トン)

港	搬出量	港	搬出量	港	搬出量
Liverpool	2,018	N. Shields	400	S. Shields	138
Cardiff	1,818	Southampton	296	Grimsby	104
London	763	Sunderland	260	Leith	104
Newcastle	744	Swansea	248	Grangemouth	102
Glasgow	676	Middlesbrough	188	Hartlepool	101
Newport	419				

(出所) Return of Export of Coal from Ports in the United Kingdom (1897).

してこうした石炭輸出に関与したのが,コリー兄弟社のような石炭商人であった[8]。

またイギリスの石炭輸出に関連して注意を要するのは,必ずしも輸出統計に表された数字だけが,イギリスからの石炭積み出しの全てではなかった点である。実際,イギリスの港を出港する外国航路の蒸気船自身が燃料として積み出したバンカー炭も決して無視できない量に達していたのである。表7-6は19世末にこうしたバンカー炭の積み出しにおいてもカーディフがリヴァプールに次いでイギリス第2位の地位に着いていたことを示している。

言うまでもなく,リヴァプールを終着港とする海運会社の多くはキュナードやブルー・ファネル・ラインをはじめとする大定期船会社であり,また単にイギリスの海運会社だけでなく,多くの外国海運会社も同港から石炭を積み出していたのである。他方,これと対照的にカーディフを出港する船舶のほとんどは不定期船であり,石炭を満載してカーディフ港を出港した不定期船のあるものはフランス諸港やスペインのビルバオで石炭を陸揚げしたのち,木材や鉄鉱石を積んでイギリスの港に帰ってきたであろうし,またあるものは地中海を通過してエジプトに達し,大量の穀物をイギリスにもたらした。中には大西洋を横断してアルゼンチンやブラジルから穀物や木材をイギリスにもたらしていたのである。

このようにカーディフ船主の多くは不定期海運業に従事していたが,定期船航路の試みが全く行われなかったわけではなかった。例えば,カーディフとニ

ューヨークを結合する The South Wales Atlantic Steam Ship Co. の試みはその1例であった[9]。資本金約11万ポンドで設立されたこの会社は2隻の大型蒸気船をスコットランドで建造し，その最初の船をグラモーガン号と命名した。しかし，この企業は成功せず，1875年に解散を余儀なくされた。失敗の最大の理由は十分の旅客を集めることができなかったことにあり，このことがカーディフ港の限界を示している。

Ⅲ 主要海運業者のプロフィール

(1) 南ウェールズ海運業に占めるカーディフの地位

　表7-7は南ウェールズ主要港の船舶登録統計である。以下，この表を使用することにより，南ウェールズ海運業に占めるカーディフの地位について考察しよう。まず最初に，少なくとも1860年代まではスウォンジーが南ウェールズ海運業の中心であり，ピーク時の1875年には約7.5万トンの帆船がこの港で登録されていたのである。しかしスウォンジー海運業は蒸気船トン数の増加にもかかわらず，この時期をピークにその後低迷していった。またこの表により，スウォンジーだけでなく他の南ウェールズの港でも1875年頃に帆船所有がピークに達していることが明らかになる。1871年まではどの港でも帆船所有が蒸気船所有を圧倒していたのであるが，カーディフ港と他の南ウェールズ諸港との間に見られる最大の相違点は，前者におけるその後の蒸気船所有の飛躍的増大であった。カーディフでは早くも1875年に蒸気船所有が帆船所有を上回り，その後の帆船所有の減少と対照的に，蒸気船所有は鰻登りに上昇しているのである。スウォンジーやニューポートでも蒸気船所有は増加しているものの，カーディフほどの飛躍的な増加はみられない。実際，スウォンジーでは1895年の段階でも蒸気船は登録船舶全体の約22％を占めるに過ぎず，この港で蒸気船所有が帆船所有を上回るのはようやく20世紀になってからであった。他方，ニューポートではすでに1884年には蒸気船の登録トン数が帆船のそれを凌駕している

表7-7 南ウェールズ主要港の船舶登録統計

(単位:千トン)

年	カーディフ				スウォンジー				ニューポート		
	帆船	汽船	合計	隻数	帆船	汽船	合計	隻数	帆船	汽船	合計
1791	9	—	9	21	60	—	60	109	—	—	—
1811	23	—	23	45	60	—	60	102	—	—	—
1851	64	4	68	69	197	8	205	191	—	—	—
1871	218	66	284	136	466	28	494	233	166	19	195
1875	219	271	490	—	754	33	787	—	162	32	194
1881	183	843	1,026	244	713	35	748	244	163	60	223
1884	114	1,606	1,720	—	606	62	668	—	140	178	318
1891	72	1,643	1,715	306	531	79	610	140	137	259	396
1895	65	1,773	1,838	—	422	118	540	—	63	186	249
1901	45	2,638	2,683	291	259	333	592	86	49	166	215
1904	50	3,240	3,290	—	156	310	466	—	84	177	261
1910	13	4,503	4,516	—	42	521	563	—	73	180	253
1913	11	3,425	3,436	308	23	661	684	96	—	—	—

(出所) *Annual Statement of Navigation and Shipping* (1875), (1884), (1895), (1904), (1910). Craig, R., 'The Ports and Shipping, 1750-1914', in John, A. H. & Williams, G. (eds.), *Glamorgan Country History*, vol. 5, p. 512. The figures for Newports relate to the years (1872), (1881), (1890), (1899) and (1910).

が、その後もカーディフにおけるほどの蒸気船所有の増大はみられず、この表で見る限り、1891年をピークにむしろ減少し、20世紀になって若干の増加を示しているに過ぎない。

さて、カーディフの船舶所有に見られる一つの大きな特徴は1870年以降、1910年までにかけての比較的順調な成長であるが、その中でも2つの急速な成長期が存在したことがわかる。すなわちその第1期は1870年代から1880年代前半までの時期であり、その後しばらく低迷した時期が続き、再び1890年代後半から1910年にかけて急速な成長がみられた。この2つのブーム期は後述する会社設立ブーム期とほぼ一致していたのである。

(2) カーディフの主要海運業者

それではカーディフにはいかなる海運企業が存在し、それがどのように発展していったのであろうか。その場合にわれわれが利用したのが、ロイズ・レジスター(*Lloyd's Register of Shipping*)である[10]。そこには世界中の船舶の建造

年度,国籍,船主,登録港,トン数,推進方式が記載されている。これらの資料を利用して作成したのが表7-8と表7-9である。まず表7-8はカーディフ港で登録された船舶と船主についての概略を

表7-8 カーディフ海運業概略

	1876年	1884年	1900年	1913年
船主数	48	79	71	69
船舶数	120	237	249	307
登録トン数	50,766	176,192	294,459	886,869

(出所) Lloyd's Register of Shipping (1876), (1884), (1900), (1913)より作成。
(注) 登録トン数の数値は1876年から1900年までが純トン,1913年は総トン数で示されている。

示している。これにより,1876年にはわずか48の船主(および管理者)が存在したに過ぎなかったのが,その後,1884年にはその数は79に増加し,その後1900年には71,1913年には69に減少していることがわかる。これに対して船舶数は1876年の120隻から1913年には307隻に増加しており,船舶所有の集中傾向を示している。この表に示されている登録トン数については若干注釈が必要である。というのは,1911年までの統計は純トン数で表されているが,1911年以降は総トン数表示に変更されているからである。したがって,1913年の数値,約89万トンを純トン数に換算すると,約58万トンに減少する[11]。それでも,40年足らずで約10倍に増加していることがわかる。ちなみに,この期間に船舶の平均トン数は423トンから約1,900トンに増加しており,これはこの時期に生じた海運業の技術進歩,すなわち帆から蒸気力への推進法の変化や,造船材料における鋼の使用増加を反映している。

次に表7-9は同期間における10大海運業者が所有する船舶数,およびトン数を示している。1876年の最大船主はC. O. Young & Christieで,Trayes & Co. がそれに次いでいる。当時の最大船主でも10隻,6,000トン以下であった。この年の半数近く,すなわち,最大10社が所有する51隻中の21隻が帆船であった。その後,1884年にはかなり事情が変化した。同年の最大船主はモレル兄弟(Morel Bros.)であり,John Cory & Sonsがこれに次いでいる。最大10社が所有する船舶数は98隻で,これは当時のカーディフ船舶全体の41%に相当した。またこれら10社が所有する船舶トン数は約9万トンで,これは当時のカーディフの登録トン数全体の50%に達した。1913年におけるカーディフ最大の船主は

表7-9 カーディフの主要海運業者（上位10社）

1876年			1884年		
shipowners	(A)	(B)	Shipowners	(A)	(B)
① C. O. Young & Christie	9(2)	5,925	① Morel Bros.	26	23,895
② Trayes & Co.	7(6)	5,672	② J. Cory & Sons	19(2)	15,581
③ Rowlands & Thomas	5(5)	3,504	③ C. O. Young & Christie	15	11,994
④ J. Marychurch	5	3,324	④ Pyman, Watson & Co.	9	6,931
⑤ E. H. Capper	3(2)	2,833	⑤ Tellesfsen, Wills	5	6,580
⑥ C. E. Stallybass	5	2,484	⑥ J. Marychurch	6	6,465
⑦ Hacquil Bros.	3	1,980	⑦ Edward, Robinson	4	5,135
⑧ J. Cory & Sons	7(4)	1,885	⑧ E. Thomas, Radcliffe	5	4,417
⑨ J. Elliott & Son	2(2)	1,788	⑨ Stuart. S. S. Co.	4	3,278
⑩ W. Lewis & Co.	5	1,769	⑩ T. Powley & Co.	5	3,058
Total	51(21)	31,164	Total	98(2)	87,334
% of Cardiff total	43%	61%	% of Cardiff total	41%	50%
1900年			1913年		
shipowners	(A)	(B)	shipowners	(A)	(B)
① E. Thomas, Radcliffe	24	39,944	① E. Thomas, Radcliffe	28	114,741
② Morel Ltd.	25	30,180	② W. J. Tatem	17	81,318
③ J. Cory & Sons	20	26,483	③ J. Cory & Sons	20	56,432
④ W. & C. T. Jones	9	17,763	④ R. B. Chellew	18	46,810
⑤ Wm. J. Tatem	6	13,793	⑤ W. & C. T. Jones	11	41,890
⑥ J. Mathias & Son	6	11,270	⑥ E. Nicholl & Co.	10	40,228
⑦ Turnbull Bros.	7	10,249	⑦ Stephens, Sutton	11	33,566
⑧ Woodruff, Shillits	5	8,383	⑧ J. Mathias & Son	7	29,119
⑨ Christie & Co.	6	7,795	⑨ Morel Ltd.	10	28,189
⑩ Anning Bros.	3	6,604	⑩ Anning Bros	6	22,147
Total	111	172,464	Total	138	494,440
% of Cardiff Total	36%	59%	% of Cardiff total	45%	56%

(出所) Lloyd's Register of Shipping (1876), (1884), (1900), (1913).
(注) (A)は隻数、カッコ内の数値は帆船隻数。(B)はトン数。

Evan Thomas, Radcriffe & Co. であり，同社は，11万トンあまりの船舶を所有していた。W. J. Tatem Ltd., John Cory & Sons がこれに次ぎ，最大10社の所有船舶数は実に138隻，50万トン近くに達している。

カーディフ海運業にみられる一つの顕著な特徴は船主の盛衰の激しさであろう。例えば，1884年の主要10社のうち，1913年になってもなお主要10社に列していたのは John Cory & Sons と Morel Bros., E. Thomas Radcliffe の3社だけ

であり，しかも Morel Bros. は1884年にはカーディフ最大の船主であったのに，1913年には9番目の地位に低下しており，その船舶規模も大幅に縮小しているのである。こうした興亡の激しさは不定期船業というカーディフ海運業の特徴を如実に反映するものと言えよう。これらの船主のなかで常にコンスタントな地位を維持し，船隊を着実に拡張したのは Radcliffe 社と John Cory & Sons だけであった。

　カーディフ海運業に見られる第2の顕著な特徴は，大部分の船主が近隣の小港や村からの出身者であり，彼らは石炭輸出港としての可能性に引きつけられてカーディフへ移住してきたのである。例えば John Cory & Sons の先祖はイングランド南部コーンウォール地方の出身で，企業創設者のジョン・コリー (John Cory) はこの地方の農民の息子であった[12]。彼は海運で一旗あげるためにパドストゥという小さな港町へ移住し，船員生活を開始した。彼は一介の船乗りから出発して頭角を表し，やがて船長に昇格し，この時に蓄えた資金をもとにして，1854年に小型帆船ミリセント（Millicent）号（トン数不明）を購入し，自らこの船の船長としても活躍した。その後，これよりも大型の帆船ヴォランティア（Volunteer）号（登録トン数199トン，全長107フィート）を購入したジョン・コリーは1863年に海上生活から身をひくとともに，パドストゥに事務所を構えて海運業経営に専念することとなった[13]。ジョン・コリーがカーディフへ移住するのは1872年のことであり，彼は家族とともに家財道具一式を船に積んでこの港へやってきたのである。彼は早速そこで事務所を開設し，さらに性能の優れた2隻の帆船を注文するとともに，海運ブローカー業，およびビルバオからの鉄鉱石の輸入事業にも従事するのである[14]。Cory 家はカーディフへの移住後，出身地との関係を断ち切ってしまったわけではなかった。息子たちは故郷でホテルを建設することによって故郷との連携を保っていた[15]。しかし彼らは出身地のパドストゥで再び海運業を営むことはなかった。というのは工業化の進展とともに，この地方港は徐々に衰退していったからである。

　モレル兄弟のフィリップスとトマスはチャネル諸島の一つ，ジャージー島の

出身であり，各々1857年と63年にカーディフに移住し，親類が経営する海運ブローカー業に加わった。やがて1870年代にこの事業を引き継ぐとともに，フランスやスペインとの貿易に従事する帆船の所有にも関与するようになる。彼らは自ら帆船を所有するだけでなく，オペレーターとして他社の船舶も運行し，これらの船をビルバオからの鉄鉱石の輸入に使用し，やがては鉄鉱山の経営にも乗り出していくのである。モレル兄弟が最初の蒸気船を購入するのは1876年であったが，その後建造された船はいずれも彼らの主要貿易事業であるビルバオからの鉄鉱石輸入用に特別の装備が施されていたのである[16]。

他方，E. ニコル（Edward Nicoll）は1862年にコーンウォールで生まれ，ある鉄道会社で技師としての訓練を受けたのち，機関士として蒸気船に乗り込む。彼がカーディフに移住するのは1884年のことであり，しばらくはある海運会社の技術的コンサルタントとして働いた後，1903年に船主としての事業を開始するのである。彼は長期信用で造船契約を行い，シングル・シップ・カンパニーを設立するという当時多くの弱小企業家が行っていた方法により，その事業を急速に拡大していくのである[17]。ニコルと同じ方法で成功したのが W. J. テイテム（W. J. Tatem）である。彼は1868年にデヴォンで生まれ，2年間の船上勤務の後にあるカーディフ船主の書記となり，やがて1899年頃に蒸気船業者としての事業を開始する。彼も当初は多くのシングル・シップ・カンパニーを設立することによって事業を行っていたが，1909年に15のこれらの企業を統合し，資本金35万ポンドで Tatem Steam Navigation Co. を形成するのである[18]。

また，Evan Thomas and Radcliffe Co. の創設者であるヘンリー（Henry）とダニエル・ラドクリフ（Daniel Radcliffe）はマーサーの出身であった。長男のヘンリーは著名な船主 J. H. アニング（J. H. Anning）の事務所で働いていたが，後に E. トマス（Evan Thomas）（彼もアニングの事務所で働いていた）と共同で海運会社の経営を開始する。また，次男のダニエルは古くからのウイットビーの船主・造船業者で，1871年にカーディフにも事務所を開いていたターンバル（Turnbull）家の事務所で海運経営の経験を積んだのち，E. トマスの死後，1891年に兄の事業に加わるのである[19]。

第7章 カーディフ海運業の発展 219

表7-10 カーディフ主要海運業者とその出身地

南部イングランド	Philip & Thomas Morel (Channel Island), John Cory (Padstow)
	H. Marquand (Channel Island), W. J. Tatem (Appledore)
	Edward Nicholl (Cornwall), Wm. R. Smith (Appledore)
	Samuel Instone (Gravesend), W. E. Hinde (Portland, Dorset)
	Edward Hain (St. Ives, Cornwall)
他のイングランド	Peter Campbell (Clyde side), P. & L. Turnbull (Whitby)
ウェールズの港町	Evan Thomas (Aberporth), Evan Jones (Porthmadog)
	John Mathies (Aberystwyth), O. & W. Williams (Edern)
	James & David Jenkins (Aberporth), Evan & David Owen (Blaen-celyn, Ceredigion)
他のウェールズ	Henry & Daniel Radcliffe (Merthyr Tydfil)
カーディフ	William Jones, William H. Seager, Sven Hansen (Norway)
	Frederick Jones, G. F. Harrioson, Richard Care
その他	Joshua J. Neale (Ireland), A. T. de Lucovich (Dalmazia)

(出所) Jenkins, J. Geraint & Jenkins, David, *Cardiff Shipowners*, National Museum of Wales, Cardiff (1986); Jenkins, J. G., 'Cardiff Shipowners', *Maritime Wales*, No. 11 (1987) より作成。

　表7-10はカーディフにおける主要海運企業家を出身地別に分類したものである。この表からカーディフ海運企業家のほとんどがウェールズやコーンウォールを中心とする南西イングランド出身であることがわかる。これらの港の多くはカーディフの石炭貿易が発展するずっと以前から漁業や沿岸貿易で栄えていたのである。例えば，北デヴォンのアップルドアは「19世紀初期にはニューファンドランドや地中海，その他の貿易で繁栄しており，同時に造船業も栄えていた」[20]。同様に，チャンネル諸島や西ウェールズ諸港も鉄道時代以前には，沿岸海運や漁業が盛んであった。しかし，これらの小港の多くは19世紀後半に交通エネルギー革命の過程で生じた造船業の立地変化や，大港への貿易集中過程で衰退を余儀なくされたのである[21]。

　最後に，カーディフ海運業者の職業的バックグランドを見ると，大まかに2つのタイプに分けることができる。すなわち，その第1は船乗り上がり，他は商業的キャリアをもって海運業者になった者である。初期のほとんどの船主は，ジョン・コリーやジェンキンス兄弟のように，前者のタイプで，後になると後者が増加する。ラドクリフ兄弟やモレル兄弟は後者の代表と言えよう。

(3) シングル・シップ・カンパニーの流行

　さて，カーディフだけでなく，イギリスの海運企業の多くは19世紀半ば頃までパートナーシップ形態によって船舶を所有していた。その場合，船舶の購入に必要な資本を64等分し，家族や親類，友人，事業仲間などの比較的狭いサークルから海運業に必要な資金を調達するのが普通であった。1855年には有限責任法が成立し[22]，株式会社の設立がかなり容易になったが，海運企業の多くが直ちにこの法律の特典を利用してジョイント・ストック・カンパニーへの組織転換を図ったわけではなかった。例えば，イギリス政府との間で郵便運送契約を獲得することにより，1840年から大西洋航路において蒸気船による郵便運送サービスを開始した The British and North American Royal Mail Steam Packet Company (Cunard Line)[23] の場合，当初は S. キュナード (S. Cunard)，バーンズ (Burns) 兄弟，そしてマッキーバー (MacIver) 兄弟を中心とする33人のパートナーシップとして設立され，その後も長らくこの組織形態を維持しており，ようやく1878年に株式を公開しないプライベート・カンパニーへの組織転換を図った。

　海運企業の組織変化は木造帆船から鉄製蒸気船への移行という船舶の技術変化と密接に関連しており，石炭や穀物などのバルク・カーゴ輸送の分野で不定期蒸気船が帆船を駆逐する1870年代末から1880年代の初期に，海運業に一大株式会社ブームが生じたのである。というのは蒸気船の購入費用は帆船のそれよりも数倍高かったために，従来の資金調達方法を越えて広く大衆資本に依存する必要が生じたからである。例えば，シャノンが示した資料によると，1878年～83年のブーム期にロンドンで413，リヴァプールでは303の海運会社が設立されている。これらの企業の多くは短命であり，1881年から83年にリヴァプールで登録された273の会社のうち，66社が3年以内に，また3分の1が5年以内に解散している[24]。この時期に設立された海運会社の中にはキュナードのような大定期船会社も含まれていたが，その多くはシングル・シップ・カンパニーであり，その場合，船舶1隻を個別企業とみなして1隻毎に登録していた

のである。

カーディフでも，ロンドンやリヴァプールと同様，1870年代以降帆船から蒸気船への移行の過程で，多くの株式会社が創設された。それまでパートナーシップの形態で営業していた企業も有限責任会社に転化したり，シングル・シップ・カンパニーを設立するものが現れた。その場合，資本金全体がほぼ船舶の建造契約価格を示す小額面の株式に分割された。その設立趣意書は株式取引所を通じて公表され，地方紙や場合によっては全国紙によって広告が行われた。数多くの明敏で企業心に富んだ船舶管理者が現れ，彼らは会社を起こし海運金融も行ったのである。

表7-11は1877年から1900年の間にカーディフとスウォンジーで設立された新海運会社のデータを要約したものである。ここではカーディフのみを取り上げるが，これにより，この時期にカーディフで設立された海運会社の設立件数，およびその資本金額が明らかになる。そしてこの表により，この20年あまりの間に主として2つのブーム期が存在したことが明らかになる。

第1期は1879年から84年にかけてであり，この時期にカーディフでは全部で89の企業が設立された。この時期の企業設立ブームは1870年代以降成長してきた企業の多くが，船隊の近代化を図る時期と一致しており，とりわけシングル・シップ・カンパニーの設立によって高価な蒸気船の購入資金を調達しようとしたのである。実際，カーディフのトン数増加は1870年代から1880年代初期まで連続しており，1870年から84年までにカーディフの船舶数は138隻から331

表7-11 カーディフとスウォンジーで設立された海運株式会社

年度	カーディフ		スウォンジー	
	会社数	資本金額(£)	会社数	資本金額(£)
1877~78	1	16,384	1	25,000
1879~80	12	287,860	―	―
1881~82	43	1,266,869	3	82,500
1883~84	34	824,378	1	25,000
1885~86	3	30,050	1	3,200
1887~88	8	637,300	2	9,500
1889~90	18	444,028	5	49,800
1891~92	14	260,360	2	69,500
1893~94	29	489,056	3	16,000
1895~96	27	389,584	10	56,750
1897~98	37	1,375,080	2	13,000
1899~00	62	1,988,160	2	18,000

(出所) Craig, R. S., 'The Ports and Shipping, 1750-1914', in John, A. H. & Williams, H. (eds.), *Glamorgan County History*, vol. 5, Cardiff (1980) p. 500.

隻に増加し，トン数は約2.6万トンから17万トンに増加している[25]。

第2の会社設立ブームは1890年代後半から20世紀初期にかけて起こり，1897年には278隻であったカーディフの船舶数は1910年には367隻に増加し，トン数は18.7万トンから45万トンに増加したのである[26]。この時期にはますます船舶の大型化が進行し，同時に大企業への船舶の集中も進展したのである。以下，これら2回にわたるブーム期にカーディフ海運業に見られた特徴として，シングル・シップ・カンパニーの流行，および悪徳プロモーターの出現について若干触れておこう。

まず，最初のブーム期についてであるが，この時期に設立された会社の全てがシングル・シップ・カンパニーというわけではなかったが，そうした会社が相当な割合を占めていたことは確かである[27]。先にも触れたように，株式会社設立の一つの動機として蒸気船の建造にかかる費用の飛躍的増大ということがあげられるが，もう一つの重要な動機は全出資者が有限責任のメリットを十分に利用できたことにあった。とくに不定期船会社がこうした企業形態を好んで採用した理由として，衝突のような海難事故が発生した場合の責任の極小化ということがあげられる。というのはパートナーシップ形態のもとにおいて，企業経営者は企業の負債に対してきわめて大きな責任を負わねばならなかったからである。しかも多くの不定期船企業は小規模で資本力も限られていたために，もし安価な自社の貨物船が高価な豪華客船と衝突しようものなら，出資者に致命的なダメージを与えることにもなりかねなかったのである[28]。こうした事態は少額面の株式を発行するシングル・シップ・カンパニーの設立によって最小限に回避することができたわけである。以下，カーディフ海運企業の事例を取り上げることにより，こうした海運企業形態の変化を具体的に考察しよう。

前述のEvan Thomas, Radcriffe 社の場合，設立当初は64分割制パートナーシップの形態をとっていた。すなわち，その最初の蒸気船，グェリアン・トマス（Gwelian Thomas）号（ジャローのパーマー造船所で建造）建造のために必要な資本を1株約280ポンドで64等分し，各パートナーが数株ずつ所有した。船舶を管理したのはこの企業の中心的企業家であったE. トマスとH. ラドクリフ

であり，彼らは企業経営に対する報酬として総利潤の2.5％を受け取っていた。この船は当初スウォンジーで登録されていたが，第2船の購入とともにカーディフで再登録された。それと同時に企業形態の変更も行われ，それ以後に登録された船舶はいずれも個別的にシングル・シップ・カンパニーとして登録されることとなった[29]。表7-12はこれらの会社と船舶についての若干の統計資料を表している。

これらの Evan Thomas & Radcriffe 社（この親企業自体はパートナーシップとして存続）が設立したシングル・シップ・カンパニーは次のような特徴をもっていた。まず第1に，各会社の資本金はほぼ船舶の購入費用に相当した。例えば，アン・トマス（Anne Thomas）号の建造のために同名の会社が設立されたが，その建造費用はほぼその資本金25,600ポンドであった。また各株式の額面金額は100ポンドであった[30]。この額は64分割制パートナーシップのもとでの株価の3分の1に近い額であったが，決して一般の労働者でも簡単に買えるほど安価ではなかった。また船舶の大型化につれて費用も増加したが，その増加率はトン数の増加率ほど大きくなかったために，トン当たりの費用は低下し，船舶の規模の経済性は高まった。この点については表7-12の右端の欄を見れば明らかである。この欄は各会社の資本金を船のトン数で割った数値を示しているが，資本金は船価にほぼ等しいので，この数値はトン当たりの船価の近似値を表している。表からも明らかなように，時期により変動は見られるものの，全般的に低下傾向にあったことがわかる。

他方，出資者の地理的分布をみると，当初は南ウェールズ，とりわけカーディフ市民の割合が高かったが，時の経過とともに全国的に分散していったことが指摘される。例えばグェリアン・トマス号の出資者の40％はカーディフ市民で，南ウェールズ全体の出資が全体の55％を占めていた。また，1883年に購入されたアン・トマス号の場合も当初209人の株主のうち，61％が南ウェールズの市民でさらに残りの36％が中北ウェールズの市民であった。しかし1906年購入のピクトン号の場合には出資者の地理的分散が顕著であり，南ウェールズ住民の割合はわずか29％で，残りのうち28％が北東イングランドで，さらにその

表7-12 Radcliffe 社設立のシングル・シップ・カンパニー (1882-1905年)

会社名	登録年度	資本金	船舶トン数	造船会社	資本金／トン
Iolo Morgannwg	1882	22,800	1,292	Palmers, Jarrow	17.6
Anne Thomas	1883	25,600	1,419	Palmers, Jarrow	18.0
Kate Thomas	1883	27,600	1,558	Palmers, Jarrow	17.7
Wynnstay	1883	27,600	1,542	Palmers, Jarrow	17.9
Walter Thomas	1883	35,100	2,358	Palmers, Jarrow	14.9
Bala	1884	28,600	2,014	Wm. Gray, W. Hartle	14.2
Gwenllian Thomas	1884	18,100	1,082	Palmers, Jarrow	16.7
W. I. Radcliffe	1886	25,800	2,077	Palmers, Jarrow	12.4
Clarissa Radcliffe	1888	28,300	2,460	Palmers, Jarrow	11.5
Sarah Radcliffe	1888	26,100	2,169	Ropner, Stockton	12.0
Mary Thomas	1888	26,600	2,159	Palmers, Jarrow	12.3
Jane Radcliffe	1889	26,000	1,839	Ropner, Stockton	14.1
Douglas Hill	1889	30,000	2,172	Palmers, Jarrow	13.8
Llanberis	1889	34,400	2,272	Ropner, Stockton	15.0
Glamorgan	1890	30,000	2,066	?	14.5
Manchester	1890	30,000	2,072	Wm. Gray, W. Hartle	14.5
Anthony Radcliffe	1893	26,800	2,866	Palmers, Jarrow	9.4
Ethel Radcliffe	1894	25,600	2,874	?	8.9
Dunraven	1896	31,400	3,333	Ropner, Stockton	9.4
Windsor	1896	33,000	4,074	Ropner, Stockton	8.1
Llandudno	1896	33,000	4,064	Ropner, Stockton	8.1
Wimborne	1898	35,000	3,466	Richardson, Duck	10.1
Paddington	1898	40,000	3,903	Ropner, Stockton	10.2
Euston	1898	31,000	2,728	Ropner, Stockton	11.4
Swindon	1898	39,500	3,847	Richardson, Duck	10.3
Llanover	1898	44,000	3,840	Richardson, Duck	10.4
Llangorse	1899	44,000	3,841	Richardson, Duck	10.4
Llangollen	1899	40,000	3,842	Richardson, Duck	10.4
Llanishen	1899	40,000	3,837	?	10.4
Llandrindod	1899	40,000	3,841	Richardson, Duck	10.4
Clarissa Radclif fe	1904	38,500	4,703	Ropner, Stockton	8.2
Patagonia	1905	43,800	5,084	Richardson, Duck	8.6
Picton	1905	40,000	5,083	Richardson, Duck	7.9

(出所) Jenkins, J. Geraint, *Evan Thomas Radcliffe: a Cardiff Shipowning Company*, National Museum of Wales, Cardiff (1982); Craig, R., 'Trade and Shipping in South Wales-The Radcliffe Company, 1882-1921', in Baber, C. & Williams, L. J. (eds.), *Modern South Wales: Essays in Economic History*, University of Wales Press, Cardiff, (1986) p. 176, pp. 182-183.

他のイングランド,スコットランド,アイルランド,さらにはシシリーやロシア,南アフリカでも所有されていたのである[31]。出資者の職業分布についてはそれほど明白ではないが,必ずしも当初から海運業や貿易関係者に限られて

いたわけではなく，織物業者，銀行家，牧師などの中産階級，さらには農民や労働者にも広がっていたのである(32)。

　以上，Evan Thomas & Radcriffe 社の設立したシングル・シップ・カンパニーについて若干考察してきたが，同社と並ぶカーディフの大船主ジョン・コリー家の場合も19世紀世紀末にはこの企業形態を採用し，14の個別企業を設立している(33)。いずれにせよ，シングル・シップ・カンパニーの形態は多くの船舶を所有する大規模不定期船会社によって好んで採用されていたことが以上の事例から明らかになるが，この企業形態はまた資金力の比較的乏しい弱小船主によって一層歓迎されたのである。実際，ヒートンが取り上げている多くの海運業者はいずれもそうした小規模会社の事例である。

　例えばダンカン（J. T. Duncan）(34)は1855年にグラスゴーで生まれ，後にプリマスに移住した家族の息子であり，当初海運ブローカーの事業を営み，カーディフへ移住した後もこの事業を続ける。彼が最初の船舶を購入するのは1889年のことであり，フランス人ヴァレット（J. V. Valette）とともに Duncan Valette & Co. というパートナーシップを形成することにより蒸気船を購入するのである。彼らが購入した最初の蒸気船は中古船であり，その船を購入するためにシングル・シップ・カンパニーを創設している。ダンカンはその他にも数多くの船舶の株を所有していたが，やがてフランス諸港やビスケー湾との貿易に従事するシャムロック（Shamrock）海運会社という企業の代理人となり，この会社の船舶に石炭を供給するバンカー事業も開始する。彼はその他にも海軍との契約により，軍艦の給炭のために多くの船舶を定期傭船（time charter）に出していたのである。

　また，1862年に北部デヴォンのある寒村に生まれたシーガー（W. H. Seager）(35)は幼少時に両親とともにカーディフへ移住し，しばらく船舶雑貨商人としての事業を営んだのち，1904年に海運業に参入する。彼は W. H. Seager & Co. を創設し，ストックトンの造船所 Craig, Taylor & Co. と造船契約を行う。その第1船テンパス（Tempus）号（2,981トン）は同年9月に完成し，W. H. Seager & Co. の管理のもとで創設された Tempus S. S. Co. というシングル・シ

ップ・カンパニーの所有とされた。この船は主としてカーディフからラプラタ，地中海，黒海への貿易に従事する不定期船として使用されたのである。シーガーの事業はその後も順調に発展し，第1次世界大戦前には4隻，約1万2,000トンの蒸気船隊を所有していたのである。

　さて，カーディフ海運業の急速な成長は，他方では多くの問題点を内包していた。全体として順調に成長していたように見えても，個々の海運企業の浮沈は激しかったのである。不安定要素を増幅した1つの要因として，船舶所有が投機の対象となったことがあげられる。会社の設立が容易になったことにより，海運会社への投資が投機の対象となり，このことが海運業の好不況を増幅した。カーディフ海運業の中心が不定期船業であったことも重要な不安定要素であった。不定期船貨物の運賃市況はきわめて不安定であり，好況時には高い配当が得られ，企業の株式も高値で売れたが，不況期には赤字運行，ないしは係船を余儀なくされ，直ちに株価は下落した。そして，これらの企業になけなしの金をはたいて投資している小投資家に大きな損害を与えたのである。

　株式投機はそれ自体としては非難されるべき行為ではないが，より大きな問題は，一部の優良企業の躍進とそれに伴う高配当の影響を受けて，カーディフで営業を始めた新参者の中には，無知な投資家につけ込む悪徳プロモーターも含まれていたことである。この点についてクレイグ（Craig）は次のように述べている。「多くのシングル・シップ・カンパニーの定款において，船舶管理者は伝統的な船舶所有に固有の危険から逃れることが可能であった。そして悪徳プロモーターの中には，会社が利益を得ているかどうかにかかわりなく，管理費用その他の費用を優先的に受け取ることによって，自己の所得の増大だけを優先させ，不幸な投資家にリスクを負わせようとする者もいた」[36]。さらにこれよりもっとひどいことも行われた。すなわち「カーディフ船主の中には，会社設立趣意書を発行し，資金を集め，造船所に船舶を注文し，船舶の納入の前に集めた資金をもって逃亡する」[37]者もいたというのである。これに劣らず悪辣なのが保険金詐欺であり，保険金目当てに高い保険をかけ，故意に海難事故を起こさせようという手口がそれである。

第7章 カーディフ海運業の発展 227

表7-13 ブリストル湾諸港の造船業

| | 1871～80年 | | | | 1881～90年 | | | | 1891～99年 | | | |
| | sail | | steam | | sail | | steam | | sail | | steam | |
	(A)	(B)	(A)	(B)	(A)	(B)	(A)	(B)	(A)	(B)	(A)	(B)
Barnstaple	41	4,851	0	0	5	448	1	5	0	0	0	0
Bideford	72	9,924	2	66	17	978	0	0	32	1,579	0	0
Bridgwater	34	3,104	1	40	6	461	0	0	3	236	0	0
Bristol	15	2,939	24	1,010	9	5,907	25	3,699	4	5,208	17	1,918
Cardiff	17	1,348	15	2,084	19	373	17	4,784	3	64	7	288
Chepstow	3	208	4	120								
Llanelli	8	1,424	0	0	0	0	3	278	1	6	0	0
Newport	16	733	1	150	4	122	16	1,798	7	609	8	101
Padstow	55	5,635	1	10	8	798	0	0	1	35	0	0
Swansea	7	965	3	74	3	110	2	93	0	0	0	0

(出所) Annual Statement of Navigation and Shipping (1876), (1880), (1884), (1890), (1895), (1890), (1900).
(注) (A)は隻数, (B)はトン数を表わしている。

　一部のプロモーターによるこうした常軌を逸した行動はたちまちカーディフ海運業の評判を低下させ，ロンドンの海上保険市場に影響を与えた。多くの保険業者がカーディフ登録船に保険をかけるさいに割増料金を要求した。最大の迷惑を被ったのは，言うまでもなく，多数の善良な船主であり，彼らは「カーディフ船主につきものの不人気を回避するためにその船舶をロンドンへ移転し」[38]たのである。このため表7-7を見れば明らかなように，第1次世界大戦前の数年間にカーディフ主要船主の所有する船隊が拡張したにもかかわらず，この港で登録された船舶は逆に減少したのである。

(4) 北東イングランド造船業との関係

　最後に，カーディフ海運業者がその船舶を主としてどこで建造していたかについて見ていこう。南ウェールズでも木造帆船時代には方々の港に小規模な造船業者が存在し，地方海運業者に船舶を供給していたのであるが，鉄製蒸気船時代になると，地方の造船業者はほとんど衰退してしまった。このことを明瞭に示しているのが表7-13である。

　この表は南ウェールズだけでなく，ブリストル湾全体の造船の実態を示し

ているが，この表から1860～72年にはビドフォード，パドストゥ，バーンスタプル，ブリッジウォーター，ブリストル，カーディフをはじめとする多くの小港で帆船の建造が行われていたことがわかる。しかしこの表からも明らかなように，これらの地方造船業の大きな特徴は，平均トン数100～200トンの小型帆船の建造であり，その多くは沿岸貨物輸送に使用されていたのである。しかし，19世紀の第4四半期はこれらの港における木造帆船建造の末期であり，この時期にこの地域の造船業はほとんど消滅してしまったのである。

　こうした傾向はなにもブリストル湾だけに限ったことではなく，イギリス南部諸港全体に当てはまった。木造帆船時代にはイギリスの造船業は広く全国的に分散しており，中でも豊富な木材資源に恵まれた南部諸港で造船業は繁栄していたのである。しかし，19世紀後半以降の鉄製蒸気船の普及は，造船業の立地に大きな変化をもたらした。イギリス造船業はますますスコットランドのクライドサイド，北東イングランド，アイルランドのベルファストなど特定地域に集中し，伝統的な木造帆船の建造地域であった南部諸港は衰退していったのである[39]。

　かくしてカーディフが石炭輸出の中心地として飛躍的な成長を開始する19世紀の最後の四半期には，地方造船業者はカーディフ船主に船舶を提供する能力を失っており，カーディフ船主はその船舶を遠方の造船地域，とりわけ北東イングランド地方から購入するようになった。というのは，北東イングランド地方はちょうどこの時期にイギリス最大，というよりもむしろ世界最大の造船地域として成長していたからである。そのさい，注目すべき点は，イギリスの2大造船地域の1つであるクライドサイドが一般に豪華客船を中心とする定期船の建造中心地となったのに対して，北東イングランドの造船業者の多くは〔もちろん中にはスワン，ハンター（Swan, Hunter）をはじめとして豪華客船の建造を行うものもあったが〕とりわけ不定期船の建造に専門化していったことである。このことはこの地域の造船業の発展が炭鉱業と密接に関連していたことによっている。周知のように，この地域は長期にわたってロンドンへの石炭輸送を独占していたのである。

第7章 カーディフ海運業の発展 229

表7-14 John Cory & Sons の船舶の製造元

	1854～70年	1871～80年	1881～90年	1891～1900年	1901～14年
北東イングランド	0	13	10	12	13
(Palmers)	0	11	8	2	0
(Wm. Gray)	0	0	0	4	3
(Northumberland S. B. Co.)	0	0	0	3	8
イングランド南西部	3	6	2	0	0
その他	3	3	2	2	0
合　計	3	22	14	12	13

(出所) Cory, R., *A Century of Family Shipowning,* John Cory and Sons Ltd., Cardiff (1954) pp. 40-47.

　カーディフ海運業者と北東イングランドの造船業者との密接な関係を示す一例としてジョン・コリー家の事例を取り上げよう。この企業の社史の巻末付録として，同社が所有，ないし管理した船のリストが掲げられている。この資料には船舶の建造年，トン数等と並んで，造船業者の名称，およびその建造地が記載されている。この資料をもとに作成したのが表7-14である。
　前述のように，ジョン・コリー家がカーディフに移転するまでの企業規模はまことに慎ましやかなものであり，1854～70年にわずか3隻の船を購入したに過ぎなかった。その3隻とも木造帆船であり，そのいずれもパドストゥやニューポートのようにブリストル湾内の近郊の港で建造されていたのである。しかし，企業がカーディフに移転し，本格的な石炭輸送に関与するようになる1870年以降になると，ほとんどの船舶が北東イングランドで建造された不定期船で構成されるようになる。中でも70～80年代の企業拡張期に購入された船舶のほとんどが，ジャローのパーマー造船所で建造された鉄製スクリュー船であったことは注目に値する。パーマー造船所の創設者チャールズ・パーマーは，周知のように，鉄製蒸気船による石炭輸送のパイオニアであり，同時に北東イングランドにおける不定期蒸気船建造のパイオニアであった[40]。残念ながら，この表からはコリー家の海運業とパーマー造船所の関係の詳細を知ることは不可能であるが，この当時の石炭輸送発展の波に乗って，両者の企業が繁栄していた様子を推測することができるのである。しかしこの表からもわかるように，

1890年代の後半以降はパーマー造船所への注文は急速に減少し，代わってノーザンバーランド（Northumberland）造船会社への注文が増加している。また，この頃になると，船舶の大型化を反映して，船の注文が以前ほど頻繁に行われなくなったことも明らかとなる。

単にジョン・コリー家ばかりではなく，ほとんどのカーディフ船主が北東イングランドの造船業者に注文を行っていた。このことは当時の北東イングランドが不定期船の独占的建造地域であったことに鑑みれば当然と言えよう。他方，北東イングランド造船業者も船主からの注文を確保するため，船主に特別の信用を供与していたのである。例えば，ウエスト・ハートルプールの造船業者で北東イングランドを代表する企業の一つ，William Gray & Co. が主として建造したのは貨物船であり，その多くは石炭貿易を中心とするバルク・カーゴ輸送に使用された不定期船であった。同社はかなり投機的な船の建造も行い，自ら建造した船のシェアを保有することによって，船主の資金負担を軽減したり，造船費用の長期的分割払いを認可することにより，船主に寛大な信用を提供していたのである[41]。こうした北東イングランド造船業者による船主に対する過度の信用供与がシングル・シップ・カンパニー乱立の一因にもなったのである。

中には北東イングランドの造船業者兼海運業者が，カーディフ海運業の繁栄に惹かれてそこに支店を開設するものも現れた。例えばターンバル家は長らくウィットビーで造船業を営んでいたが，南ウェールズ石炭輸出の発展に魅せられてカーディフで海運業を開始した[42]。この企業の場合にはその船舶を本拠地のウィットビーで建造することができたのである。

IV　むすび

以上，全盛時代のカーディフ海運業の発展について様々な角度から考察を加えてきたが，最後に本章で明らかにしたことを簡単に要約しておこう。

まず指摘すべき点は，カーディフ海運業はこの港の貿易，とりわけ石炭貿易

と密接に関連して発展したということである。19世紀半ばまでのカーディフ海運業の規模はきわめて小さく，ブリストルやスウォンジーの後塵を拝していた。しかしその後の後背地域における炭鉱開発の進展と相まって，カーディフ港のドック建設も急ピッチで進められ，やがてカーディフ港はリヴァプールやロンドンに次ぐほどの大貿易港に発展し，外国向けの出港トン数では両港を凌駕するほどの勢いを示したのである。こうした貿易の発展がこの港の海運業発展の根本条件であったことには疑問の余地はないであろう。

またこの港の貿易の性質上，カーディフ海運業者はいずれも不定期船業者であり，そのほとんどが小規模業者であったが，中には John Cory & Sons や Evan Thomas & Radcriffe 社のように，相当大規模な企業も含まれていたのである。またこの時期の炭鉱業に見られたのと同じように，19世紀末から20世紀初頭にかけて，少数船主への船舶集中傾向も見られた。しかし不定期船が輸送した貨物（石炭や穀物，木材，鉱石など）の運賃市場と同様，その傭船市場もほぼ完全競争市場に近く，海運会社の浮沈もきわめて激しかった。もっとも当該期は，激しい景気変動にもかかわらず，基本的にはイギリス石炭輸出の拡大期であり，既存企業の高配当に刺激されて，多くの新興企業が設立された時期であった。これらの企業の多くは船舶1隻を1企業として登録するシングル・シップ・カンパニーであった。この組織形態は中堅以上の企業によっても採用されたが，とりわけ資金力が乏しい弱小船主が好んで採用した形態であった。こうした弱小船主の乱立は船舶過剰をもたらし，不安定要因を増幅したが，新興船主の中には非合法手段の使用をも厭わない輩も含まれていたことが，カーディフ海運業に対する不信の要因となった。このことが第1次世界大戦前夜におけるこの港での船舶登録トン数減少の要因となったのである。

最後に船主と造船業者との関係をみると，帆船時代のカーディフ海運業者はその船舶の多くを近隣の造船業者のもとで建造していたが，当該期にはウェールズをも含むイギリス南部の造船業者は衰退を余儀なくされ，造船業の中心は北東イングランドやクライドサイドへと移動していった。そしてカーディフ船主はますます多くの船舶を不定期蒸気船建造の中心地，北東イングランド地域

の造船業者から購入するようになったのである。そうした中でJohn Cory & Sonsの事例からも明らかなように，特定船主と造船業者との間に密接な利害関係が形成されることも少なくなかったように思われる。

注
(1)　Waters, R. H., *The Economic and Business History of the South Wales Steam Coal Industry, 1840-1914,* Arno Press (1977) p. 316.
(2)　*Ibid.,* p. 319.
(3)　Daunton, M. J., 'Coal to Capital', in *Glamorgan County History,* vol. 6 (1988) p. 216.
(4)　Chappell, E. L., *History of the Port of Cardiff,* Priory Press, Cardiff (1939, 1994) p. 121.
(5)　中川敬一郎『両大戦間の日本海運業』（日本海運経営史Ⅰ）日本経済新聞社(1980) 30ページ。
(6)　同上，31ページ。
(7)　Morris, T. H. & Williams, L. J., *The South Wales Coal Industry 1841-1875,* Cardiff (1958) pp. 34-41.
(8)　拙稿「南ウェールズ石炭輸出」169～174ページ。
(9)　Craig, R., 'The Ports and Shipping 1750-1914', in John, A. H. & Williams, G. (eds.), *Glamorgan County History, vol. 5. Industrial Glamorgan 1700 to 1970,* Cardiff (1980).
(10)　筆者が利用したのはthe Welsh Industrial and Maritime Museumの資料室に保存されている *Lloyd's Register of Shipping* の資料であり，同資料の利用に際して，同博物館のD. ジェンキンス（David Jenkins）博士に貴重な助言をいただいた。
(11)　ここでは純トン数＝0.65×総トン数で換算した。その際，0.65という値は同船舶の1910年と1911年のトン数の相違を利用することにより，割り出した。
(12)　ジョン・コリー家の海運事業についての以下の記述はCory, R., *A Century of Family Shipowing,* John Cory and Sons Limited, Cardiff (1954)によっている。
(13)　*Ibid.,* p. 10.
(14)　*Ibid.,* pp. 9-10.
(15)　*Ibid.,* p. 23.
(16)　Daunton, *op. cit.,* p. 66.
(17)　*Ibid.,* p. 67.
(18)　*Ibid.*
(19)　Evan Thomas & Radcriffe社の海運事業についての記述はCraig, R., 'Trade and Shipping in South Wales—Radcliffe Company, 1882-1921', in Baber, C. & Williams,

(20) Heaton, P. M., *Reardon Smith Line: The History of a South Wales Shipping Venture,* Starling Press, Risca (1987) p. 15.
(21) この点については Starkey, D. J., 'Growth and Transition in Britain's Maritime Economy, 1870-1914: The Case of South-West England', in Starkey, D. J. & Jamieson, A. G.(eds.), *Exploiting The Sea: Aspects of Britain's Maritime Economy since 1870,* Univ of Exeter Press (1998) 参照。
(22) イギリス会社企業の成立と発展についての詳細は荒井政治『イギリス近代企業成立史』東洋経済新報社 (1963) を参照。
(23) Hyde, F., *Cunard and North Atrantic, 1850-1973,* Macmilan (1975).
(24) Shannon, H. A., 'The Limited Company of 1866-1883', *Eco. Hist. Rev.,* vol. 4 (1932-1934).
(25) Daunton, *op. cit.,* p. 64.
(26) *Ibid.,* p. 64.
(27) シングル・シップ・カンパニーについては Jeffreys, J. B., 'The denomination and character of shares, 1855-1885', *Economic History Review,* vol. 16 (1946) pp. 53-54; Cottrell, P. L., 'The steamship on the Mersey, 1815-1880: investment and ownership', in Aldcroft, D. H. & Cottrell, P. L., *Shipping, Trade and Commerce: essays in memory of Ralph Davis,* Leicester (1981) 参照。
(28) Craig, R., 'Trade and Shipping in South Wales', pp. 174-175.
(29) *Ibid.,* p. 175.
(30) *Ibid.,* pp. 175-176.
(31) *Ibid.,* p. 177.
(32) *Ibid.,* p. 177.
(33) John Cory and Sons Limited, *op. cit.,* p. 17.
(34) Heaton, P. M., *Welsh Shipping Forgotten Fleets,* Newport (1989) pp. 15-22.
(35) *Ibid.,* pp. 27-37.
(36) Craig, R., 'The Ports and Shipping 1750-1914', p. 501.
(37) *Ibid.,* p. 501.
(38) *Ibid.,* p. 502.
(39) この点については Jones, S., 'Merchant Shipbuilding in the North East and South West of England, 1870-1913', in Fisher, S. (ed.), *British Shipping and Seamen, 1630-1960: Some Studies,* Exeter (1984); Pollard S., & Robertson, P., *The British Shipbuilding Industry, 1870-1914,* Harverd U. P. (1979); Starkey D. J., 'Growth and Transition in Britain's Maritime Economy, 1870-1914; The Case of South-West En-

gland' 参照。

(40) C. パーマーの企業者活動については Wilkinson, E., *The Town That Was Murdered, The Life-Story of Jarrow,* London (1939); Rea, V., *Palmer's Yard and the Town of Jarrow,* Jarrow (1975); 拙稿「19世紀半ばにおける鉄道と沿岸海運の競争——ロンドンへの石炭輸送をめぐって——」関西大学『経済論集』第37巻第6号 (1988) などを参照。

(41) Craig, R., 'William Gray & Company: a West Hartlepool shipbuilding enterprise, 1864-1913', in Cottrell, P. L. & Aldcroft, D. H., *op. cit.,* pp. 173, pp. 179-81.

(42) Craig, 'Trade and Shipping in South Wales', pp. 173-174.

第8章 戦間期における船舶エネルギー革命と南ウェールズ炭

I　はじめに

　19世紀半ば以降，イギリス海軍が実施した軍艦用燃料としての石炭に関する一連の品質検査により，南ウェールズ炭は他のどの地域の石炭よりも軍艦用燃料として優れていることが明らかになった[1]。その結果，南ウェールズ産の「スティーム炭」は単にイギリス海軍だけでなく，ひいてはその優れた燃焼効率により，広く商船用燃料としても重用されるようになったのである。そしてこのことが南ウェールズの炭鉱業，およびそれに関連する諸産業の未曾有の発展の基盤を形成することになった。19世紀末から20世紀初期にかけて南ウェールズの石炭産出量は飛躍的に増大し，北東イングランドを抜いてイギリス最大の石炭輸出地域となったのである[2]。だが，まさにこの繁栄の絶頂期に外見上は不動に見えた発展の基盤を根底から崩す前兆が現れてきた。その一つは皮肉にもイギリス軍艦用燃料としての石炭から石油への転換の開始である。当時のドイツ海軍による激しい挑戦はイギリス海軍の近代化への大きな刺激となったことはいうまでもないが，このことは軍艦用燃料としての石油の採用を意味していた[3]。また，それと並んで南ウェールズ炭鉱業内部にもひび割れが目立ってきた。その最も大きな問題は炭鉱業における労使関係の悪さである。南ウェールズはイギリスでも最も戦闘的な労働組合運動で有名であり，中でも鉄道や炭鉱業労働者はその中心を占めていた。炭鉱業はその過酷な労働条件で悪

名高く，炭鉱業者の非情さが炭鉱労働組合の戦闘性を高める要因ともなった。しかし，こうした種々の問題を内包していたとはいえ，未曾有の輸出需要の増加により，この時期に炭鉱業を中心として南ウェールズ経済は絶頂期に達したのである。近隣の農村は言うに及ばず，さらに遠方のイングランドやアイルランドからも移民が大量に流入し，炭鉱地帯の人口は急速に増加した。また，単に炭鉱業ばかりでなく，関連産業も成長し，カーディフ，ニューポート，スウォンジーをはじめとする南ウェールズ諸港は未曾有の繁栄を謳歌していた。

その意味で第1次世界大戦は南ウェールズ経済にとってきわめて大きな転換点となった。戦争中，若くて有能な炭鉱労働者の徴兵により，深刻な石炭の供給不足が生じた。石炭は戦争遂行のために戦略的に重要な燃料であり，単に本国ばかりでなく，同盟国への燃料としても重要であった。このため，戦時中には石炭の需給は厳しく統制されることになり，輸出は規制されていた。軍需がなによりも優先され，民間消費のための供給は常に不足しがちであり，石炭の価格や利潤にも統制が加えられていた。炭鉱労働者の不足という事態は炭鉱労働組合の地位を強化し，とりわけ南ウェールズ炭鉱労働組合に発するストライキが全国的な国家統制のきっかけともなったのである(4)。

だが南ウェールズ炭鉱業にとって真の困難は第1次世界大戦後に顕在化した。すでに芽生えてはいたものの，未曾有の繁栄によって隠蔽されていた種々の問題がクローズアップされるようになったのが，第1次世界大戦後の数十年間においてであった。なにも南ウェールズだけが困難を経験した唯一の炭鉱地帯ではなく，この時期にほとんどの地域のイギリス炭鉱業者が厳しい不況に直面していた。炭鉱業は木綿工業や鉄鋼業と並んで「パックス・ブリタニカ」を支えてきた主軸産業の一つであって，輸出産業という点に大きな特徴があった。輸出のウエイトは19世紀末から第1次世界大戦にかけてますます高まり，第1次世界大戦前夜の1913年には2億8,740万トンの総生産量中，9,770万トン，すなわち約34％が海外に輸出されていた。だが，第1次世界大戦後，最も大きな打撃を受けたのが石炭，鉄鋼をはじめとする輸出産業であり，この時期の自動車，電気，化学をはじめとする新興産業の発展，そしてそれに伴う産業構造の転換

過程の中で，炭鉱業に代表される旧産業はイギリス国内でも斜陽産業へと転化していった。中でも，北東イングランド地方と並んで最大の困難を経験したのが，輸出依存度の高い南ウェールズの炭鉱業者であった[5]。もちろん両大戦間のイギリス炭鉱業の衰退には様々な要因が作用していた[6]。しかし，少なくとも南ウェールズ炭鉱業に関するかぎり，船舶用石炭需要の低下がもつ意味はきわめて重大であり，不況の最大の要因は，輸出市場の大幅な削減（そのうちの相当な割合が海外の給炭基地に向けての船舶燃料用であったが）と並んで，19世紀から第1次世界大戦前にかけてこの地域の炭鉱業者に最大の市場を提供してきた船舶用石炭需要の大幅な低下にあった。本章で重点的に考察するのはこの点に関してである。

以下，本章では次の順序で議論を展開する。まず，両大戦間における舶用機関のエネルギー革命に伴う南ウェールズ炭需要の低下について論じる。次いで，こうした需要の減少が南ウェールズ炭鉱業，ひいてはこの地域の経済にいかなるインパクトを与えたかを，とりわけ炭鉱労働者の失業問題について簡単に論じる。そして，こうした未曾有の不況に直面してこの地域の人々がいかに対応したかについて，とりわけ「バック・トゥ・コール」運動に焦点を合わせて考察する。まず，この時期の軍艦および海運エネルギー革命について論述することから始めよう。

II 戦間期，船舶エネルギー革命と石炭需要の低下

南ウェールズ炭の最大の市場の1つは蒸気船の燃料用石炭需要であったが，第1次世界大戦前後の時期に生じた舶用機関のエネルギー革命，すなわち石炭焚き船から石油焚き船への転換は南ウェールズの炭鉱業者にとって最大の打撃となった。例えば，この点について『モンマスシャーおよび南ウェールズ炭鉱業者協会』（以下 MSWCA と略記）の調査報告書は次のように述べている。「戦前期においては，石油やその他のエネルギー源による石炭に対する競争は比較的限られたものに過ぎなかった。すなわち，1913年における世界の原油生

産はわずか5,800万トン,すなわち石炭の5％以下であり,この生産のうち工業や航海目的に使用された割合はほんのわずかに過ぎなかった。しかし,1914～18年の世界大戦により世界の石炭取引の構造は根本的に変化した。1925～29年に石炭は世界の燃料と動力指数のわずか66％を占めるに過ぎなくなり,1935年にその割合は57％に低下し,現在(1937年当時)では50～55％に低下した。他方,世界の石油生産は1937年には2億8,200万トンに増加し,世界の燃料・動力指数の30％を占めているのである。しかも世界の炭田の中で南ウェールズほど石油の生産と販売増加の影響を受けた地域はなかった。戦前の時期には南ウェールズの石炭輸出の急速な発展は主として船舶用燃料炭の需要によっていた。……世界のほとんどの軍艦がその石炭を使用しており,さらにそれは国際旅客,郵便,一般貨物,および不定期航海に従事する商船の好ましい燃料でもあった」[7]。だがこうした状況は戦後根底から変わってしまったというのが,この報告書の主要論点をなしている。

　本節では,まず軍艦,および商船におけるエネルギー転換の実態,そしてそれに伴う南ウェールズ炭需要の低下を見ていくが,これと関連して看過できないのが石炭焚き船舶における燃費効率の改善である。というのは戦間期における船舶の技術革新はなにもディーゼル船や石油ボイラーに限らず,石炭焚き蒸気船やタービン船においても大きな革新が行われたからであり,イギリスの海事関係者が特に重点を置いたのはむしろこちらのほうであった。

　また,南ウェールズ炭鉱業の困難はなにも需要側の変化だけによるものではなかった。両大戦間には他の大陸諸国と比較してイギリス炭鉱業の技術的後進性が顕著となり,このことが多数の小規模炭田の存在という炭鉱業の構造的弱点と並んで,競争力低下の重要な要因となったことは多くの論者が指摘する点であるが,中でも技術的遅れが最も顕著であったのが南ウェールズであった。したがって,この問題についても本節の最後に若干触れておく必要がある。

(1) イギリス軍艦のエネルギー転換と石炭需要の低下

　第1次世界大戦後,イギリス海軍による南ウェールズ炭への需要は大きく低

下したが，それは主として2つの要因によっていたと思われる。その最大の要因は戦後の軍縮体制の中での海軍予算の削減，そしてその結果としての海軍力の低下であり，もう一つの要因は海軍のエネルギー転換に伴う石炭需要の低下である。

戦後の軍縮体制は国防予算の削減を引き起こした。海軍支出は年々削減され，1920年の1億5,650万ポンドから1925年には5,560万ポンド，1931年には5,260万ポンド，そして1933年には5,050万ポンドに削減された[8]。戦後の軍縮条約がこうした削減に貢献したのであり，軍事予算の削減は軍艦数の削減やその老朽化，ひいては燃料需要の減少を引き起こしたことは言うまでもない。また，もう一つの要因はイギリス海軍のエネルギー転換政策であった。イギリス海軍はすでに大戦前に軍艦用燃料として石油を採用していたが，第1次世界大戦中には補助的な任務に従事する艦船用燃料として相当量の石炭が消費されていたと思われる。だが戦争終結後軍艦用燃料としての石炭消費は大きく低下した。この点に関連して，例えば表8-1は当時の海軍大臣モンセル（Sir Balton E. Monsell）が1932年6月29日の下院で演説したさいに提示した資料であるが，これによって海軍の石炭消費量が大戦前夜のわずか10％あまりに減少していることが明らかになる。なお，この時期に海軍の石油消費量がどのように変化したかは不明であるが，少なくとも石炭に費やされた金額を大幅に上回っていたことはたしかである。というのはこの演説の中でモンセルは1931年に石油燃料に費やされた金額は1,474,200ポンドであると述べており，これは同年の石炭消費費用の約5.5倍に相当するからである[9]。

また，1932年に実施された『南ウェールズ産業調査』は，「1913年にイギリス海軍本部は175万トンのウェールズ炭を使用していたが，1925年には35万トン，そして1926年にはわずか25万トンを購入したに過ぎなかった」[10]と述べている。軍事予算の削減に伴い海軍による石油需要もおそらく戦後低下したこと

表8-1　イギリス海軍の石炭消費

年	トン	費用（ポンド）
1910	1,594,880	1,646,900
1913	1,810,250	2,081,800
1920	842,500	3,428,000
1925	418,700	713,700
1927	346,000	535,200
1930	244,300	296,000
1931	247,600	267,000

(出所) Hansard, *Parliamentary Debates*, House of Commons (29 June 1932) p. 1784.

が予想されるが、その程度については不明である。

(2) 商船におけるエネルギー革命

石油焚き船舶の普及はなにも軍艦だけに限らなかった。量的に見てこれよりはるかに大きな重要性をもっていたのが商船におけるエネルギー転換であり、それはイギリス炭、とりわけ南ウェールズ炭に対する大幅な需要低下の要因となった。

両大戦間における商船の燃料転換を示す資料は多数存在する。例えば、1932年の『南ウェールズ産業調査』によれば、1914年の世界の総トン数4,910万トン中、石油焚き蒸気船は130万トン、モーター船はわずか20万トンに過ぎなかったのに、1931年には世界の商船総トン数7,010万トン中、石油焚き蒸気船は2,000万トン、モーター船は940万トンに増加している[11]。石油焚き商船はその後も順調に増加し続けたが、このことを明瞭に示しているのが表8-2と表8-3である。

まず、表8-2は1924～5年から1936～37年にかけて建造された石炭焚きと石油焚きの蒸気船、およびディーゼル船のトン数とその割合を示したものであるが、この表により、戦後内燃機関船（ディーゼル船）の建造が急速に進行し、1924～5年には23％であったのが、1936～37年には68％にも達したことがわかる。これと対照的に石炭焚き蒸気船の建造量は1924～5年には50％以上を占めていたのが、1936～37年には20％弱に低下したのである。ちなみに石油焚き蒸気船の建造はかなりの変動があるものの、全体としてその重要性を低下している。

こうした世界造船業の趨勢の中で、世界中の国々で登録された船舶の中に占める石油焚き船の割合が増加した。このことを明白に示しているのが、表8-3である。この表によれば、1914年には世界総トン数の約96％（帆船を除外）が石炭焚きであったが、1937年になると石炭焚きの船舶は世界の総トン数の半分以下に低下し、石油焚きの船が増加した。とりわけ内燃機関船の進歩は著しく、戦前の1％以下から1937年には5分の1以上に増加した。また、石油ボイ

第8章　戦間期における船舶エネルギー革命と南ウェールズ炭　241

表8-2　世界の船舶建造量とその類型化

(単位：百万トン，%)

年	総トン数	石炭焚き蒸気船		石油焚き蒸気船		内燃機関船	
		建造量	割合(%)	建造量	割合(%)	建造量	割合(%)
1924-25	1.31	0.67	51.2	0.34	25.9	0.30	22.9
1927-28	1.87	0.63	33.7	0.43	23.0	0.81	43.3
1929-30	1.80	0.68	37.7	0.27	15.0	0.85	47.3
1931-32	0.91	0.06	6.5	0.26	28.5	0.59	65.0
1933-34	0.35	0.09	25.7	0.02	5.7	0.24	68.6
1934-35	0.75	0.15	20.0	0.05	6.7	0.55	73.3
1935-36	1.00	0.20	20.0	0.22	22.0	0.58	58.0
1936-37	1.33	0.26	19.6	0.16	12.0	0.91	68.4

(出所)　Mines Department, *Report of the Committee Appointed to Examine the Possibility in the National Interest of Obtaining an Increased Use of Coal for Bunkering Purposes*, H. M. S. O. (1938).

表8-3　世界の商船量と機関別類別

(単位：百万トン)

年(7月)	総トン数	石炭焚き蒸気船		石油焚き蒸気船		内燃機関船	
		トン数	割合(%)	トン数	割合(%)	トン数	割合(%)
1914	45.40	43.86	96.6	1.31	2.9	0.23	0.5
1924	61.51	42.38	68.9	17.16	27.9	1.97	3.2
1927	63.27	40.51	64.0	18.48	29.2	4.28	6.8
1929	66.41	40.36	60.8	19.42	29.2	6.63	10.0
1931	68.72	39.29	57.2	20.00	29.1	9.43	13.7
1933	66.63	36.37	54.6	20.06	30.1	10.20	15.3
1934	64.36	33.90	52.7	19.86	30.8	10.60	16.5
1935	63.73	32.54	51.0	19.89	31.2	11.30	17.8
1936	64.00	31.95	49.9	19.75	30.9	12.30	19.2
1937	65.27	31.75	48.6	19.77	30.3	13.75	21.1

(出所)　表8-2に同じ.。

ラー船の総トン数は3％以下から約30％に増加したのである。

　こうした船舶のエネルギー転換に関連して注目すべき点は，その転換のタイミングにかなりの国別差異が存在したことである。周知のように，石油焚き商船の採用において世界をリードしたのは，スカンディナヴィア諸国やオランダなど，本国に石炭をあまり産しない新興海運国であり，イギリスはこの採用で遅れをとった[12]。確かにドックスフォード社の例が示すように，イギリスの造船業者の中にもディーゼル船の開発に積極的に取り組んでいた者もあったし，

表 8-4 ディーゼル機関を装備した船舶の割合
(%)

国	1923年	1929年	1939年
ノルウェー	8.3	29.9	62.2
デンマーク	16.0	29.2	52.2
スウェーデン	16.1	27.1	46.6
オランダ	2.9	13.2	45.6
日本	0.8	5.4	27.2
ドイツ	4.2	14.4	26.2
イギリス	2.0	9.5	25.6
イタリア	3.1	14.4	20.8
世界全体	2.6	9.7	24.4

(出所) S. G. スターミー／地田知平監訳『英国海運と国際競争』東洋経済新報社，(1965)，107ページより作成。

　大戦直後にイギリスは決して他国の後塵を拝していたわけではなかったが，戦後ますます遅れが顕著になっていった。このことを明確に示しているのが表 8-4 である。
　ディーゼル機関採用の遅れの問題をイギリス海運業の立場から考察することは本章の課題ではないが，当時のイギリス海運・造船業者の立場からみれば，蒸気船に固執し，大陸諸国の同業者に比べてディーゼル船の採用に消極的であったことには，それなりの理由があったことも確かなことである。というのは，少なくとも貨物船に関する限り，当時のディーゼル船は蒸気船や蒸気タービン船に対してそれほど絶対的な優越性をもっていなかったからである。そして，当時のイギリス海運業が大陸ヨーロッパ諸国以上に貨物船業，とりわけ当時最も困難な状況にあった不定期船業に依存していたことを思えば，この遅れは個々のイギリス海運企業家の責任というより，むしろ産業構造上の問題とも言えようし，さらにはイギリス海運業における強力な労働組合の存在や，昔からの炭鉱業界とのしがらみも転換へのブレーキとなったことも確かである。
　いずれにせよ，第1次世界大戦後の世界の海運・造船業において，石炭から石油へのエネルギー革命が生じたことは明白であり，こうしたエネルギー革命は南ウェールズ炭の輸出，および外国航路に従事する船舶のバンカー炭積み出しの低下をもたらした。このことを示しているのが表 8-5 である。
　この表により，イギリス本国から外国航路用船舶の燃料として積み出された石炭量は著しく低下したことが明らかになる。すなわち1913年に比較すれば，1937年には933万トン（約44％）も低下した。しかもこの低下が決して事の全容を示すものではないことに注目すべきである。というのは，バンカー炭は外国航路に従事する船舶がイギリスの港から自らの燃料として積み出した石炭で

第8章　戦間期における船舶エネルギー革命と南ウェールズ炭　243

表8-5　イギリス諸港からの船舶用燃料炭および石油輸送

(単位：百万トン)

年	販売用石炭生産量	外国向け燃料炭		沿岸航路燃料炭		燃料石油
		トン数	割合(%)	トン数	割合(%)	(外国航路用)
1913	287.43	21.03	7.3	2.40	0.8	n.a.
1924	267.12	17.69	6.6	1.48	0.6	1.01
1925	243.18	16.44	6.8	1.35	0.6	1.01
1929	257.91	16.39	6.4	1.55	0.7	0.98
1933	207.11	13.46	6.5	1.35	0.6	0.98
1934	220.73	13.49	6.1	1.40	0.6	1.41
1935	222.25	12.53	5.6	1.40	0.6	1.24
1936	228.45	11.95	5.2	1.41	0.6	1.21
1937	240.41	11.70	4.9	1.36	0.6	1.37

(出所)　(出所)　表8-2に同じ。

あるが，この他にイギリスから輸出された石炭の相当な割合が海外の給炭基地へと運ばれていた石炭であり（南ウェールズ炭がその大半を占めていた），その輸出量も戦後大きく低下したからである。

他方，沿岸海運に従事する船舶においてもエネルギー革命が急速に進んだ。沿岸船で運ばれる石炭貨物の量は1913年には1,799万トンであったのが，1937年には2,424万トンに増加した。こうした沿岸石炭貨物輸送の増加に相応して沿岸バンカー炭輸送も増加したと予想されるが，表8-5で示されているように，こうした増加は決して生じなかったのであり，このことは沿岸海運に生じたエネルギー革命を明白に物語っている[13]。

(3) 蒸気船の燃費効率の改善

ディーゼル船や石油焚き蒸気船の発展に伴う石炭需要の低下に加えて無視できないのが，蒸気船技術の発展の結果としての石炭焚き蒸気船の燃費効率の改善であった。というのは新たな競争に直面して，炭鉱業者，船主，造船業者，および舶用機関技師たちは石炭焚き蒸気船の効率改善のために尽力し，その結果，この時期には石炭焚き蒸気船の経済性も相当大きく向上したからである。この点について MSWCA の報告書は次のように述べている。「船上での石炭利用の節約（炉の改善や商船における蒸気タービンの適応も含めて）

はかなり重要であった。推定によれば、一般貨物船の一日当たりの石炭消費量は今や戦前に比べて4分の1から3分の1低下し、そして最も改善されたボイラーと熱保存の実行によって、この節約は50％にも達する」[14]と。

実際、イギリスの海事関係者や炭鉱関係者が最も力を入れたのは石炭焚き蒸気船の燃費効率の改善であったことを忘れてはならない。歴史の後知恵により石油を燃料とするディーゼル機関の勝利が明らかになるが、当時の人々には、このことはそれほど明白とは言えなかった。むしろ炭鉱業の苦境にあえぐイギリスでは炭鉱業者と海事関係者が協力して石炭焚き蒸気船の改善に力を入れたことは当然の方向であったように思われる。

さて、以上で見てきたような船舶用燃料としての石炭から石油へのエネルギー転換が南ウェールズ石炭輸出の低下に大きな影響を与えたことは疑いないが、どの程度影響を与えたかは必ずしも明白ではない。この点についてMSWCAの報告書は次のように述べている。「石油による石炭への代替、および石炭使用の節約により、連合王国、および南ウェールズが失った石炭の総量を推定することは困難である。しかし、この問題に対しては次の事実により重要な光が投げかけられる。すなわち、連合王国からのスチーム炭の輸出は1913年には5,360万トンであったのに対して、1937年には2,740万トンに低下した。そして南ウェールズからの輸出は2,680万トンから1,260万トンに低下した。また外国航路の蒸気船のバンカー炭として連合王国から供給された石炭の量は1913年には2,100万トンであったが、1937年には1,170万トンに低下し、他方、南ウェールズからの供給は約499万トンから301万トンに低下した。かくして1913年以来の連合王国のスチーム炭の輸送（貨物とバンカーの両方）の減少は3,550万トンを下らず、南ウェールズ諸港からの供給の減少は1,620万トンに達したのである」[15]。

(4) 炭鉱業の技術革新

こうした船舶用石炭需要の低下はなにもこの時期の南ウェールズ炭に対する需要低下の全てを表しているわけではないが、他方、この時期の困難の要因の

全てを需要の低下によって説明することができないことも確かである。そして供給面に焦点をあわせると，南ウェールズの炭田ではイギリスや外国のそれに比べて技術的に遅れを取っていたという点で多くの論者の意見が一致している。炭鉱業は労賃が総費用の60〜70％を占めるきわめて労働集約的な産業であったが，それでも当時採掘方法としての残柱式

表8-6　石炭総生産量に占める機械採掘の割合　(単位：％)

	1913年	1929年	1936〜7年
連合王国	8.5	28	55
南ウェールズ	1.0	9	21
ベルギー	10.0	89	99
ドイツ	2.0	91	97
フランス	—	81	92
ポーランド	—	32	40
ロシア	—	—	77

(出所)　The Monmouthshire and South Wales Coal Owners' Association, *Survey of the Position of the South Wales Coal Trade*, Cardiff (1938) p. 13.

採炭法から長壁式採炭法への移行と並行して，切り羽での採掘技術や地下坑道内での運搬方法などでかなりの技術革新が行われていた。まず，採掘技術を取り上げよう。

　南ウェールズの炭鉱が採掘技術面で他の地域よりも遅れていたことを明確に示しているのが表8-6である。この表により，切り羽での作業の機械化が急速に進行していたことがわかるが，その程度は国によってかなりの格差があったことが明らかになる。そして，南ウェールズが最も遅れていたことは一目瞭然である。ここでは1936〜7年においても機械による採掘はわずか21％に過ぎなかったのである。

　1913年に，連合王国ではベルギーを除く他のヨーロッパ諸国よりも機械化が進んでおり，機械的手段により生産された石炭の量は2,460万トン（全体の8.5％）であった。ただし，南ウェールズは例外であり，わずか64万トン，1％が機械的に採掘されたに過ぎなかった。その後，戦間期にはポーランドを除くどの国でもイギリスよりも急速に機械化が進行したが，この時期にヨーロッパで見られた切り羽の機械化は具体的には手作業に代わる圧搾空気ピッケルの利用であり，この機械はイギリスでも普及し，1928年から36年にかけて石炭切り出しピッケルの数が934から6,464機に，すなわち約7倍に増加した[16]。イギリス国内でもヨーロッパ大陸諸国に匹敵するほど機械化が進行した地域も

あった。例えば，北スタッフォードシャーでは1936年には91％が機械による採掘になっており，同様にノーザンバーランドやスコットランドのファイフでは88％，ラナークでも83％が機械採掘となっていた。

南ウェールズ炭田における機械化の遅れはなにも掘削技術だけに限らなかった。地下坑道内での運搬作業においても，この時期には動物的手段に代わってベルトコンベアの使用が普及したが，この点でも南ウェールズはイギリス国内の他の炭田に比べて遅れをとっていた。例えば，サプルによれば，1928年にイギリスの炭鉱全体では61％の石炭が機械装置によって運搬されていたのに，南ウェールズではわずか26％に過ぎなかったのである。以上簡単に見たような機械化の遅れにより，1927/8年から1939年にかけてイギリス炭鉱全体で1人当たり生産性は約16％向上したのに，南ウェールズではわずか4％あまりの向上にとどまったのである[17]。

それではこうした技術革新の遅れはいかなる要因によっていたであろうか。ディンテンファス[18]のように炭鉱企業家の責任に帰することが妥当なのであろうか。それとも他の要因によって説明されるのであろうか。私見ではこの時期の技術革新の遅れ，そしてそれと関連する南ウェールズ炭鉱業の苦境を炭鉱企業家のみの責任に帰してしまうのはあまりにも単純な議論のように思われる。例えば，南ウェールズの多くの炭鉱では地質的にみて機械化，とりわけ圧搾空気ピッケルの導入は困難であった。炭層はきわめて脆く，落盤の危険性が高く，このことが圧搾空気を利用する機械ピッケルの利用を極度に困難にしたと言われている。こうした技術的問題に加えて，多数の小規模炭田の存在という産業構造上の問題や，強力な労働組合組織の存在といったことも機械化を妨げる要因として作用したと思われる。

III 失業の増加

以上に見てきたような南ウェールズ炭に対する船舶用需要の低下や，炭鉱の技術革新の遅れにより，多くの炭鉱が閉鎖され，炭鉱で働く多くの労働者が失

業や賃金低下などによる生活状態の悪化を被った。

　まず，イギリスの他の地域と比較して南ウェールズ経済がいかに深刻な状態であったかは，イギリスの地域毎の失業率を見ることによって明らかになる。すなわち，比較的好況な年であった1927年のイギリスの失業率が9.7％であったに対して，ウェールズでは19.8％にも達していた。また大不況によって失業率が上昇する1931〜33年においてウェールズの失業率はイギリス全体のそれをはるかに上回っていたのである。すなわち1930年にはイギリス全体の数字が16.2％であったのに対して，ウェールズでは26.5％，1931年には22％に対して33.5％，そして1933年には20.3％に対して，ウェールズでは35.4％となっており，イギリス全体の失業率より常に10％を超える失業率を記録していたのである[19]。

　またウェールズ全体の中で南ウェールズが最も深刻な不況地帯であったが，南ウェールズの中でも不況の深刻さには地域的差異が見られた。一般に西部の無煙炭地帯は比較的恵まれていたのに対して，船舶用スティーム炭や輸出用瀝青炭を多く産出する東部地域でとくに不況が深刻であった。このことは1934年に実施された労働省の産業調査報告書において明白に示されている[20]。

　この報告書では南ウェールズの東部炭鉱地帯を，西カンバーランド，ダラムとタインサイド，そしてスコットランドと並んで『特定不況地域』として分類しているが，その根拠して次の点を挙げている。まず第１に南ウェールズ西部地域の失業率が28.6％であったのに対して東部地域の1934年の失業率は44.5％に達した。また，東部地域はかなりスティーム炭の輸出に依存していたが，その輸出は大幅に減少した。しかも近い将来に回復の見込はほとんどない。これに対して西部地域は無煙炭を生産していたが，その需要は増加したため，1933年の産出量は612万7,000トンで，記録的な水準に達したという。さらにこの報告書によると，無煙炭に対する需要が好調なため，西部地域の潜在的労働吸収力は高く，将来の見通しは明るい。失業期間の長さという点でも５年以上にわたって失業している者は西部では4.5％であるのに対して東部地域では11.6％にも達する。また東部地域では人口が減少傾向にあるのに対して，西部ではわ

表8-7 南ウェールズ東部地域産業別労働者および失業統計

(1934年4月24日)

産　業	被保険労働者数	完全失業者数	一時的失業者数	失業者の割合(%)
炭鉱業	153,733	50,437	18,796	45.3
鉄鋼業	10,727	2,558	1,754	40.0
ブリキ工業	4,747	656	841	31.3
その他の産業	56,353	27,846	1,147	50.4
合　計	225,560	81,497	22,538	46.1

(出所)　Ministry of Labour, *Reports of Investigations into the Industrial Conditions in certain Depressed Areas*, H. M. S. O. (1934) p. 131.

ずかながら増加傾向にあったという[21]。

　表8-7は同報告書で示されている東部地域の基礎産業の労働統計である。この表からもこの地域における炭鉱業の重要性と，その不況の深刻性が明らかになるであろう。

　さらに南ウェールズの東部地域の中でもとくに内陸の炭鉱地帯では「失業のポケット地区」と呼ばれるとくに不振な地区が存在した。すなわち「これらの地区はかつては工業的に繁栄していた町や村であったが，近年における炭鉱の閉山と製鉄所の閉鎖により，大規模な雇用源が実質的に喪失したのである。ブライナ (Blaina)，ブラマウア (Brymawr)，ラムニー (Rhymney)，マーサー (Merthyr)，ダウレス (Dowlais)，エブ・ヴェール (Ebbw Vale)，ソウゲニーズ (Seughenydd) がその典型と見なされる。……また，炭鉱がなお稼働しているロンザのような地域では，石炭生産の減少が極めて深刻なので，失業率は『廃棄地区』ほど高くはないものの，失業中の労働者の実数はもっと多いのである」[22]。そして，この資料によれば，1年以上の失業者はブライナでは67.5％，ブラマウアでは83.9％，エブ・ヴェールでは87.3％，そしてマーサーでは82.9％にも達し，地域全体を平均すると74％にも達したのである[23]。

　それでは極度の失業に直面して政府はいかなる対策を講じたであろうか。そのさいに取り上げられるのが特定地域法の制定である。1934年の特定地域法により，政府は南ウェールズ東部地域を含む4地域を「特定不況地域」に指定した。政府は特定地域再建のために委員を任命し，委員は地域再建のために尽力

した。また，1936年の特定地域再建法では不況地域への企業再建や誘致のために，地代，利子，そして税金の免除，融資なども行った(24)。

委員会は毎年報告書を提出したが，例えば1935年の報告書では，議会で認可された200万ポンドの一部が南ウェールズ経済の再建に当てられたことを明らかにした(25)。また，1936年の報告書は，石炭・鉄鋼業において若干の回復の兆しが見えてきたこと，その結果失業者の数も1934年12月には15万6,000人であったのが，35年12月には14万2,000人に減少したと述べた(26)。

しかし，こうした政府の救済活動は決して十分とは言えず，特定地域委員自身，その活動が労働省の官僚主義的諸規制によって妨げられていたことを嘆いているし，政府による救済活動も下水道の設置など若干の小規模事業に限られていたのである(27)。また，景気が回復したといっても，その主たる原因は再軍備に伴うイギリス経済活動の回復によるところが大きく，他の地域と比較して南ウェールズの回復はかなり遅れていたのである。実際，K. O. モーガンは「特定地域開発はネヴィル・チェンバレンや他の正当派の大臣によって考案され，誤解され，気乗りしない一時凌ぎ策」(28)であったと酷評している。

Ⅳ　南ウェールズ炭鉱業者の対応

未曾有の不況に直面して，南ウェールズ炭鉱業者も決して手をこまねいて事態を傍観していたわけではなかった。彼らも，状況を改善するために種々の対策を講じた。その一つの表れが「バック・トゥ・コール」運動である。この運動は海軍の燃料政策の再検討を要求し，すでに石油に転換されている軍艦の燃料を再び石炭に再転換することを要求する運動であり，現代の視点から見れば，明らかに歴史に逆行するような運動であったが，深刻な不況に直面していた当時の南ウェールズ炭鉱業者や石炭関連の仕事に従事する人々にとっては，まさに死に物狂いの運動であったと思われる。以下，この運動の展開過程を見ていく中で，運動推進者たちがいかなる見解をもってこの運動に参加したか，また政府や海軍本部がいかに対処したかを考察しよう。

周知のように，すでに第1次世界大戦前からイギリス海軍はドイツ海軍との近代化競争の過程で，商船よりも早く石油焚き軍艦への燃料転換を図っており，すでに大戦前にイギリス海軍の主力艦は最新鋭の石油焚き船に転化していたと思われる。このことは南ウェールズ炭鉱業者にとっては憂慮すべき事態であったが，当時の未曾有の石炭輸出ブームに隠されて，それほど大きな問題にはならなかったようである。

　しかし，戦後の石炭輸出の不振は単に炭鉱関係者ばかりでなく，南ウェールズ経済全体に深刻な影響を与えた。とりわけ世界大恐慌以後の不況に伴う大量失業の発生という苦境の中で展開されたのが，「バック・トゥ・コール」運動であった。これはカーディフ，スウォンジー，マーサー，ニューポートの各市長をはじめとして，各都市の商業会議所，南ウェールズ炭鉱主協会，石炭輸出業者協会，さらには南ウェールズ炭鉱労働者連合と，広範囲にわたる利害関係者の代表による政府への陳情運動であった。ここではまずこの陳情活動の展開過程と，陳情者の主要論点，そして海軍，および政府の対応について見ていくことにする。なお，運動の展開過程を要約したのが表8-8である。

　この運動の発端は1931年3月30日（月曜）にアクワース（Capt. Bernard Acworth）がカーディフ・パーク・ホテルで開催されたカーディフ・ビジネス・クラブで行ったスピーチであった。アクワースは退役海軍士官であり，その著書 "Navies of Today and Tomorrow" により，海軍の燃料政策の再検討を主張していた。彼はそのスピーチの中で軍艦の燃料としての石炭と石油の比較を行い，スピードの点でも石油のメリットはわずかであり，石炭のほうが遙かに安価で，豊富に入手できるのに対して，石油は海外諸国（しかも大英帝国以外）から輸入しなければならないと主張し，イギリス海軍が石油に依存することの危険性を訴えた[29]。この演説は単にカーディフの実業家ばかりでなく，不況に喘ぐ南ウェールズ各地に大きな反響を呼び，南ウェールズ諸都市の商業会議所を中心として海軍への燃料政策の再検討を求める運動，すなわち「バック・トゥ・コール」運動へと発展していったのである。例えば，スウォンジーでは4月10日（金曜）にスウォンジー商業会議所でこの問題への関心が示され

第8章　戦間期における船舶エネルギー革命と南ウェールズ炭　251

表8-8　「バック・トゥ・コール」運動の展開過程

年月日	事　項
1931. 3.30	カーディフビジネスクラブでのB. アクワース（Acworth）氏の演説。南ウエールズ各地で海軍の燃料問題への関心を喚起。
4.10	スウォンジー，ニューポートでもこの問題が議論され，共闘の準備。
4.24	カーディフで南ウェールズの産業関係者や市民団体の会合開催。海軍への代表派遣決定。
5.21	海軍への請願代表団の委員会。
6.12	「バック・トゥ・コール」運動の代表による海軍本部への手紙。
7.03	海軍への請願行われる（団長，カーディフ市長）。
7.10	海軍の否定的返答。新たな運動方針の模索。
10.23	カーディフ市役所で「バック・トゥ・コール」委員会の会合。
1932. 1.15	「バック・トゥ・コール」運動の委員会開催。小委員会の結成。
4.21	「バック・トゥ・コール」運動代表団，枢密院総裁（Baldwin）に陳情書を提出。ボールドウィンは彼らの要求を首相に伝えることを約束。
5.05	モンマスシャー，南ウェールズ選出の代議士と委員会メンバーとの会合。
6.02	カーディフ市民週間での産業展示会で運動支持者は石炭の使用を訴え。（6月18日まで）
7.22	首相（マクドナルド）の返答をボールドウィン氏がカーディフ市長に伝達。
8.09	運動のメンバーたちは石炭液化などの実験を促進する諮問委員会設置計画。
9.15	鉱山局へ派遣する代表の決定。
9.23	運動の代表，鉱山局秘書のフット（I. Foot）氏に対して石炭使用可能性を調査する常設委員会設置要請。
11.22	ロンドンで石炭利用促進のため，実業家達の会合。
1933. 1.20	カーディフにて「バック・トゥ・コール」運動と石炭利用委員会（C. U. C.）の合同集会開催。

（出所）　*Colliery Guardian* (1931-1933) より作成。

たし，ニューポートでも市会でこの問題が論議され，カーディフ・ビジネス・クラブと合同の会合を開くことが決定された(30)。このように，この運動は南ウェールズ各地で盛り上がりを見せ，4月24日（金）に実業界や市民団体の代表がカーディフに集合して大会が開催された。そして次のような決議が採択された。すなわち「この会議は南ウェールズ炭田，および隣接する港や諸都市の事業団体を代表しているが，イギリス海軍の維持のために外国産商品ないしは海外から運ばれた商品に依存する政策の継続によって生じる危険に警告を発する。この会議はまた諸産業，とりわけ深刻な失業を生み出している炭鉱業の不振を深く懸念しており，炭田に繁栄を呼び戻すためできるかぎりの努力を惜しむべきではないと考えている。この会議はこの点を考慮

して以下の諸氏からなる委員会を任命する。同委員会は海軍本部に代表を送り，意見書を提出する」[31]。

　この決議に基づき，カーディフ市長（R. C. Snook）を委員長とする海軍への代表団が任命された。その中にはニューポートやスウォンジー市長をはじめ，南ウェールズ石炭輸出協会長で，地域最大の炭鉱業者であったジョン・パウエル（John Powell），カーディフ海運業者のJ. シーガー（W. Seager）も含まれていた。また，代表団の派遣に先立ち，6月に書簡が海軍本部宛に送られた。こうした準備を整えたのち，代表者の会議が開催され，7月1日（水曜日）に請願書が海軍本部に提出された。

　しかし，これに対して海軍本部の書記官，C. G. アモン（C. G. Ammon）の回答は請願者たちにとっては決して満足すべきものではなかった。それによれば，第1次世界大戦の経験は石油燃料のメリットを明白に示したのであり，他の国々の海軍が石油を使用しているのにイギリス海軍だけが石炭に転換すれば，その戦闘力の低下は免れないであろう。確かに，外国産燃料に依存することは大きな問題であり，できれば国産燃料の使用が望ましいことは言うまでもないが，「石油を使用することの軍事的利点はそのデメリットを大きく上回る」[32]として，彼らの要請を拒絶している。また彼によれば，現在では，石油は決して一国，一地方から供給されているわけではなく，危険が分散されているという。

　こうした海軍本部による拒絶的回答に直面して，カーディフでは様々な議論が展開された。ある者（Major W. Gregson）は，これ以上海軍に燃料転換を要求するのは無理であり，むしろ関心を商船の燃料に向けるべきであると論じた。というのは「確かに海軍本部が石炭を採用すれば，それにこしたことはないが，商船のほうが遙かに大きな消費者であることを想起すべきである」[33]と述べている。他方，この運動の火付け役となったアクワースは海軍への請願の結果は確かに失望すべきものではあったが，メリットはあったと楽観的見解を述べた。というのは今や国中の人が国家の安全が外国からの燃料供給に依存している脆弱な現状を知ったからであるという。また，D. スウェシン（D. Llewellyn）は，

第8章　戦間期における船舶エネルギー革命と南ウェールズ炭　253

海軍の燃料政策に関して，より専門的な検討が必要であることを訴えるべきであると論じている(34)。その後も海軍本部への働きかけが続けられたが，海軍本部の態度はなんら変化しなかった(35)。

そこで1932年になると運動の主導者たちは方針を変更し，ウェールズ選出の代議士と共闘して，内閣に働きかける方向へと向かっていった。そして同年1月に開催された委員会で，代表団を派遣することを決定した(36)。

「バック・トゥ・コール」運動の代表団は4月21日に，当時枢密院総裁であったボールドウィンに面会し，海軍の燃料として石油から石炭への早急な復帰を要求した。この時の代表者のスピーチの公式記録が The Monmouthshire and South Wales Coalowners' Association 文書の一部として National Library of Wales に所蔵されている。以下はその主要論点である。

まず，南ウェールズ経済の深刻な苦境の主要因が海運業におけるエネルギー革命，およびイギリス海軍の燃料政策の変化であるという点で，陳情者の見解が一致している。この点について，ニューポート商業会議所の R. フィリップ (R. Phillips) 氏は「戦前において石油焚きの設備をもつ蒸気船は130万総トンに過ぎなかったが，昨年（1931年）には2,000万総トンに達し，また同時期にモーター船も23万4,000トンから950万トンに増加した。そして南ウェールズは1913年には170万4,000トンの石炭をイギリス海軍に供給していたが，1929年にはわずか15万トンに低下した」(37)と述べている。同様に南ウェールズ石炭輸出業者協会長，J. パウエルも海事産業からの石炭需要の低下によって「南ウェールズに途方もない困難と失業を生み出し，炭鉱業者やその株主も非常な困苦を味わっている。そしてこの責任の一端はイギリス海軍が石油の使用を増加したことにある。というのはそれにならって他国の海軍も石油に転化したし，そればかりでなくイギリス，および他国の海運業者もその例に習ったからである」(38)と述べ，南ウェールズ炭の市場縮小の原因をイギリス海軍が石油に転換したことから生じた波及効果にあると論じている。

このように陳情者たちはイギリス海軍の燃料政策の転換が南ウェールズ経済を深刻な不況に陥れたと訴え，イギリス海軍の燃料政策の再考を要請しようと

するのであるが，彼らといえどもこのことがきわめて困難なことを十分認識していたし，石油が石炭と比べて多くのメリットをもっていることも認めていた。しかし他方で，石炭焚き船の改良も注目すべきであるという。例えばスウェシンは，ストーキング作業は以前は火夫によって行われていたが，今や機械的に行われていると論じている[39]。

　この陳情活動で興味深い点は炭鉱労働者の代表も参加していた点である。周知のように南ウェールズ炭鉱業は労使関係の悪さで悪名高かったが，少なくともこの問題については労使双方の利害は一致していたのである。この陳情に参加したモンマスシャーおよび南ウェールズ炭鉱労働者連合の秘書，O. ハリス（O. Harris）は南ウェールズ炭に対する海軍・海運業需要の低下により，この地域の炭鉱業は他のいかなる地域よりも大きな打撃を受けた。このため1920年には27万1,000人もいた南ウェールズ炭鉱労働者の数は今や15万5,000～14万5,000人に減少し，炭鉱の閉鎖により多くの人々が路頭に迷っていると嘆いている。もちろん彼は軍艦にとってスピードはなによりも重要な問題であり，この点で石炭よりも石油のほうが優れていることを認めている。しかし，国家の経済問題はさらに重要な問題であり，彼は単に技術的観点からばかりでなく，より広い観点からこの問題を考察する委員会の設立を訴えている[40]。

　このように，代表者たちの要求は議会内にこの問題に関する調査委員会を設置することであったが，この要求に対してボールドウィンは大きな同情を表すとともに，首相が海外訪問から帰国次第，この問題を検討するよう要請すると約束したのである[41]。

　その後，南ウェールズ選出の国会議員と「バック・トゥ・コール」運動推進者の非公式の会合が行われ，この問題について委員会設置を要請することが決定された。この会合の中で，南ウェールズ石炭輸出業者協会会長のパウエルは委員会設置理由に関してかなり詳細な演説を行ったが，その中で彼は，南ウェールズ炭鉱業の不況の実態を具体的な数字をあげて訴えた後[42]，「バック・トゥ・コール」運動の論拠は全く愛国主義的であると主張する。彼は，軍艦の中には石炭に転換することはもはや不可能なものもあるが，それが可能なもの

も存在し，石炭を粉にして霧状に噴射する（パルヴェライズド）燃料を使用すれば，バーナーを交換せずに石炭と石油のいずれも使用できるので，そうした技術を十分開発するよう働きかけるべきであると述べている[43]。

このように「バック・トゥ・コール」運動の主導者たちは調査委員会の設立を求めて内閣に働きかけていくのであるが，その間，6月2日から18日にかけて，カーディフ市民週間の催しの一環として産業博覧会が開催された。ウェールズの代表的企業が様々な展示を行ったが，この時に「バック・トゥ・コール」運動推進者たちはパンフレットやテープを利用して石炭の消費を促進する宣伝を積極的に行っている[44]。ここで，注目すべき点は，「バック・トゥ・コール」運動は単に海軍や政府に対してばかりでなく，広く一般大衆に対しても石炭の使用を促進する運動を展開していたことである。

この運動のクライマックスは7月中旬に訪れた。首相（マクドナルド）の最終的回答が枢密院総裁ボールドウィンを通じてカーディフ市長に伝えられたからである。それによると，「海軍用燃料や機関の選択に際しての最大の考察事項は戦闘に際してのパーフォーマンスであり，燃料支出における経済性は確かに重要ではあるが，副次的問題に過ぎない……そして残念ではあるが，首相は次のような見解に達した。すなわち，現在の軍艦の建造（石油焚きの船舶）が続くかぎり，調査委員会を設立してもなんら役に立たないであろう……もっとも海軍本部の技術指導者達は現在海軍で使用されている燃料（石油）に代わる燃料の供給可能性に大きな関心を持ち続けるであろうが」[45]。そうした代替燃料としてパルヴェライズド燃料などの実験の継続に言及している。

言うまでもなく，この決定は「バック・トゥ・コール」運動の当事者たちにとって，大きな失望であった。彼らはさっそくウェールズ選出の代議士達と連絡をとり，将来の方針について話し合ったが，今や運動方針の大きな転換を余儀なくされた。そして，運動の中心は石炭液化等に取り組む機関に対してそれらの実験を促進し，この目的のために常設委員会を設置するよう政府に働きかけていく方向へと展開していくのである。その働きかけは9月23日に行われ，ウェールズ選出議員と運動の代表者達が鉱山局秘書フットと面会し，石炭の使

用可能性に関する常設委員会の設置を要請している。これに対してフットはその設立可能性の検討を約束しつつも，提案されている委員会が既存の燃料研究局（The Fuel Research Board）と重複することを指摘し，結局はうやむやにされてしまうのである[46]。

以上，院外活動として展開された「バック・トゥ・コール」運動の展開過程を垣間見てきたが，この運動は単に南ウェールズの地方政治家や実業家たちばかりによってでなく，ウェールズ選出の国会議員によっても進められていた。その中心として活躍したのポンティプリーズ選出で，南ウェールズを代表する大炭鉱業者の孫，デヴィッド・デイヴィス（David Davies）であった。彼の主張は下院の海軍予算委員会の中で見いだすことができる。この予算審議の最大の課題は忍び寄る軍国主義の脅威の中で，海軍予算の大幅な増額をめぐる与野党間の攻防であり，その関連でデイヴィス議員は海軍燃料政策の再検討を要求している[47]。彼の演説の内容は決してそれほど奇抜なものではなく，「バック・トゥ・コール」運動の中でたびたび言及されてきたことの反復であるのでここでは割愛する。ただ，彼の質問に対して海軍本部を代表してウォーレス（Captain Euan Wallace）が答弁しているが，そこから明らかになる点は，当時のイギリス軍艦の燃料としては石油が使用されているものの，そのエンジンは（潜水艦を別として）決してディーゼル機関ではなかったことである。そして（ドイツ海軍では一部で導入されているのに）イギリス海軍ではどうしてディーゼル機関を使用しないのかという，デイヴィスの質問に答えて，ウォーレスは，現在のところ3種類のディーゼル機関があるが，いずれも軍艦用としては問題があるという。すなわち商船で使用されている大型低速機関は海軍用としては重くて嵩張りすぎる点が弱点であり，高速ディーゼル機関は確かにドイツの軍艦に使用されているが，7,000馬力以上の出力を出すことができない点に問題がある。したがって今のところイギリス海軍では中速機関が潜水艦で使用されているのみであるという。その理由は「それが同馬力の蒸気機関よりも効率的であるからというよりも，むしろ潜水艦には蒸気機関を使用することができないからである」[48]という。

また，ウォーレスの答弁から明らかになるもう一つの点は，イギリス海軍が決して国産燃料の可能性を放棄したわけではなく，可能なかぎりその利用可能性を模索していたことである。例えば1933年7月19日の答弁の中で，ウォーレスは海軍本部によって購入された低温乾留法，および水素添加法によって生産された石油の量を示している。それによると，1929年にはその量はわずか20トンに過ぎなかったが，1933年には3,025トンに増加しているという[49]。また当時イギリス海軍の全ての軍艦が石油を燃料としていたわけではなかった。例えば，1932年の下院での答弁で，海軍の議会・財務セクレタリー（Parliamentary and Financial Secretary）のスタンレイ卿（Lord Stanley）は国内艦隊のうち50隻は石油を燃料としているが，18隻は石炭を使用していると答弁している[50]。少なくとも平時の防衛活動ではできるだけ経費の節約がはかられており，そのためにはそれほどのスピードを必要としない作戦行動では石炭も若干使用されていたのである。

　さて，院外では1933年になってもこの運動はなおも執拗に継続されていく。しかし，度重なる挫折で自らの要求の実現が困難なことが明らかになってくるにつれて，徐々に運動の方針は当初の目的から逸れた方向に向かって行く。今やこの運動は1932年半ばに結成された石炭利用評議会（Coal Utilization Council【C. U. C.】）と共同して，広く一般消費者に石炭の利用を訴えていく運動へと転化していくのである。国産品愛好運動の裏を返せば外国品排斥運動であるが，運動の初期においては明らかに前者の側面が強く出ていた。しかし，今や徐々に後者の側面が強調されるようになり，政府に対しては石油の輸入に対する高関税政策の要求，そして消費者に対しては外国品排斥運動へと姿を変えていく。そして今やますます露骨に外国品使用（ここでは石油）を監視する機関という性格を備えるようになるのである。このことを示す事例として興味深いのが1933年6月における *Colliery Guardian* 誌の記事である。それによれば，グレート・ウエスタン鉄道は1933年の新造船建造の中でフィッシュガードからアイルランドへのフェリーサービスに石油焚きの蒸気船の導入を計画していたが，「バック・トゥ・コール」運動の当事者はこれに激しく抗議している[51]。また，

他方ではこの運動の推進者たちはC.U.C.や南ウェールズファクター協会と共同して，石油輸入に対して高い関税を賦課するように政府に働きかける圧力団体へ転化していくのである。

　最後にこの運動が挫折した理由を探ってみよう。まず第1にあげられるのは，海軍の燃料政策のあり方いかんは一国の安全を左右する最重要問題であり，こうした問題の決定は言うまでもなく政府や海軍本部の最高指導者の判断に基づいていた。そしてドイツ海軍との激しい近代化競争の中で，軍艦の燃料としてはすでに第1次世界大戦以前より石炭から石油への燃料転換が実施され，石油を燃料とする蒸気機関がもはや揺るぎない地位を確立していた。当時の海軍首脳にとっても，国政の指導者たちにとっても，世界の主要国海軍が石油を燃料としている状況下において，イギリスだけが明らかに機動性の劣る石炭に転換するといった考えはもはや問題外であったと言えよう。したがってこの運動は大局的に見て成功する見込みは最初から少なかったと思われる。しかも，この運動は南ウェールズというイギリスの1炭鉱地域で起こった本質的にはローカルな運動であり，他の炭鉱地帯の関係者との共闘により，全国的な運動へと盛り上げることができなかったことも不成功に終わった重要な要因としてあげられよう。実際，船舶用燃料の供給を南ウェールズがほとんど独占しているという事情からみても他の炭鉱地帯と共闘する可能性はほとんどなかったのである。最後にタイミング的に見ても，この運動が成功する見込みはほとんどなかったと言える。運動が展開された1931～33年はまさに不況のどん底であり，この時期に辛酸を嘗めていたのはなにも南ウェールズ炭鉱業者だけではなかった。確かにこの地域の炭鉱業者の置かれていた立場は例外的であったが，他の地域の産業も程度の差はあれ，苦境のどん底にあったことに違いはなかった。こうした時期にある一地方の産業の要求，しかもその要求がたとえ満たされたとしても，その効果が疑わしい要求に耳を傾けるほどの余裕は当時の政府にはなかったのである。

V むすび

 以上，第1次世界大戦後の南ウェールズ炭市場の縮小，とりわけこの地域が戦前から確固たる地位を築いてきた船舶用石炭市場の縮小が，この地域の炭鉱業にいかなる影響を与えたか，そして未曾有の不況に直面してこの地域の炭鉱業者をはじめとする石炭取引関係者がとった一つの対応として「バック・トゥ・コール」運動に注目して考察してきた。

 はじめにも述べたように，この運動は決して前向きの対応と言えるものではなかったことは確かであろう。そしてもちろんこうした運動だけが当時の南ウェールズ炭鉱業，あるいは石炭取引関係者の唯一の対応というわけではなかったことも確かである。例えば，当時の南ウェールズ最大の炭鉱業者である Powell Dufflyn 社はこの時期に多くの小規模炭鉱を合併することにより，企業規模の拡大による規模の経済性を最大限に利用しようとしたし，豊富な石炭を利用することにより電力事業への参入を図るなど経営多角化も積極的に行っていた。

 また，炭鉱業者ばかりでなく，造船業や舶用機関関係者たちも，この時期に蒸気船の燃料効率改善のために尽力した。実際，両大戦間時代には石炭利用を促進するための種々の技術革新への取り組みが行われていたのであるが，その一つの方向は石炭焚き商船の技術革新への取り組みであった。そして，この方面の技術革新は海事関係者にとっても炭鉱業関係者にとっても利害が一致した。というのは，海事関係者にとっては蒸気船推進技術をいっそう高めることは従来蓄積してきた技術を無駄にせずにすむという点で，新たなディーゼル機関の開発に比べると比較的容易な方向であったし，船員側の抵抗も少なくてすんだ。他方，石炭焚き船舶の競争力を増大させる技術革新は炭鉱業者にとっても歓迎されたことは言うまでもない。ただ，そうした妥協的で短期的利益の追求が長期的に見て正しい方向であったかどうかは大いに問題であったことも確かである。

注
(1) 拙稿「イギリス軍艦用燃料としての南ウェールズ炭,19世紀南ウェールズ炭の市場拡大過程のひとこま」『海外海事研究』No. 122 (1994) 参照。
(2) 例えば,1900年において北東部諸港からの石炭輸出がイギリス全体の29.7%であったのに対して,ブリストル湾諸港からの輸出は41.9%を占めていた。この点については,例えば,Thomas, D. A., 'The Growth and Direction of Our Foreign Trade in Coal during the last Half Century', *J. R. S. S.*, vol. 66 (1903) p. 498 参照。
(3) 海軍大臣,ジョン・A・フィッシャーによるイギリス海軍近代化政策については,例えばダニエル・ヤーギン/日高義樹・持田直武共訳『石油の世紀』(上) (1991) 第8章,参照。
(4) Supple, B., *The History of the British Coal Industry, vol. 4. 1913-1946, The Political Economy of Decline*, Oxford U. P. (1987) Chap. 2-3.
(5) 例えば,Suppleの示した資料によれば,1913年の南ウェールズの石炭生産量は5,680万トンでイギリス全体の19.8%を占めていたが,1938年にはその生産量は3,530万トンに低下し,イギリス全体に占めるシェアも15.5%に低下した。これに対して,同時期にヨークシャー炭田は15.2%から18.5%に,東ミッドランド炭田は11.7%から14.2%,西ミッドランド炭田は7.3%から8.7%にそのシェアを増加させた。Supple, *op. cit.,* p. 21.
(6) 両大戦間のイギリス炭鉱業衰退の要因としては,本書で取り上げる海事産業のエネルギー革命に伴う需要低下の他に,第1次世界大戦中の市場構造の変化,ポンドの過大評価,戦中戦後の外国炭田の開発,外国政府の保護政策,鉄道運賃差別政策,イギリス炭鉱の枯渇,生産性の低下,炭鉱企業家の保守性に伴う技術革新の遅れ,炭鉱労働者組合に関わる諸問題など,様々な要因が挙げられる。なお,この問題については拙稿「両大戦間におけるイギリス石炭産業衰退論」帝塚山大学経済経営研究所『経済経営研究』第1号 (1993) 参照。
(7) The Monmouthshire and South Wales Coal Owners' Association, *Survey of the Position of the South Wales Coal Trade in Relation to the United Kingdom and of the World,* Cardiff (1938) p. 3.
(8) Mitchell, B. R., *British Historical Statistics,* Cambridge U. P. (1988) p. 591.
(9) Hansard, *Parliamentary Debates,* House of Commons (29 June 1932) p. 1784.
(10) Board of Trade, *An Industrial Survey of South Wales,* H. M. S. O. (1932) p. 26.
(11) *Ibid.,* p. 27.
(12) この問題に関しては Fletcher, M. E., 'From Coal to Oil in British Shipping', *Journal of Transport. Hist.,* New Ser., vol. 3, No. 1 (1975); Henning, G. & Trace, K., 'Britain and Motorship:A case of the Delayed Adoption of New Technology?' *Journal*

Eco. Hist., vol. 35 (1975); Robertson, A. J., 'Backward British businessmen and the motor ship, 1918-39', Jurl. of Transpt. Hist., 3rd ser., vol. 9-2 (1988); 富田昌宏「イギリス海運業・造船業の衰退原因」『海運経済研究』15号 (1981); 同「イギリスにおける新技術への対応」神戸大学『経済経営研究所年報』第38号 (1989) 参照。

(13) Mines Department, *Report of the Committee Appointed to Examine the Possibility in the National Interest of Obtaining an Increased Use of Coal for Bunkering Purposes,* H. M. S. O. (1938) p. 4.

(14) *Survey of the Position of the South Wales Coal Trade in Relation to the United Kingdom and of the World,* p. 4.

(15) *Ibid.,* p. 4.

(16) *Ibid.,* p. 11.

(17) Supple, B., *op. cit.,* p. 31.

(18) Dintenfas, M., *Managing Industrial Decline:Entrepreneurship in the British Coal Industry between the Wars,* Colunbus (1992); Do., 'Entrepreneurial Failore Reconsidered: The Case of Inter-War British Coal Industry', *Business Hist. Rev.,* vol. 62 (1988).

(19) Thomas, D., 'Economic Decline', in Herbert, T. & Jones G. E., *Wales Between the Wars,* University of Wales Press (1988) p. 31.

(20) Ministry of Labour, *Report of Investigations into the Industrial Condition in Certain Repressed Areas,* H. M. S. O. (1934).

(21) *Ibid.,* pp. 129-130.

(22) *Ibid.,* p. 130.

(23) *Ibid.,* p. 136.

(24) Morgan, K. O., *Rebirth of A Nation, Wales 1880-1980,* Oxford. U. P. (1981) p. 225.

(25) *Ibid.,* p. 225.

(26) *Ibid.,* p. 226.

(27) *Report of The Commissioner for The Special Areas In England and Wales,* (1935), (1936), (1937), (1938).

(28) Morgan, *op. cit.,* p. 227.

(29) *The Colliery Guardian* (10 April 1931).

(30) *Ibid.* (17, 24 April 1931).

(31) *Ibid.* (1 May 1931). また、この会議において MSWCA の秘書、Gibson 氏は南ウェールズから海軍、沿岸船用、および外国の給炭基地への石炭供給の大幅な減少を示す次のような興味深い表を提示している。

	1913年	1930年	減少分
海軍本部の供給	1,800	70	1,730
沿岸輸送			
リヴァプールへ	341	2	339
ロンドンへ	774	377	397
サザンプトンへ	499	179	320
プリマスへ	56	25	31
外国給炭基地への輸送	5,080	3,054	2,026
合　計	8,550	3,707	4,843

(32) 　*Ibid.* (3 July 1931).
(33) 　*Ibid.* (10 July 1931).
(34) 　*Ibid.* (10 July 1931).
(35) 　*Ibid.* (17 July 1931).
(36) 　*Ibid.* (22 Jan. 1932).
(37) 　MSWCA, Verbation Report, "Back to Coal" Movement Deputation to the Lord President of the Council, Thursday (21st April, 1932) pp. 5-6.
(38) 　*Ibid.*, p. 8.
(39) 　*Ibid.*, pp. 4-5.
(40) 　*Ibid.*, p. 20.
(41) 　*Colliery Guardian* (22 April 1932).
(42) 　*Ibid.* (13 May 1932).
(43) 　*Ibid.*
(44) 　*Ibid.* (10 June 1932).
(45) 　*Ibid.* (22 June 1932).
(46) 　*Ibid.* (16 Sept. 1932).
(47) 　Parliamentary Dedate, House of Commons (16 May 1933) pp. 2198-2199.
(48) 　*Ibid.* (16 March 1933) p. 2232.
(49) 　*Ibid.* (25 July 1933) p. 1791
(50) 　*Ibid.* (4 May, 1932).
(51) 　*Colliery Guardian* (6 Jan. 1933).

第9章 両大戦間時代のカーディフ海運業

I はじめに

　第1次世界大戦後における南ウェールズの石炭輸出の低下は，多くの産業に影響を与えたが，カーディフ港の海運業もその一つであった。というのは南ウェールズ，とりわけカーディフ海運業者の大半が不定期船業者であり，石炭輸出がその繁栄の基盤をなしていたからである。本章の課題は第1次世界大戦後のカーディフ海運業の状態について若干の検討を加えることであるが，その前に第1次世界大戦後のイギリス不定期船業が置かれていた状況についてごく簡単に触れておこう。

　19世紀後半から第1次世界大戦にかけて，イギリス海運業は「定期船海運ではなく，むしろ不定期船海運を中心に発達した」[1]点に大きな特徴を持っており，その発展の基礎をなしていたのが穀物を中心とする大量の食糧品や工業用原料輸入と並んで，大量の石炭輸出であった。しかし，第1次世界大戦を境にしてイギリス不定期船業は衰退した。その衰退の程度を数量化することはそれほど容易なことでないが，例えば後藤伸氏の推計によれば，イギリス不定期船腹量は1914年の544万総トンから1933年には約440万総トンに減少した[2]。こうした衰退の根本原因としては言うまでもなく従来の主要貨物をなしていた穀物と石炭の貿易の低下があげられよう[3]。

　さて，両大戦間におけるイギリス不定期船業者の困難は同時にカーディフ海

運業者の困難でもあった。というのはほとんどのカーディフ海運業者は不定期船業者であり、'coal out grain home trade'，すなわち本国から石炭を積み出し，バルト海諸港や南北アメリカから穀物を輸入することをその主要業務にしていたからである。

II 若干の政府統計にみるカーディフ海運業の衰退

(1) 出入港統計

ある港の貿易や海運活動を示す一つの指標として出入港トン数統計があるが，まずこの統計を見ることによって，戦間期のカーディフ港の活動状況を見ていこう。表9-1は戦間期におけるイギリス主要貿易港の出入港トン数の推移を示したものであるが，この表によって次の点が明らかになる。

まず第1に，イギリスの他の港と比較してカーディフ港の海運活動がこの時期にかなり衰退していることは明白である。実際，この表にあげられている主要港の中で出入港トン数とも低下したのは3港だけであり，そのいずれもがカーディフ，ニューポート，そしてポート・ターボットといった南ウェールズの港であった。もっとも南ウェールズの全ての港が衰退したわけではなく，スウォンジーの場合には出入港トン数とも増加している[4]。他方，北東イングランドのハートルプールでは入港トン数がかなり減少している。一般に石炭や鉄鋼などの旧重要産業を後背地にもつ南ウェールズや北東イングランドの港の貿易が低迷しているのと対照的に，南東イングランド諸港の出入港トン数はかなり増加した。例えば，ハリッジ（入港で3.8倍，出港トン数では3.9倍），サザンプトン（同，3倍，3.1倍），ドーバー（同，2.8倍，3.0倍），プリマス（同，2.2倍，2.2倍）。ファルマス（同2.2倍，2.0倍），フォークストン（同，1.9倍，2.8倍）の増加が顕著であり，首都ロンドンの発展（入港で1.9倍，出港で2.1倍）も注目に値する。イギリス全体で見ると，1920年と比較して1938年に外国の港からイギリスの主要港に入港した船舶トン数，およびイギリスの

表9-1 イギリスの主要港の出入港トン数の変化

(単位:万トン)

港	1920年 入港	1920年 出港	1925年 入港	1925年 出港	1930年 入港	1930年 出港	1935年 入港	1935年 出港	1938年 入港	1938年 出港
Belfast			154	129	365	342	338	315	356	335
Blyth	47	78	113	174	94	117	88	121	63	94
Bristol	144	132	227	211	257	211	264	207	294	232
Cardiff	445	672	550	729	557	735	323	527	365	569
Dover	133	124	185	187	229	228	277	279	378	378
Falmouth	54	83	93	86	121	125	77	133	121	163
Folkstone	59	39	83	83	100	98	123	123	110	109
Glasgow	284	314	412	498	432	476	420	438	490	491
Grimsby	99	74	209	227	213	243	155	178	152	177
Hartlepool	71	64	80	71	89	98	65	81	56	65
Harwich	71	70	160	153	270	269	278	277	272	272
Hull	307	250	477	426	529	451	527	451	542	475
Liverpool	928	873	1,359	1,269	1,430	1,315	1,398	1,246	1,464	1,352
London	1,178	982	1,825	1,611	2,258	2,011	2,183	1,949	2,252	2,042
Manchester	174	137	307	258	357	294	356	289	354	290
Middlesbrough	174	175	221	219	227	241	177	214	192	219
Newcasle and N. S. Shields	452	589	589	683	707	832	439	588	502	623
Newport	159	218	200	270	201	271	100	177	97	184
Plymouth	248	249	487	480	744	741	525	517	550	541
Port Talbot	83	92	70	92	96	106	72	87	58	71
Southampton	386	378	927	926	1,138	1,131	1,077	1,068	1,152	1,158
Sunderland	60	87	126	156	128	151	75	105	87	127
Swansea	131	199	251	321	267	338	240	316	211	297
Leith	85	84	157	165	136	132	123	127	129	132
Other Ports	591	460	850	850	938	928	829	804	863	807
Total	6,620	6,685	10,696	10,825	12,759	12,716	11,414	11,476	12,711	12,221

(出所) *Annual Statement of The Navigation and Shipping of the United Kingdom* (1921), (1923), (1926), (1928), (1930), (1933), (1935), (1938), (1940) より作成。
(注) 外国航路に従事する船舶のトン数を示す。

主要港から外国へ向けて出港した船舶トン数はともに相当増加し,前者は約1.9倍,後者は約1.8倍となった。これに対して,この時期のイギリスの貿易量はほとんど増加しなかったので船腹が過剰傾向にあったことが明らかである(5)。

この時期のカーディフ港の出入港トン数統計から見られる第2の大きな特徴は,外国諸港への出港トン数が入港トン数を上回っていることであり,ニュー

表9-2 南ウェールズ主要港の貿易量

(単位:千トン)

年	カーディフ		スウォンジー		ニューポート		ポート・ターボット	
	搬入	搬出	搬入	搬出	搬入	搬出	搬入	搬出
1914	2,655	26,082	1,006	5,086	618	5,733	227	1,908
1916	2,384	22,584	671	4,485	584	5,589	190	2,622
1918	1,901	16,444	416	3,767	694	4,279	200	1,471
1920	2,211	15,577	486	3,840	587	4,515	199	1,872
1922	2,035	22,193	1,308	5,011	468	6,426	276	2,284
1924	2,605	20,508	1,810	5,578	1,025	5,933	561	2,374
1926	2,641	7,472	1,909	2,930	1,184	12,448	304	925
1928	2,052	17,629	1,695	5,105	823	5,204	380	1,769
1930	2,052	17,629	1,472	5,423	669	5,364	602	2,558
1932	1,442	12,753	991	4,734	505	3,086	474	1,939
1934	1,535	12,007	1,049	4,674	376	3,000	621	2,037
1936	1,883	10,477	1,120	3,913	314	2,761	654	1,812
1938	1,899	11,061	1,105	4,407	354	3,230	503	1,513

(出所) Digest of Welsh Historical Statistics, vol. 2, University of Wales, Aberystwyth (1985) pp. 54-55.
(注) Cardiff の数値には Penarth と Barry の値も含まれている。

ポートやスウォンジー,ポート・ターボットなど他の南ウェールズの港,さらにはニューカスルやサンダーランドなどの北東イングランドの港も同様の特徴をもっていた。これに対してロンドンやリヴァプールの大港の場合にはこの時期を通して入港トン数が出港トン数を上回っていた。こうしたパターンはなにも戦間期に始まったわけではなく,すでに19世紀から見られた特徴であった[6]。カーディフ港の出港トン数が入港トン数を大きく上回っていたことはこの港の貿易が全体として片貿易であったことを示している[7]。表9-1に示されている出入港トン数は外国貿易に従事する船舶のトン数であるが,内航海運の統計をみればカーディフの場合,常に入港トン数のほうが出港トン数を大きく上回っていたのである。もちろん,戦間期の石炭輸出の不振により,カーディフ海運業者は石炭や穀物以外の貨物を求めて世界各地に配船していたが,この統計からはそのことはあまり明白ではない。なお,表9-1から見逃してはならない点は,衰退傾向にあったとはいえ,カーディフ港はロンドンやリヴァプールは別としても,タイン河口の諸港と並んでなおイギリス有数の港であったということである。

表 9-2 は他の南ウェールズ主要港とともに，カーディフ（ペナースとバリーを含む）の貨物貿易の実態を示したものである。この表により，1914年において，カーディフ港の搬出貨物量は搬入貨物量の約10倍であったことがわかる。第1次世界大戦後，搬出，搬入貨物量とも減少したが，前者の低下は後者以上に大きかった。その結果，両者の格差はこの時期にかなり縮小した。1914年を100とする指数で表せば，搬出貨物指数は1920年には59，1932年には49，そして1938年には42に低下した。これに対して，搬入貨物指数は1920年に83であったのが，1932年には54に低下したが，1938年には71に回復した。程度の差はあるものの，他の多くの南ウェールズ諸港も同様の傾向を示したが，スウォンジーは例外であった。先述のように，無煙炭貿易が堅調であったことにより，スウォンジーの搬出貨物貿易の低下は他の諸港に比べて軽微にとどまり，搬入貨物量は，かなりの変動にもかかわらず，低下傾向を示さなかった。

(2) 船舶登録統計

さて，両大戦間時代は単に南ウェールズの1地方港，カーディフだけでなくイギリス海運業者全体にとって大きな試練の時であった。大戦が始まる1914年には世界の船腹量が4,910万トンであったのに対して，イギリスのそれは約1,930万トンで，イギリス船が世界全体の40％あまりを占めていた。しかしその後の新興海運国の成長につれて世界の船腹量は1921年には5,880万トン，31年には6,870万トンに増大し，その後不況の拡大とともに一時低下したものの1939年には6,850万トンに回復した。これに対してイギリスの船腹量は1931年には2,020万トン（対世界比29％）であったが，1939年には1,790万トンで世界全体の26％に低下したのである[8]。しかもこの時期は世界の船腹量の増加ほど貿易量が増加しなかったことから全体的に船腹過剰の時期であり，加えて，世界貿易のパターンが従来のヨーロッパ中心からヨーロッパ以外（アメリカ，極東）へと移ったこと，さらには外国船のイギリスへの入港比率が増加したこと[9]もイギリス海運業者の困難を大きくしたのである。しかも，不定期船業に専門化するカーディフ海運業者にとっては石炭貿易の衰退に加えて，定期船

表9-3 カーディフ港の登簿船舶統計

(単位:括弧内は平均トン数)

年	帆船		蒸気船		モーター船		合計	
	隻数	トン数	隻数	トン数	隻数	トン数	隻数	トン数
1919	53	2,153(91)	187	169,467(906)	—	—	240	171,620(715)
1920	57	4,335(76)	228	197,381(866)	—	—	285	201,716(708)
1921	54	4,268(79)	234	193,399(826)	—	—	288	197,667(686)
1922	51	4,659(91)	236	197,494(837)	—	—	287	202,153(704)
1923	53	4,264(80)	243	220,659(908)	—	—	296	224,923(760)
1924	49	4,376(89)	249	236,419(949)	—	—	298	240,795(808)
1925	48	4,350(91)	238	234,711(986)	—	—	286	239,061(836)
1926	49	4,370(89)	217	208,853(962)	—	—	266	213,223(802)
1927	47	4,337(92)	209	199,773(956)	—	—	256	204,110(797)
1928	45	4,531(101)	209	218,760(1,047)	—	—	254	223,291(879)
1929	45	4,531(101)	199	215,681(1,084)	—	—	244	220,212(903)
1930	46	4,751(103)	185	212,546(1,149)	—	—	231	217,297(941)
1931	44	4,596(104)	175	212,484(1,214)	13	265(20)	232	217,345(937)
1932	42	4,567(109)	160	175,003(1,094)	13	265(20)	215	179,835(836)
1933	29	3,841(132)	142	139,945(986)	14	280(20)	185	144,068(779)
1934	28	3,748(134)	124	119,595(964)	13	239(18)	165	123,582(749)
1935	26	3,748(144)	121	111,788(924)	11	197(18)	158	115,733(732)
1936	19	3,277(172)	111	113,896(1,026)	20	9,536(477)	150	126,709(845)
1937	19	3,277(172)	105	106,350(1,013)	24	12,692(529)	148	122,319(826)
1938	19	3,277(172)	103	103,656(1,006)	28	16,097(575)	150	123,030(829)

(出所) Annual Statement of The Navigation and Shipping of the United Kingdom (1921), (1923), (1926), (1928), (1930), (1933), (1935), (1938), (1940)より作成。

が機会あるごとに穀物,砂糖,トウモロコシなどのバラ積み貨物貿易に進出したことも苦難の要因であった。

　表9-3はカーディフ港で登録された船舶の種類別の隻数とトン数を示しているが,この表を見る場合に注意すべきことは,この表で示された登録船舶トン数の記録は必ずしもある港の海運業の実態を忠実に表すものではないという点である。ある海運業者がロンドンで船舶を登録したとしても必ずしもその海運業者の主要な活動がロンドンで行われていたことにはならないのであり,とりわけカーディフでは19世紀末のブーム期に出現した一部の悪徳海運業者の行動が港の評判を落とす要因となり,多くの伝統的海運業者がその船舶をロンドンへ移転した[10]。また,両大戦間に生じた海運業のグループ化により,一部

のカーディフ海運業者がロンドンの大海運業者に併合され，それと同時にその船舶の登録をロンドンに移転したケースもあった。その最も顕著な事例としてHain Line の事例をあげることができる[11]。

このように，表9-3はカーディフ海運業者の船舶保有の実態を必ずしも正確に表すものではなく，後に示すLloyds' Register に見られるカーディフ船主の持ち船のトン数と大きく乖離していたのであるが，少なくともこの表を見るかぎりこの時期のカーディフ海運業の衰退は明白である。すなわち，トン数全体で見れば，戦後のブーム期の影響もあって1919年から20年にかけては約17万トンから20万トンに増加しているが，その後の不況により減少した。その後景気の回復につれて，再び増加し，1924年には約24万トンで戦間期のピークに達している。しかし，その後この数字を超えた年は皆無であり，とりわけ1930年代の大恐慌以後急速に低下している。

この表で興味深い点は船の推進機関別の分類がなされていることである。もっとも，モーター船として新たな分類がなされるのは1931年からであり，それ以前はこのタイプの船は同港では皆無であった。そこで，次に船の推進機関別分類に基づいてこの表を見ていこう。

すでに19世紀末頃から帆船の衰退は始まっていたが，この表を見るかぎり，なお戦間期の相当遅くまで帆船が細々ながらも操業を続けていたことがわかる。しかし，その場合に注目すべき点は蒸気船の平均トン数が1,000トン前後であったのに対して帆船のそれはわずか100トン前後であったことである。このことはこれらの小型帆船が主としてウェールズの地方港を結ぶ沿岸船であったことを意味している。実際，B.グリーンヒルが述べているように，第1次世界大戦後も小型のスクーナー型帆船が交通の便の悪い内航海運でわずかに活躍しており，僻地の輸送需要に応えていたのである[12]。とはいっても戦間期はこうした伝統的帆船主の最終局面であり，この表からもわかるように，30年代になるとほとんど衰退してしまったのである。

この表を見るかぎり，全時期を通じてカーディフ海運業の主力は蒸気船であったことは明らかである。イギリス海運業が鉄，後には鋼製蒸気船技術の発展

に基づいていたことは言うまでもないことであるが，第1次世界大戦後もイギリス造船，造機業者は石炭を燃料とするレシプロエンジンや蒸気タービンの改良に尽力したのである(13)。

　一般的に見て，この時期のイギリスの海運業者はスカンディナヴィアの同業者に比べて，タンカーやディーゼル船の採用には消極的であったことは多くの論者が指摘しているとおりである。例えば，タンカーの採用にさいして，イギリスの伝統的定期船会社はタンカーを船というよりは「パイプラインを浮かべたもの」と見なし，それほど大きな熱意を示さなかったし，不定期船主の場合にはその事業をタンカーに切り換えるだけの十分な資金力をもっていなかった。彼らの多くはすでに100年近く石炭と石炭燃料船に慣れきっていたので，ちょうど19世紀にアメリカ帆船主が蒸気機関に対して消極的であったのと同じように石油に背を向けていた(14)と言われる。

　このような議論は少なくともカーディフ海運業者に関するかぎり，かなりの程度当てはまることはこの表からも明白である。もちろんこの表からは蒸気船の燃料までは明らかでないが，石炭輸出の中心港であるカーディフでは遅くまで石炭を燃料に使用していたことは十分想像できるであろう。もちろん，1930年代になるとカーディフでもモーター船を採用する船主が出てくるが，この年のモーター船の平均サイズがわずか20トンであったことから明らかなように，おそらくはタグボートか艀のような船であったと思われる。少なくともこの表を見るかぎり，カーディフで大型モーター船が登録されるのはようやく1936年以降のことである。

　ちなみにイギリス船主全体の中でもカーディフ船主がとりわけモーター船の採用に遅れていたことは表9-4からも明らかである。この表はロンドン，リヴァプールの主要2港とカーディフ港におけるモーター船登録トン数とこれらの港における全体の登録トン数，および全登録トン数に占めるモーター船の割合を示している。この統計においてモーター船が他の種類の船舶と区別して分類されるようになるのは1931年以降であるが，すでにその年にロンドンでは17％以上，リヴァプールでも13％以上がモーター船であったのに比べてカーデ

第9章 両大戦間時代のカーディフ海運業 271

表9-4 イギリスの主要港のモーター船登録トン数の推移
(単位：百トン。括弧内の数字はモーター船の割合)

年	カーディフ		ロンドン		リヴァプール	
	モーター船	全体	モーター船	全体	モーター船	全体
1931	3	2,373(0.1)	7,298	41,600(17.5)	3,760	27,984(13.4)
1932	3	1,798(0.1)	7,354	41,135(17.9)	3,960	27,312(14.5)
1933	3	1,441(0.2)	7,370	38,816(19.0)	4,151	25,334(16.4)
1934	2	1,225(0.2)	7,569	37,982(19.9)	4,170	23,475(17.8)
1935	2	1,157(0.2)	8,375	37,982(22.1)	4,373	22,466(19.5)
1936	95	1,267(7.5)	10,120	39,452(25.7)	4,372	22,402(19.5)
1937	127	1,223(10.4)	11,616	40,349(28.8)	4,493	22,207(20.2)
1938	161	1,230(13.1)	13,399	42,736(31.4)	4,678	22,003(21.3)

(出所) Annual Statement of the Navigation and Shipping of the U.K. (1934), (1935), (1938), (1940)より作成。

ィフではほとんど皆無に近かった。カーディフにおいてモーター船がなんらかの重要性を持ち始めるのは1936年以降であり，その年に漸く全体の7.5％を占めるのであるが，ロンドンとリヴァプールではすでに，それぞれ25.7％，19.5％に達していたのである。

前述のように，イギリス海運業者は全体としてみても，世界全体，とりわけスカンディナビア諸国の同業者と比べると，モーター船の採用で遅れをとっていた。ノルウェーやデンマーク，スウェーデンではすでに1931年にはそれぞれその割合は40.3％，35.9％，および31.7％にも達していたのに対して，同年のイギリスの割合は12.4％に過ぎなかったし，1939年には上記3国のモーター船の割合は全船隊の62.2％，52.2％，46.6％にも達したのに，イギリスではいまだ25.6％に過ぎなかったのである[15]。だが表9-4は，このような全体としての遅れの中でも港によってかなりの相違があったことを示しており，とりわけカーディフ海運業の新技術採用の遅れはなによりもこの地域の海運業者が不況の打撃を最も強く受けた不定期船業に基礎を置いていたこと，さらに大抵のカーディフ船主が家族経営に基礎を置く小規模経営であり，新技術採用の為の資金が不足していたことが，その主たる要因であったと思われる。もっとも後述のように，カーディフ船主の中でも新技術を積極的に採用する者もなかったわけではないが，全般的な遅れは明白である。

III　カーディフ主要海運業者の経験

以上では政府統計によりながら戦間期のカーディフ港の海運活動を他のイギリス諸港との比較において若干の考察を試みてきたが，次に海運業者の社史などを使用することにより，第1次世界大戦中，およびその後の時期にカーディフ海運業者が置かれていた困難の事情をより具体的に見ていこう。

(1)第1次世界大戦と戦後の混乱期

　第1次世界大戦は海運業者にとってまさに激動の時代であった。戦時中多くの船舶や船員が政府によって徴用され，武装商船，軍隊輸送船，軍需品輸送船などに用いられた。徴発船の用船料は政府規定の「ブルー・ブック」によって決められ，このレートは1915年に定められたものであったので，戦時中の市場運賃率の高騰によって，市場運賃よりもかなり低く見積もられた。また船員不足や燃料不足に伴う費用高騰のため，政府の規定レートでは採算が取れない海運業者もあったのである。もっとも当初は全ての船舶が政府によって徴用されたわけではなく，中には徴用を逃れるために外国へ船籍を移転するものもあり，船主間の不平等感を生む原因にもなった。そこで1915年に政府は過剰利益税（Excess Profits Duty）を導入し，当初は1912～13年の好況時の利益を上回る利益が生じた場合に50％の税金が課されることになった[16]。

　戦争の進行とともに政府による海運規制はさらに強化された。1916年12月には海運省が新設され，イギリスの全ての船舶が海運統制官の支配下に置かれることとなった。海運統制官は拿捕した敵国船をイギリス船主に割り当てる仕事も行った。過剰利益税は1917年には80％に引き上げられ，しかも一層煩雑なものになった。政府が優先的に徴用したのは高速，良設計の船であり，優秀船主が多くの徴用を受けた[17]。したがって不定期船業に専業化するカーディフ船主はロンドンやリヴァプールの大定期船会社ほど多くの徴用を受けず，中には法律の網の目を逃れて，かなりの利益をあげる者もいた反面，超過利益税によ

って大きな打撃を受ける者もいた。例えば，カーディフの大船主，Evan Thomas Radcliffe 社の場合，1916年から24年にかけて28万ポンドもの税金を支払わねばならず，会社の経営に大きな打撃を与えた(18)。また中にはこうした法規制に嫌気がさして，戦後，海運業から手を引いてしまった者も少なくなかった。例えば，1903年にはじめて船舶所有を開始し，タレット設計の船舶所有で成功したE. ニコル（Edward Nicholl）の場合，1906年にはカーディフ海事雑誌 Maritime Review によって「カーディフで最も若く，最も驚くべき成功をおさめた蒸気船経営者」と称賛されていたが，彼は戦時中の超過利益税への痛烈な批判者となり，1917年には全船隊をノルウェー船主，S. ハンセン（Sven Hansen）に売却してしまったのである(19)。

表9-5 第1次世界大戦中のカーディフ主要船主の喪失船舶

船主名	隻数	トン数
John Cory & Sons	20	40,862
Evan Thomas Radcliffe	20	82,553
Wm. Tatem	9	40,364
Jenkins Bros.	5	17,609
Owen & W. Williams	4	14,182

（出所） Jenkins, D., *Owen & Watkin Williams of Cardiff: The Golden Cross Line* (1991) pp. 30-31, pp. 55-57; Do., *Jenkins Brothers of Cardiff, A Ceredigion Family's Shipping Ventures*, 1985, pp. 89-95; Heaton, P. M., *Tatems of Cardiff* (1987) pp. 22-24, pp. 49-64; Cory, R., *A Century of Family Shipowning*, John Cory and Sons Limited 1854-1954, pp. 40-47, 49; Jenkins, J. G., *Evan Thomas Radcliffe, A Cardiff Shipping Company* (1982) pp. 31-32, pp. 77-92より作成。

また，戦時中，敵艦の攻撃によりほとんどのイギリス船主が損害を被ったが，カーディフ船主も決して例外ではなく，敵の潜水艦や水雷艇の犠牲になった。カーディフ船主全体に関する統計は見当たらないが，若干の主要船主の社史を利用することにより，彼らが戦時中に失った船舶数とトン数を知ることができる。表9-5がそれである。

この表で示されている John Cory & Sons は第1次世界大戦前夜には19隻もの船舶を所有するカーディフでも有数の船主であったが，終戦当時は9隻に縮小していた。とりわけ1917年から18年にかけては同社の船舶が失われなかった月はほとんどなく，同時に多くの人命が犠牲になったのである。同社の社史には大戦中に失われた船舶リストの詳細が掲載されている(20)。その他の海運業者の場合もコリー家の場合と同様の事情にあったので，ここでは叙述を割愛する。もちろん敵艦の攻撃に伴う喪失船舶の一部は戦時中に補充されたが，その

多くは戦時標準船であり，航行性能に劣っていたため，後に重荷になることが多かったのである。

終戦後しばらくの間，海運ブームが訪れた。運賃率は高騰し，多くの海運会社が設立された。「1919年1月から翌年の3月までの17カ月間にカーディフで130もの海運会社が登録され，1,450万ポンドの資金が船舶購入のために調達された」[21]。海運会社，とりわけ老舗の会社の株式は高値で取り引きされ，船主達は将来に対する自信を表明した[22]。

D. J. モーガンによれば，この海運ブームは主として次の要因によっていた。まず第1に，戦時中大量の船舶が失われたため，実態のない船腹不足感が生まれた。第2に，深刻な港の混雑がブームを助長した。イギリスのすべての主要港で停泊設備の不足が生じたため，船舶は荷役を行うために何日も，時には何週間も待たねばならなかった。港湾や鉄道の労使関係の悪化がこの混雑を助長した。それに加えて，海運国有化の不安の解消や戦勝ムードが楽観的風潮を生み出し，ブームを助長した。

しかし，このブームは長続きせず，1920年5月から運賃率は低下し始めた。例えば，カーディフからポートサイドへの石炭運賃率は，同年1月にトン当たり60シリング，4月には75シリングに達した後，7月には45シリング，そして12月には15シリングに低下した[23]。そして表9-6に示されているように，同港への年平均運賃率は1920年の30シリングから1923年には11シリング3ペンスに低下したのである。

戦後の混乱期はカーディフ海運業者にとっても大きな試練の時であった。経験の浅い船主の中にはインフレ価格で多くの船舶を購入し，まもなく訪れた不況によりあえなく破産してしまう者も多かった。例えば，E. エドワーズ（Edgar Edwards）は戦後の海運ブーム期にニューカッスル船主，ランシマン（Sir Walter Runciman）が所有するムーア・ライン（Moor Line）の船隊（約25隻の蒸気船から構成される）を180万ポンド（1重量トン当たり20ポンド）もの価格で購入した。明敏な海運企業家ランシマンは1919～20年の海運ブームが長くは続かないことを予見していたのである。案の定，まもなくブームは崩

表9-6　カーディフ港からの石炭運賃率

(単位：トン当り　シリング／ペンス)

年年	ルーアン			ポートサイド			ラプラタ		
	最高	最低	平均	最高	最低	平均	最高	最低	平均
1920	27/6	14/0	20/9	45/0	15/0	30/0	37/6	35/0	36/3
1921	9/6	6/6	8/0	17/6	13/0	17/6	21/0	14/0	17/6
1922	12/6	8/9	10/8	15/6	11/6	13/6	16/6	11/6	14/0
1923	8/6	5/6	7/0	13/6	9/0	11/3	17/6	13/3	15/5
1924	5/7	4/0	4/9	13/0	9/6	11/3	14/0	11/3	12/8
1925	4/6	3/9	4/2	11/0	8/0	9/6	18/0	11/9	14/11
1926	4/9	3/9	4/3	12/0	11/0	11/6	19/4	16/4	17/8
1927	4/9	3/9	4/3	13/4	9/2	11/3	14/6	10/8	12/7
1928	4/9	3/6	4/0	—	—	—	15/0	10/3	12/3
1929	5/3	4/3	5/0	12/0	10/0	11/3	16/0	12/3	14/0
1930	3/9	3/6	3/6	7/9	6/9	7/3	15/9	11/3	14/0
1931	3/9	3/3	3/6	7/6	6/3	6/9	—	—	—
1932	—	—	4/0	—	—	6/6	—	—	—
1933	—	—	4/0	—	—	6/0	—	—	—
1934	—	—	4/3	—	—	—	—	—	9/0
1935	—	—	4/5	—	—	—	—	—	—
1936	—	—	—	—	—	6/8	—	—	9/3
1937	—	—	—	—	—	10/1	—	—	12/6

(出所)　*Shipping World* (11 Jan. 1921); (3 Jan. 1922); (2 Jan. 1924); (14 Jan. 1925); (? Jan. 1926); (5 Jan. 1927); (4 Jan. 1928); (2 Jan. 1929); (1 Jan. 1930); (7 Jan. 1931); (6 Jan. 1932); (4 Jan. 1933); (3 Jan. 1934); (2 Jan. 1935); (1 Jan. 1936); (6 Jan. 1937); (5 Jan. 1938).

壊し，エドワーズの企業は多額の赤字を出し，破産を余儀なくされた。船舶は2年前の6分の1の価格で処分され，皮肉にもその多くはランシマンに払い戻されたという[24]。

　逆に先見の明のあった船主の中には，戦後のインフレ期に高価格で船舶を売却し，不況期を巧みに乗り切った者もあった。その一例として W. テイテム（Wm. Tatem）〔1918年にグラネリー男爵（Baron Glanely）の称号を与えられる〕の場合があげられる。彼は終戦時に8隻（3万5,338総トン）の船舶を所有していたが，戦後のインフレによる船価の高騰を利用して，全船隊の売却を決定した。そのうちの7隻はロンドン船主（Mediterranian Cargo Steamers Ltd.）に，他の1隻は North Wales Shipping Co. に販売された。そしてこれによって得た資金を元手にして6隻の船を注文した。彼の船隊縮小政策の正当

表9-7 カーディフ主要船主の船隊規模

(A) 1914年

会社名	船舶数	トン数
Evan Thomas, Radcliffe & Co.	28	114,649
W. J. Tatem Ltd.	17	74,207
John Cory & Sons	19	54,388
W. & C. T. Jones Steamship Co.	13	51,390
E. Nicholl & Co.	10	40,426
Wm. Reardon Smith & Son	8	35,416
Stephens, Sutton & Stephens	10	32,416
J. Mathias & Sons	7	29,628
Morel Ltd.	10	25,154
Turnbull Bros.	7	23,885
主要10社	129	481,780

(B) 1920〜21年

会社名	船舶数	トン数
Hain Steamship Co. Ltd.	43	195,745
Edwards, Sons & Co.	25	97,772
Wm. Readon Smith & Sons	20	94,517
Goulds Steamship & Ind. Ltd.	13	58,427
Evan Thomas, Radcliffe Co. Ltd.	9	41,254
Jenkins Bros.	11	33,366
Harrison, Sons & Co.	16	31,524
Chellew Steam Nav. Co. Ltd.	10	31,237
John Cory & Sons	10	27,955
Humpheries (Cardiff) Ltd.	6	22,107
主要10社	169	633,904
カーディフ船主全体	292	877,905

(出所) 1914年の統計はCraig, R. S., 'The Port and Shipping, 1750-1914', in Williams, G. and M. F. Williams (eds.), *Glamorgan County History*, vol. 5, Industrial Glamorgan, p. 505. また、1920〜21年の数字は *Lloyd's Register of Shipping* (1920-21) より作成。

性はその後のブームの終息，運賃の低下によって立証された。1922年には多くの船主が金融難に陥ったが，テイテムの企業は安定していた。彼の新造船はいずれも地中海貿易に適する貨客船であり，収益性が高かったし，グラネリー卿は戦後の混乱期のリスクの大きさに鑑み，海運以外の分野への投資を増加することで危険の分散を計ったのである[25]。

さて，この時期のカーディフ海運業の興亡がいかに激しかったかは表9-7からも明らかである。この表はロイズ・レジスターに基づいて作成されたものであり，1914年と1920〜21年におけるカーディフの主要10社の船隊規模を表したものである。1914年の統計はクレイグが作成したものであり，1920〜21年の統計は筆者が作成したものである（なおクレイグの論文では1884年と1914年の主要船主の記録が並列されている）。この表からも明らかなように，戦前，戦後を通じて主要10社に列していた船主はわずか3社に過ぎなかったが，それらの企業はいずれもかなり古くからカーディフで海運業を営む名門船主であった。すなわち，Evan Thomas Radcliffe & Co. Ltd, John

Cory & Sons，および Wm. Readon Smith Line がそれである。このうち W. R. スミス（Wm, Readon Smith）はデヴォン州のアップルドア出身で地方の船乗りから身を立て，1905年に船主になり，1914年には9隻の不定期蒸気船を所有していた[26]。また，E. トマスと H. ラドクリフのパートナーシップによって出発した Evan Thomas Radcliffe 社の場合1870年代から蒸気船の所有を開始し，20世紀初頭にはすでに24隻もの船舶を所有する大船主に成長していた[27]。他方，戦前に第2位の船隊を所有していた W. テイテムは先に述べたような縮小政策により，1920～21年にはわずか3隻（約1.1万トン）を所有するに過ぎなかったし，同様に戦前に4位で13隻（5万トン以上）を所有していた W. & C. T. Jones Steamship Co. は戦後には Lloyds' のリストから消えていた。というのは同社は超過利益税に反対して，全船隊を売却してしまったからである[28]。これに対して，43隻（19万5,745トン）もの船の所有により，戦後最大のカーディフ船主となった Hain Steamship Co. Ltd. も1870年代から船舶の所有を開始し，すでに第1次世界大戦前夜には34隻もの船舶を所有する大船主であった[29]。同社がクレイグの作成したリストに掲載されていないのは，おそらく同社の船隊がセント・アイヴィスで登録されていたために，クレイグがカーディフ船主と見なしていなかったことによっている。しかし，たとえそうであっても同社の船舶はカーディフ港からの貿易に使用されていたことに鑑み，ここではカーディフ船主と見なしておいた。また，戦後第2位に躍り出た，Edwards, Sons & Co. の場合には戦前にはほとんど取るに足らない存在であった。前述のように，同社は戦後インフレ期にランシマンのムーア・ラインの全船隊を購入することによって一躍大船主にのし上がったが，まもなく襲った不況によって破産する運命にあった[30]。

　いずれにせよ表9-7を見るかぎり，1914年から1920～21年に主要10社の船舶数は129隻（約48万トン）から169隻（約63万トン）に，すなわち船舶数，トン数ともに約1.3倍に増加している。これは戦後のインフレ期に多くの船主が乱立したことと関係しているようである。また，1920～21年の主要10社がカーディフ船主全体に占める割合は船舶数では約58％，トン数では約72％に

表9-8　戦間期に解散した主要カーディフ船主のリスト

(A) 第1次世界大戦中，および戦後解散	設立年	解散年
Evan Jones & Co.–The Field Line (Cardiff) Ltd.	1880	1923
Charles Radcliffe & Co. Ltd.	1901	1926
W. C. T. Jones Steamship Co. Ltd.	1884	1924
John Mathias & Sons, Aberystwyth & Cardiff	1876	1924
Edward Nicholl & the Cardiff Hall Line	1903	1917
Hansen Shipping Co. Ltd.	1915	1920
The Kestell Steamship Co. Ltd.	1915	1922
The Town Line	1911	1924
E. Edwards & Western Countries Shipping Co.	1915	1922
Goulds Steamships & Industries Ltd.	1915	1925
(B) 1930年代解散	設立年	解散年
Owen & Watkin Williams	1899	1930
Turnbull Bros.	1871	1937
W. E. Hinde	1903	1932
Samuel Instone & Co. Ltd.	1914	1937
Evan & David Owen	1916	1933
The Emlyn Line	1912	1939

(出所)　Jenkins, J. G. and D. Jenkins, *Cardiff Shipowners*, National Museum of Wales (1986) より作成。

達している。

　戦後，カーディフ海運業の集中が進んだかどうかはそれほど明白ではないが，少なくとも表9-8を見るかぎり，カーディフ海運業者の浮沈がいかに激しいものであったかは明らかであろう。この表はD. ジェンキンスのCardiff Shipowners に紹介されている約40数社のうち，第1次世界大戦後に解散したものをリストアップしたものであるが，おそらくここにあげられている企業の他にもこの時期に破産した弱小企業が存在したであろう。

　1923年頃からアメリカの炭鉱ストライキやフランス軍のルール進入により，石炭需要が増加し，景気は再び回復に向かった。そして運賃市況の改善につれてカーディフ海運業者の間でも明るさがよみがえり，多くの者が新造船に踏み切り，縮小していた船隊を再度拡張した。例えば，戦前には19隻（5万4,388トン）もの船舶を保有し，カーディフ3位の大海運業者ジョン・コリー家の場合，戦時中の敵艦攻撃による喪失により，1920～21年にはわずか10隻（2万

7,955トン）を保有するに過ぎなかった。同社は戦後不況期には事態を静観していたが，1925年になって拡張政策に転じ，ウエスト・ハートルプールの W. グレイ（Wm. Gray）のもとに 3 隻の新造船を発注した。それらはいずれも4,500総トン（約8,500重量トン）の大型貨物船であった。また，1928年には名目的なものになっていた多くのシングル・シップ・カンパニーを清算した[31]。他方，テイテムの場合，戦後の縮小政策により，その船隊は1922年にはわずか 6 隻に減少していたが，その後の景気回復により，1925年には 3 隻，そして1927年以後にはさらに 8 隻を追加した。これによってテイテム社が管理する船は1930年には15隻（ 6 万9,011総トン）に達していたのである[32]。

　もっとも景気が回復したといってもカーディフ海運業に以前のような繁栄がよみがえったというわけではなく，すでに黄金時代は過去のものになっていた。石炭貿易の不振に直面して，以前に見られたような石炭を輸出して穀物を輸入するという貿易パターンは崩れていった。今やカーディフ海運業者は貨物を求めて世界中の海へ出ていかなければならなくなり，それにつれて航海パターンもいっそう複雑になった。ジェンキンス兄弟の不定期船，ラドノア（Radnor）号の航海がその一例である。同船は1924年 5 月から1925年 2 月にかけて西太平洋のナウル（Nauru）島からグアノを積んでオーストラリアへ向かい，しばらく沿岸の貨物輸送に従事したのち，18カ月ぶりにカーディフに戻ってくるという長期航海に従事している。それは乗組員にとっても決して快適な航海ではなかったし，航海後の船舶の損傷も大きかったという[33]。こうした貿易パターンの変化は多かれ少なかれ他の企業でも生じたと思われる。

　カーディフ船主の中で，この時期に最も顕著な発展を示したのが Wm. Reardon Smith Line であった。表 9 - 9 で示されているように，1922年にはその船隊は39隻に達し，カーディフ最大の船主となっていた。ほとんどのカーディフ船主がその船隊を縮小していた時期に，同社のみが拡張していることは注目に値する。同社はこの時期に伝統的企業経営の殻を破って，多くの革新を実行したが，その成功の秘訣は次の点に見いだされるであろう。まず第 1 に，石炭貿易に執着していたほとんどのカーディフ船主とは異なり，同社はその活動の範

表9-9　カーディフ主要船主の船隊規模，1912〜1938年

年	J. Cory & Sons		Morel. Bros		E. T. Radcliffe		W. R. Smith		W. J. Tatem	
	隻数	トン数	隻数	トン数	隻数	トン数	隻数	トン数	隻数	トン数
1912	21	58,426	15	37,035	27	104,847	4	16,705	20	84,908
1914	11	34,071	10	22,138	28	114,649	8	35,416	17	74,207
1916	14	44,664	7	25,123	24	99,939	8	36,842	12	54,997
1918	16	44,230	6	22,761	18	75,849	18	79,995	13	62,564
1920	10	27,955	1	4,447	9	41,254	20	94,617	3	11,058
1922	11	30,039	2	8,592	9	41,252	38	189,785	6	20,634
1924	10	29,719	4	16,937	9	41,240	37	189,887	5	17,588
1926	10	33,257	5	22,945	13	61,988	36	179,105	8	32,541
1928	9	29,900	5	23,010	14	70,793	33	165,634	12	52,954
1930	9	29,900	7	33,229	16	84,153	35	175,394	14	65,166
1932	9	29,900	7	33,229	16	84,153	35	175,404	14	65,166
1934	5	17,036	5	23,999	8	42,134	30	150,928	11	51,947
1936	3	13,654	4	19,140	14	72,521	29	144,026	10	46,720
1938	3	13,654	6	29,124	15	76,103	25	122,767	11	55,168

(出所)　Lloyd's Register of Shipping (1912-1938) より作成。
(注)　1916のMorel社の数値にはR. E. Morel & Co.の値が含まれ，同様に1932年以後のReardon Smith's社の船隊にはSir Wm. Reardon Smith & Pertners Ltd.の値が含まれている。

囲を拡大したことが挙げられる。W. R. スミスは世界中の港で輸送される様々な貨物についての幅広い知識を持っており，船舶を世界中へ展開していたのである。また，それと関連して，ロンドンやニューヨークに事務所を設置することにより，同社は世界中の港から用船契約を獲得できたことも重要であった[34]。また，同社は1928年にはイギリスと北米太平洋岸を結ぶ定期航路を開設することによって，不定期船業というカーディフ海運業の伝統を打破しようとした[35]。さらにそれに加えて，船隊の近代化を積極的に推進し，1927〜30年にかけて17隻もの老朽船を処分するとともに，同数の新造船を建造した。その中にはサンダーランドのWilliam Doxford & Sonsから購入したモーター船も含まれていたのである[36]。

(2) 世界大恐慌とその後

ウォール街の株価大暴落に始まる大恐慌はやがて世界中に波及した。貿易量は激減し，それとともに運賃率は低下し，係船率も増加した。1929年に1億

4,190万トンであったイギリスの貿易量は1932年には1億トンあまりに減少し，中でも石炭輸出は同時期に6,440万トンから4,210万トンに，すなわち35％も低下した。『エコノミスト』による運賃指数は1913年を100とすると，1927年には109まで回復していたが，1930年には79，そしてどん底の1933年には72に低下した(37)。このような貿易量の減少と運賃低下は過剰船腹を生み，係船率は増加した。イギリス船の係船比率は1930年には7.7％と低率であったが，1932年には18.1％にも達した(38)。困難の程度は国によって大きな違いがあり，日本船の係船比率は主要国中で最も低く，わずか5％程度に過ぎなかった(39)。

またカーディフ海運業者にとってさらに厄介であったのは，不況の影響が定期船業に比べて不定期船業で遥かに大きかったことである。恐慌による貿易低下は定期船貨物よりも不定期船貨物のほうが大きく，しかも定期船運賃と比較して不定期船運賃は遥かに急激に低下した。例えばドイツ諸港を発着する定期船運賃指数（1913年を100とする）が1929年の114から1933年には69へ低下したのに対して，不定期船運賃指数は1933年には49に低下している(40)。こうした大幅な運賃低下は不定期船用船市場がほとんど完全競争市場であったことによっていた。定期船会社が不況カルテルの形成などなんらかの競争規制措置をとり得たのに対して，不定期船業者はなんらの市場力も発揮することができなかったのである。

恐慌による不況がカーディフ海運業者に与えた影響について，筆者が利用できた主要海運業者のどの社史もあまり詳しくは触れていない。これはおそらく不況の深刻化につれて，ほとんどの企業の営業活動が停止に近い状態に陥っていたことによると思われる。例えば，テイテムの場合，不況により2隻の船を販売し，船隊は13隻に縮小した。運賃があまりにも低かったため，赤字航海を続けるよりも係船を行ったほうが有利と判断したグラネリー卿はほとんどの船舶を係船したため，1933年には13隻の持ち船中，操業している船はわずか1隻となった(41)。ジョン・コリー家の場合も同様で，不況によりほとんどの船舶が係船されることになったが，この企業にとってさらに大きな打撃となったのは，それまで企業を支えてきた中心人物が相次いで亡くなったことであった。

企業活動は縮小し，1936年にはわずか3隻を残すのみとなった[42]。モレル社の場合も1932年には全船員や事務員の給料を10％引き下げることによって，不況に対処した[43]。

1930年代半ば頃から徐々に市況が回復し，係船されていた船舶も操業を再開した。しかし石炭輸出の減少につれて，たとえどん底からかろうじて生き残ったカーディフ海運業者も，ますます石炭輸送との結びつきを弱めていかざるを得なくなった。今や彼らは貨物を求めて世界中の海を駆けめぐる一般不定期船業者へと転じていった。この点についてヒートンによると，1930年代半ばに南ウェールズ海運業者は主としてその船隊を2つのタイプの貿易に標準化するようになったという。その一方はバルト海や地中海向けの4,500重量トンクラスの船の建造であり，もう一つのタイプはラプラタ貿易を含む長距離貿易用の7,000～8,000重量トンクラスの船がそれであるという。例えばWm. Tatem社の場合，ますます長距離不定期船業に集中していき，この目的のために従来の中型船を処分し，1万トン級の一般貨物船を注文した。また同社は従来の蒸気船とならんでモーター船の導入にも踏み込んでいった。同社は1936年に4隻の船舶を注文したが，そのうちの1隻はモーター船であり，サンダーランドのWm. Doxford & Sons Ltd.のもとで建造された。他の3隻は石炭焚き蒸気船で，サンダーランドのWm. Pickergill & Sons Ltd.で建造した。周知のように，Doxford造船所はイギリスにおけるモーター船建造の先駆者であった。この4隻の追加によりWm Tatem社の船隊は11隻（57,553トン）に増加したのである[44]。

次に大不況以後のカーディフの主要海運業者の船隊規模を，再度Lloyds' Registerを利用することによって概観しておこう。表9-10(A)は1936年におけるカーディフの主要船主の船隊規模を表しているが，先にあげた表9-6に見られる1920～21年の数値と比較すると1936年にはカーディフ船主の船隊規模はかなり減少していることがわかる。すなわちLloyds' Registerに記録されたカーディフ船主全体の船舶数は1920～21年には292隻であったのに，1936年には235隻に減少し，トン数は88万トンから66万トン程度に減少した。

主要10社全体の船舶数も1920〜21年の169隻に比べて1936年には113隻に減少し、総トン数も約63万トンから39万トンにかなり大幅に減少している。この間にカーディフ海運業は、小企業への分散が生じ、主要10社による所有割合は、トン数でみると、1921年には約72％であったのが、1936年には63％に減少している。また、表9-10(B)は1939年の実態を示しているが、これを見れば明らかなように、カーディフ海運業はますます衰退していったことがわかる。今やカーディフ全体でわずか181隻、約65万トンに減少し、他方主要10社の持ち船は91隻、約42万トンとなったのである。

表9-10 カーディフ主要船主とその船隊規模

(A) 1936年

会社名	船舶数	トン数
Wm. Readon Smith & Sons	24	125,063
Evan Thomas, Radcliffe Co. Ltd.	14	72,540
W. J. Tatem & Co.	11	51,947
F. Shearman (Cherllew Steam Nav.)	8	34,658
Morel Ltd.	5	23,999
Great Western Railway Co.	37	21,958
W. H. Seager & Co. Ltd.	5	21,842
Gibbs & Co.	3	14,330
John Cory & Sons Co. Ltd.	3	13,654
Dawson F. S.	3	13,074
主要10社	113	393,065 (59.2%)
カーディフ全体	235	664,433

(B) 1939年

会社名	船舶数	トン数
Wm. Readon Smith & Sons	24	116,464
Evan Thomas, Radcliffe Co. Ltd.	15	76,108
W. J. Tatem & Co.	11	57,553
South American Saint Line	9	42,658
E. R. Management	8	36,827
Morel Ltd.	7	29,124
W. H. Seager & Co.	5	21,842
Jas German & Co.	3	14,330
John Cory & Sons	3	13,654
Angel Dalling & Co.	6	9,963
主要10社	91	418,518 (63.7%)
カーディフ全体	181	656,924

(出所) Lloyd's Register of Shipping (1936), (1939) より作成。

(3) 政府による不定期船補助の影響

最後に1935年に成立した不定期船業者救済のための海運助成法 (British Shipping Assistance Act) がカーディフ海運業にいかなる効果をもっていたかについて触れておこう。海運助成法成立の背景とその内容や効果に関する綿密

な研究はすでに後藤伸氏の論文が存在する。ここでは主としてその論文を参照にしつつ，政府の助成政策がカーディフ海運業者に与えた効果について考察しよう。

なお，この法律による補助金の支給は二面的であり，一方は不定期船業者への運行補助金で，他方は「スクラップ＆ビルド計画」と呼ばれる不定期船の建造業者への補助であった。後藤氏によれば，「補助金支給がイギリス不定期船の傭船拡大をもたらせば，既存船腹の解撤意欲は減退し，スクラップ＆ビルド計画はその所期の目標を達成しえなくなる」という意味で「この海運法による長期と短期の政策目標は互いに反目するもの」[45]であったし，一般に前者の不定期船業者への補助は重要ではあるが，限界的な救済措置でしかなかったのである。他方のスクラップ＆ビルド計画の効果もわずかであり，その補助金は政府が意図したほども利用されなかったのである。このうち，カーディフ海運業者に直接関係するのは前者，すなわち不定期船業者への運行補助金であり，その補助金はイギリス全体の不定期船業者に対して，1935年と36年の2年間に約400万ポンドが支給された。だが後藤氏によれば，このうち4割強の金額を受給会社総数のわずか5〜6％の22社が受け取り，その中には定期船業務を兼務する会社や定期船会社の資本系列に入る会社も含まれている。その意味で弱小不定期船業者はわずかな恩恵しか受けなかったと言えよう。

われわれがここでは取り上げるのはこのうち1935年の不定期船運行補助金である。その年に運行補助金を受けたカーディフ船主は全部で46社であり，その総額は約22万3,533ポンドで，これは同年の補助金全体の約11％に相当する。このうち5,000ポンド以上の補助金を受けた会社は13社でその詳細を示しているのが表9-11である。カーディフ船主の中で圧倒的に多くの補助金を受けたのは Readon Smith Line であった。同社の1935年の保有船腹量は約11万6,000トン（22隻）で，これは補助金を受けた企業全体でも5位に相当した[46]。

なお，同年に6万3,748ポンドの補助金を受けた Hain Steamship Co. Ltd. の所在地はロンドンとなっているが，同社は第1次世界大戦後，創設者の死後に，ロンドンの大海運業者 P&O に合併され，それと同時にその本部もロンドンに

移転された。しかしその船隊は P&O 内で独立的に運行されており，相変わらずカーディフと密接に関係していたのである(47)。また1935年に補助金を支給されたカーディフ船主の中には，シングル・シップ・カンパニーとして船舶1隻ずつ独立

表9-11　カーディフ船主への運航補助金（1935年度）

船主名（運航企業名）	補助金額
Reardon Smith Line	43,581
Tatem Steam Nav. Co. Ltd.	12,990
Leeds Shipping Co. Ltd. (Reardon Smith Line)	12,766
Tempus Shipping Co. Ltd. (H. Seager & Co.)	11,348
Wimborne Steamship Co. Ltd. (Radcliffe Steamship Co.)	9,491
Atlantic Shipping & Trading Co.	8,715
British Steamship Co. Ltd. (John Cory & Sons.)	7,747
West Wales Steamship Co. Ltd.	7,217
New Era Steamship Co. Ltd.	6,653
Radcriffe Steamship Co. Ltd.	6,443
Picton Steamship Co. Ltd. (Radcliffe Steamship Co.)	5,549
Nolisement Steamship Co. Ltd.	5,353
Strath Steamship Co. Ltd.	5,092

（出所）　*Fairplay*（26 March 1936）pp. 625-626.

の会社として登録していたために，補助金も会社毎に分散して支給されていた会社もかなり存在した。また無限責任の管理企業（その多くは家族経営）が複数の有限責任の海運会社を管理する場合には，登録会社名と船舶管理者名が異なっていた。Evan Thomas Radcliffe 社はその典型的事例である。1935年に補助金を支給されたカーディフ海運業者のうち，Llanberris S. S. 社，Llangollen S. S. 社，Llangorse S. S. 社，Radcliffe (W. I.) S. S. 社，Radcliffe (C) S. S. 社，Picton Steamship Co. Ltd, そして Wimborne Steamship Co. Ltd. の船舶は明らかに Evan Thomas Radcliffe 社に管理されていたのである。これらを合わせると同社への補助金は3万1,744ポンドに達する。同様に Leeds Shipping Co. Ltd. は Wm. Readon Smith 社が管理する船舶であり，それを合わせると同社への補助金は5万6,347ポンドに達する。この他にも British Steamship Co. Ltd. の船舶は John Cory & Sons が管理していたし，Tempus Shipping Co. Ltd. の船舶は W. H. Seager & Co. が，Strath Steamship Co. Ltd. の船舶は E. C. Downing 社が管理し，Abby Line の船舶は F. ジョーンズ（Frederick Jones）が管理していた。おそらくこうした事例はその他にも存在したと思われる。こうしたことを考慮に入れると，カーディフ海運業者への運航補助金は表9-11に示されているより以上に一部の企業に集中していたと言える。そ

して，補助金はそれを支給された海運企業の経営悪化をくい止めたという意味で，幾分貢献したであろうが，大半の弱小企業はほとんどその恩恵を受けていなかったと思われる。

Ⅳ　むすび

最後に本章で明らかにした点を簡単にまとめておこう。まず第1に，イギリスの他の主要港，とりわけ南部イングランド諸港の発展と対照的に，カーディフ港の海運活動はこの時期に衰退した。また，カーディフ港の出入港統計に見られる大きな特徴の一つは外国貿易に従事する船舶の出航トン数が常に入港トン数を上回っていたことであり，これは全盛時代からこの港の大きな特徴をなしていた。このことは炭鉱業が同港の後背地におけるほとんど唯一の産業であり，石炭輸出への過度の依存を表していた。もっともこの時期の石炭貿易の急速な減少により，搬出貨物量と搬入貨物量の格差は幾分縮まったのであるが，石炭輸出の低下が海運活動の衰退を引き起こしたのである。また船舶のタイプ別分類で興味深い点はカーディフ船主が新技術（とりわけモーター船）の採用に遅れをとっていたことである。一般にイギリス船主はスカンディナビア諸国の同業者ほどモーター船の導入に積極的でなかったことは周知のとおりであるが，イギリス海運業者の中でも，カーディフ船主はロンドンやリヴァプールの船主に比べるとかなり遅れをとっていたのである。次に，第1次世界大戦後のカーディフ海運業者の経験を主として社史などを使用することによって，より具体的に見てきたが，これによって，この時期がカーディフ船主のような不定期海運業者にとって激動の時代であり，多くの者にとってはまさに壊滅的な時期であったことが明らかになった。最後に政府による不定期船業者救済政策は一部の大船主に幾分恩恵を与えたものの，大部分の船主にはほとんど影響なかったことが明らかになった。

注
（1） 中川敬一郎『両大戦間の日本海運業』日本経済新聞社（1980）30ページ。また，19世紀後半のイギリス不定期船業の発展については，澤喜司郎「イギリス不定期汽船業の成立」『海運経済研究』第15号（1981）；同「イギリス不定期船会社の成立その船主別設立形態の考察を中心に」『山口経済学雑誌』第31巻，3・4号（1981）；拙稿「イギリス不定期蒸気船業の発展——19世紀後半イギリス海運業の一断面——」関西大学大学院『千里山経済学』第15号（1981）も参照。
（2） 後藤伸「1930年代イギリス不定期船業と政府海運助成政策その成果と意義」『土地制度史学』第88号（1980）。
（3） イギリスの石炭輸出量は1913年における7,670万トンから1938年には3,820万トンに低下した。Supple, B., *The History of the British Coal Industry*, vol. 4, Oxford. U. P. (1987) pp. 8-9.
（4） スウォンジーから輸出された石炭は主として無煙炭であり，カーディフやニューポートからのスティーム炭や瀝青炭輸出よりも安定していた。すなわちスウォンジー港からの石炭，コークス輸出量指数は1924年を100として1930年には106に上昇したのに対して，ビュート・ドック（カーディフ）からの同様の指数は1930年には82に低下した。*Industrial Survey of South Wales,* H. M. S. O. (1932) App. 9.
（5） イギリスの総輸出指数は1938年を100とすると，1913年＝173，1919年＝95，1925年＝130，1930年＝115，1933年＝89であり，同様に輸入指数は1913年＝87，1919年＝77，1925年＝93，1930年＝98，1933年＝88であった。Mitchell, B. R., *British Historical Statistics* (1988) p. 519.
（6） 拙稿「カーディフ海運業の発展，1870～1914年」関西大学『経済論集』第42巻第5号（1993）。
（7） 実際，1924年においてビュート・ドックからの総輸出量（石炭，コークス，パテント・ヒューエル，鉄鋼，一般貨物）が約834万トンであったのに対して，総輸入量は約207万トンに過ぎなかった。*Industrial Survey of South Wales,* App. 9.
（8） S. G. スターミー／地田知平監訳『英国海運と国際競争』東洋経済新報社（1965）78ページ。
（9） 同上，89ページ。
（10） 例えば，Evan Thomas Radcliffe 社の場合，1900年初期にその船舶の登録をカーディフからロンドンに移転した。Craig, R., 'Trade and Shipping in South Wales—The Radcliffe Company, 1882-1921', in Barber, C. and L. J. Williams (eds.), *Modern South Wales:Essays in Economic History* (1986) p. 186.
（11） 同社は創設者 Edward Hain の死後，ロンドンの大海運業者 P&O によって買収

され，その後，本部はロンドンへ移転された。Jenkins, D., *Cardiff Shipowners,* pp. 60-61.
(12) Greenhill, B., *The Merchant Schooners,* David & Charles vol. 1. (1968) p. 19.
(13) この結果，戦間期に蒸気貨物船の石炭消費量は戦前に比べて25%から33%，場合によっては50%も低下した。この問題については例えば，Mines Department, *Report of Committee Appointed to Examine the Possibility in the National Interest of Obtaining on Increased Use of Coal for Bunkering Purposes,* H. M. S. O. (1938) 参照。
(14) スターミーによれば，「イギリスは1913年には世界のタンカー船隊の50%を保有していたが，1939年にはわずか25%を保有するにとどま」った。石油会社以外の独立タンカーの保有にとくに積極的であったのはノルウェーや日本の船主であった。スターミー，前掲訳書，94ページ；Hope, R., *A New History of British Shipping,* John Murray Ltd. (1990)，三上良造抄訳『英国海運の衰退』近藤記念財団 (1993)，99ページ
(15) スターミー，前掲訳書，107ページ。
(16) Hope, 前掲訳書，66ページ。
(17) ロンドンの大定期船会社の中には政府による船舶の徴用により，大きな利益を受けた企業も存在した。これらの船主の中には海運省の運営に深くかかわっていた者もいた。Hope, 前掲訳書，68ページ。
(18) Craig, R., 'Trade and Shipping in South Wales-The Radcliffe Company, 1882-1921', in C. Barber and L. J. Williams (eds.), *Modern South Wales:Essays in Economic History,* p. 187.
(19) *Ibid.,* p. 187.
(20) コリー家が敵艦の攻撃によって失った船舶は全部で20隻にも上り，いずれもドイツ水雷艇や潜水艦の攻撃によるものであった。詳しくは，Cory, R., *A Century of Family Ship Owning,* p. 49. 参照。
(21) Morgan, D. J., 'Boom and Slump :Shipowning at Cardiff 1919-1921', *Maritime Wales,* No. 12 (1989) p. 129.
(22) *Shipping World* (Jan. 14 1920) p. 128.
(23) *Ibid.* (Jan. 5, 1921) p. 19.
(24) *Ibid.* p. 70.
(25) Heaton, P. M., *Tatems of Cardiff,* pp. 25-26.
(26) Jenkins, J. G., and D. Jenkins, *op. cit.,* pp. 47-48.
(27) Radcliffe 社の発展についての詳細は Jenkins, J. G., *Evan Thomas Radcliffe:a Cardiff Shippowning Company,* Cardiff (1982); Craig, R., 'Trade and Shipping in South Wales' を参照。
(28) Jenkins, J. G. and D. Jenkins, *op. cit.,* p. 24.

(29) *Ibid.,* pp. 60-61.
(30) *Ibid.,* p. 70.
(31) Cory, R., *op. cit.,* p. 29.
(32) Heaton, P. M., *Tatems of Cardiff,* pp. 30-31.
(33) Jenkins, D., *Jenkins Brothers of Cardiff: A Ceredigion Family's Shipping Venture,* Cardiff (1982), p. 82.
(34) Heaton, P. M., *Reardon Smith Line,* Starling Press (1984) pp. 38-39.
(35) *Ibid.,* p. 47.
(36) *Ibid.,* p. 46.
(37) スターミー，前掲訳書，82ページ
(38) 中川敬一郎，前掲書，26ページ。
(39) 中川氏によれば，両大戦間の日本海運業の高パフォーマンスの謎を解く一つの鍵はこの時期の日本の貿易が世界の貿易の伸びを遥かに上回って急成長した事実であり，これと対照的にイギリスの貿易の低下，とりわけイギリス海運業にとって最も基礎的な貨物であった石炭輸出の低下がその苦難の最大の原因であった。中川，前掲書，26～27ページ。
(40) ベルリン景気研究所／佐波宣平訳『海運に於ける競争』増進堂（1944）164ページ。
(41) Heaton, P. M., *Tatems of Cardiff,* pp. 31-32.
(42) Cory, R., *op. cit.,* p. 31.
(43) Gibbs, J. M., *Morels of Cardiff:the History of a Family Shipping Firm,* National Museum of Wales, Cardiff (1982) p. 120.
(44) Heaton, *Tatems of Cardiff,* p. 37.
(45) 後藤伸，前掲論文，40ページ。
(46) 同上，31ページ。
(47) Jenkins, D., *Cardiff Shipowners,* pp. 60-61.

第10章 結　論

　最後に本書の要点をまとめるとともに，本書で筆者がとくに力点を置いた点などを簡単に触れて結びとしたい。
　まず，第1章はいわば序論であり，イギリスの工業化と交通発展がエネルギー革命と密接に関連していたことを明らかにした。エイブラハム・ダービー1世やヘンリー・コートによる技術革新はコークスを燃料とする近代製鉄業を生み出したが，イギリスの運河，鉄道，港湾，海運といった交通機関や施設の発展も，畜力や自然エネルギーから化石エネルギーへの転換と無関係ではなかったのである。次いで第2章ではイギリス製鉄業，および炭鉱業の中心地帯となった南ウェールズの産業発展を，とくにカーディフとその後背地を中心にして，幾分重複する3局面に分けて概観し，さらに第4局面ともいえる両大戦間時代について若干言及した。両大戦間時代をも包含した南ウェールズの交通史を産業盛衰との関連で局面区分したのが表10-1である。以下，この表を参考にして，本書の内容を要約しておこう。もっとも，本書の各章は，少なくとも明示的には，この表を意識して構成されているわけではないし，この表で示されていることがらの全てを本書で取り上げたわけではなかった点をあらかじめ断っておく必要がある。例えば，第1局面（18世紀後半〜1840年代）のカーディフ海運業についてはほとんど取り上げられていないし，また第4局面（両大戦間時代）の陸上交通についても全く触れられていないのである。
　まず，製鉄業の時代の主要陸上交通機関は馬車や運河，そしてトラムロードであった。18世紀にウェールズで製鉄業を開始した企業家たちは，同時に交通

表10-1　カーディフとその後背地域の産業と交通の盛衰（18世紀末～両大戦間時代）

局面	産業構造	内陸輸送	港湾施設	海運業
18世紀後半～1840年代（製鉄業の時代）	コークスを燃料とする製鉄業がマーサーを中心に発展，炭鉱は製鉄所の補助部門	運河とトラムロード中心（グラモーガンシャー運河，ペニダレン・トラムロード）	タウン・キー，グラモーガンシャー運河のドック（Sea-Lock Pond）で荷役	大半が帆船沿岸交易中心
1840年代～1870年代（製鉄業から炭鉱業への移行期）	内陸製鉄業の一般的衰退，販売用炭鉱開発の開始	鉄道時代の開始，炭鉱地帯への路線拡張（タフ・ヴェール鉄道，ラムニー鉄道）	近代的港湾建設（ビュート・ドック，ペナース・ドック）	蒸気船時代の開始，石炭輸出の増加
1870年代～第1次世界大戦（炭鉱業の黄金時代）	アバーデアやロンザ渓谷を中心にスティーム炭生産が大規模に発展	鉄道間の競争激化（バリー鉄道，カーディフ鉄道など）	ディープ・ウォータ・ドックの建設（ロース・ドック，バリー・ドック）	蒸気船が帆船を駆逐，不定期海運業の発展
両大戦間時代（経済活動の停滞期）	石油へのエネルギーシフト，石炭輸出の低下により，多くの炭鉱が閉鎖され，失業が増加	鉄道のグループ化により，南ウェールズのほとんどの鉄道はGWRに合併	出入港船舶の減少により，ドック収入は低下。ペナース・ドックの閉鎖	石炭輸出の減少により，多くの海運会社が破産，係船の増加

施設建設の担い手でもあった。マーサーとカーディフを結びつけるターンパイク道路の建設はカヴァースヴァ製鉄所のアンソニー・ベイコンを中心に建設されたし[1]，製鉄業発展の原動力となったグラモーガンシャー運河もリチャード・クローシェイを中心とする製鉄業者によって建設された。このうち，とりわけ鉄製品や原料の輸送で重要な役割を演じたのが1794年に開通したグラモーガンシャー運河であった。またこの運河の支線として建設されたアバーデア運河もアバーデア（カノン渓谷）地方の製鉄業者によって，その生産物を輸送するために建設されたのである。

　だがここで注意する必要があるのは，例えば生産物を港まで輸送する場合，運河だけで輸送を完結できないことが多かった点である。もちろんカヴァースヴァ製鉄所のように，運河沿いに工場が設立されることもあったが，それはむしろ例外で，大抵の工場や炭鉱は運河から離れたところに立地した。その場合，鉄道の前身であるトラムロードを介して運河と連絡された。これらのトラム

ロードの多くは運河と補完的役割を演じたが、ペニダレン・トラムロードのように、運河と代替的役割を演じる場合も見られたのである。

　運河やトラムロードで輸送された貨物は1839年にビュート・ドックが開設されるまではタウン・キー（town quay）[2]と呼ばれる波止場で、そして1796年以後はグラモーガンシャー運河の終点に建設されたドックで大型の船に積み替えられた。しかしこの時期のカーディフからの貨物のほとんどはイギリス国内やアイルランド向けであり、海外への輸出はわずかであった[3]。それと関連してこの時期にはいまだ地元カーディフ船主の規模は小さく、貨物のほとんどが帆船で輸送されていた。この時期には南ウェールズだけでなくイギリス全体でみても、蒸気船は石炭などのバルク輸送にほとんど関与していなかった。蒸気船が石炭などの嵩高輸送に使用されるのはようやく1850年代になってからである[4]。

　さて、炭鉱開発の開始、それに伴う石炭輸送の発展は既存の交通機関である運河やトラムロードの渋滞を引き起こし、より迅速な大量輸送施設、すなわち鉄道建設を必要とした。南ウェールズの鉄道の中でとくにこの地方の炭鉱業発展の原動力となったのが TVR であった。そしてこの鉄道建設の担い手となったのがマーサー近郊のダウレス製鉄所経営者、J. J. ゲストやアバーデア、ロンザ渓谷の炭鉱業者たちであった。この鉄道の本線、カーディフ＝マーサー間は1841年に開通し、新時代の先触れとなった。この鉄道はその後、アバーデアやロンザの炭鉱業者の要請によって、渓谷地帯へと延びていき、地域産業発展の原動力となった。

　鉄道とともに無視できないのがドック（ウェット・ドック）の建設であった。カーディフにおけるドック建設の担い手となったのが第2代ビュート侯であり、1839年に開設されたビュート・西ドックは南ウェールズにおける本格的ドック建設の先駆けとなり、カーディフ港発展の原動力となった。カーディフ船主による蒸気船所有が始まるのは1841年からであるが、最初は小型船であり、おそらくはタグボートであったと思われる。この港で蒸気船の所有トン数が増加するのは1860年代からであり、1861年にはわずか700トンであったのが、1871年

には6,600トンに増加している。そして1875年には帆船2万2,000トンに対して，蒸気船は2万7,000トンになり，帆船トン数を凌駕している(5)。

ロンザ渓谷を中心とする炭鉱業の飛躍的発展，それに伴う石炭輸送の急増に対して，既存の交通機関だけでは十分対処することができなくなってきた。この時期に生じたもう一つの大きな変化は蒸気船，とりわけ不定期蒸気船の急速な発展と関連する船舶の大型化であった。例えば，カーディフ港で登録された船舶の平均トン数は1871年には200トンあまりに過ぎなかったのが，20世紀初期には1,000トンに達している。これらの変化はこの時期の鉄道，港湾，そして海運業のよりいっそうの発展を促した。

確かにTVRは，支線網の拡張や他社のリース，あるいは子会社の設立によって支配力を拡大し，その路線距離は1841年には30マイルに過ぎなかったのが，19世紀末にはその4倍の120マイルになっていた。また従来は単線であった路線を複線化することによっても輸送力を増強した。また，ビュート・エステートもドック施設の拡張によって輸送需要の増加に対処した。しかしこの時期の輸送需要はこうした既存の設備の拡張を遙かに上回り，渋滞問題がますます深刻化していった。

その結果が競争企業の出現であり，混雑するカーディフ港を避けて他の港に捌け口を求めようとする動きであった。1878年に設立され，1884年に開通したPontypridd, Caerphilly & Newport Railway や Rhondda & Swansea Bay Railway は，ロンザ渓谷の石炭をニューポートやスウォンジーに輸送することによって，カーディフ港の渋滞を回避する試みであった。しかし，これらの鉄道はいずれも急勾配の丘陵地帯を越えなければならず，低い輸送力と高い輸送費用により，あまり成功しなかった。

こうした背景のもとで設立されたのがBDRであった。この会社の開設によって，上記のTVRやビュート・ドックの渋滞問題が一気に解決されたばかりでなく，南ウェールズ炭鉱業の全盛時代を招来する上で，大きく貢献したのである。BDRはその社名が示しているように，ドックと鉄道が一体になった会社であり，大型蒸気船の要求を十分満足させることができたのである。

第10章 結　論

　こうした鉄道や港湾といったインフラストラクチャーの拡張とともに内陸の炭鉱開発が進展し，南ウェールズは今やイギリスで1～2を争う大炭鉱地帯へと発展した。その場合，この地域の炭鉱業に見られる大きな特徴の一つは，スティーム炭を大量に産出したことであり，相当な割合が鉄道や蒸気船の燃料として世界中に輸出されたことであった。実際，ピーク時の1913年には総産出量の52％あまりが輸出用であり，南ウェールズからの石炭輸出はイギリス石炭輸出全体の40％以上に達したのである。この地域で産出されたスティーム炭はイギリス軍艦の燃料や外国航路に従事する蒸気船の燃料として重用され，それがイギリス海運業，とりわけ不定期船業発展の基盤ともなった。全盛時代に不定期船はイギリス船全体の60％にも達したと言われている。

　それはまたカーディフを根拠とする海運業発展の基盤ともなった。19世紀の第4四半期から第1次世界大戦にかけて，カーディフはリヴァプールやロンドンに次ぐ大貿易港に発展し，外国向け貨物輸出量では両港を凌駕するほどの急成長を示したのである。カーディフ海運業者のほとんどが小規模な不定期船会社であったが，中には20隻以上の船舶を所有する大船主も見られた。

　第1次世界大戦を契機にして南ウェールズはイギリスでも有数の大不況地域へと転落した。なにもこの地域だけが困難を経験したわけではなく，ランカシャー，ヨークシャー，スコットランド西部など，19世紀から第1次世界大戦にかけての「パックス・ブリタニカ」を担ってきた他の地域も同様であった。これらの地域は18世紀後半から第1次世界大戦にかけてのイギリス工業化の中心地域であり，それらの産業基盤が石炭をエネルギー源とする輸出産業にあった点で共通していた。

　本書の第8章ではこの時期の石炭から石油への新たなエネルギー革命に伴う南ウェールズ炭鉱業の難局，そしてそれに対する地域経済関係者が採った一つの対策として「バック・トゥ・コール」運動を取り上げ，その意義や失敗の原因を考察した。また，第9章では両大戦間時代におけるカーディフ海運業の実態と彼らの難局への対策について若干の考察を加えた。

　さて，本書では南ウェールズという，従来のわが国経済史研究ではどちらか

と言えば無視されてきた地域を取り上げ，地域経済との関係で交通の盛衰を考察してきた。この地域は，ちょうど日本で言うと筑豊や三池，あるいは北海道の砂川や夕張のように，石炭が中心的エネルギー源であった時代には大いに繁栄したが，石炭に代わって石油が人々の生活にとってますます重要なエネルギー源になるにつれて，イギリスでも有数の不況地域となっていった。戦後，政府の産業誘致政策(6)によって幾分活気が戻ったとはいえ，現代でも他の地域と比べると，その経済的パーフォーマンスは決して高いといえないのである。そのことは，例えば1980年代から90年代前半にかけてイギリスの失業率の平均が8％から10％前後で推移していたのに対し，ウェールズでは常に全国平均よりも2～3％高い失業率を記録していたこと(7)，また賃金や物価水準もイギリス全体の平均以下であったことからも推察されよう。1980年代になって，とくに家電産業を中心として多くの日本企業がこの地域に進出しているが(8)，その重要な要因はこの地域の物価や賃金の安さにあったと思われる。

　もっとも本書が考察の対象としたのは南ウェールズ全域ではなく，カーディフとその周辺地域に限定されていた。そして南ウェールズと一口に言っても，地域によってかなりの違いがあったことに注意する必要があるように思われる。例えば，本書ではほとんど取り上げることができなかったが，スウォンジーとその周辺地域は，石炭がその繁栄の基盤をなしていた点ではカーディフ地域と同じであったものの，後者とはかなり異なる特徴を有していた。実際，スウォンジー地域はカーディフ周辺よりも古くから産業発展が開始された。すでにテューダー朝時代から銅精錬業が栄えていたし，その後ブリキ工業の中心地域となっていった。その関係で少なくとも19世紀前半までは，この地域が南ウェールズ経済の中心であり，貿易や海運業もより早くから繁栄していたのである。19世紀になって両者の発展軌道を変化させた最大の理由は後背地で産出される石炭の品質とその用途の違いであった。カーディフの後背地では主としてスティーム炭が産出したのに対して，スウォンジーの後背地では無煙炭が産出した。スティーム炭の場合には船舶用燃料として世界的な需要を生み出したのに対して，無煙炭の場合にはその品質の高さにもかかわらず，その用途は限定されて

いた。その結果，19世紀後半になるとスウォンジー周辺はますますカーディフの後塵を拝するようになった。だが第1次世界大戦後，家庭用燃料としての無煙炭への需要が安定していたために，スウォンジーを中心とする西部地域は東部グラモーガン地域ほどの落ち込みを経験しなかったのである。

いずれにせよ，本書での考察対象はカーディフとその後背地という比較的狭い地域に限られていたのであるが，本書に何らかのメリットがあるとすれば，それは次の点にあると思われる。まず第1に，本書が対象とした南ウェールズは，製鉄業は別として，わが国のイギリス経済史研究でほとんど無視されてきた地域であり，ましてやこの地域の交通史研究はわが国ではほとんど行われてこなかったように思われる。その意味で，本書はささやかながらも，この分野の研究に一石を投じようと念じるものである。また本書で筆者は，南ウェールズの地域交通の歴史を，とくに石炭輸送に焦点を当てることによって，一つの交通機関に限定せず，異なる交通機関による輸送の相互関連性をできるだけ有機的に捉えようとした。従来我が国の交通史研究の多くは，例えば鉄道，海運，港湾というように，一つの交通機関を独立して考察することが多く，異なる交通機関による輸送の相互関連性についての考察はあまり行われてこなかったように思われる。ようやく最近になって，とくに近代日本交通史研究の分野でこうした方向の研究が始められたに過ぎない[9]。本書はとくにカーディフ地域での石炭輸送に重点をおいて，異なる交通機関の輸送を体系的に捉えようとした点に一つの特徴があると思われるが，その試みがどの程度成功したかは読者の判断にゆだねるほかはない。

さて，近年におけるインターネットの普及や企業の多国籍化，あるいはヨーロッパを中心とする地域統合の進展の中で，国際経済の中に占める国家の相対的役割が徐々に低下し，地域経済の歴史を国際経済とのかかわりの中で捉えようとする研究が重要性をもつようになっている。本書が研究対象とした南ウェールズは，全盛時代の19世紀から第1次世界大戦にかけて，イギリス国内ばかりでなく，国際経済の中でもきわめて重要な地位を占めていたことを強調しておく必要がある。そしてその発展の基盤をなしていたのが鉄と石炭であった。

繰り返しになるが，18世紀後半から19世紀にかけて，イギリスの工業化の中心をなしていたのは，自然や動物エネルギーから石炭へのエネルギー革命であり，「パックス・ブリタニカ」の基礎をなしたのはまさしく鉄と石炭に他ならなかった。そして，本書が対象にした南ウェールズの工業化は鉄と石炭を基礎とするイギリス工業化をきわめて鮮明に表すものであり，少なくとも両大戦間時代までは，その経済的命運をそれらの産業とともにしたのである。もちろん，本書で扱えなかった問題は数多く存在するが，それらの問題についての考察は今後の課題にしておく。

注
（1） マーサー＝カーディフ間，さらにはグラモーガン地方の道路建設については Fraser, D., *The Development of the Road System in Glamorgan up to 1844,* M. A. Thesis, Univ. of Wales (1940); Walker, E., *The Development of Communication in Glamorgan with special reference to the growth of industry between 1760 and 1840,* M. A. Thethis, Univ of Wales (1947) 参照。
（2） E. L. チャペルによれば，カーディフのタウン・キーがはじめて記録に現れるのは1553年であった。詳しくは Chappell, E. L., *History of the Port of Cardiff,* Merton Priory Press (1939, 1994) pp. 52-58. 参照。
（3） 例えば1840年のカーディフからの石炭搬出量は約16万6,000トンであったが，外国への輸出はそのうちの4,000トン足らずに過ぎなかった。Daunton, M. J., *Coal Metropolis Cardiff 1870-1914,* Leicester U. P. (1977) p. 4.
（4） チャールズ・パーマーが1852年に鉄製スクリュー船ジョン・ボウズ号をニューカスルからロンドンへの石炭輸送に導入したのがその始まりであり，それ以後パーマーの造船所の発展に伴いジャローの町はこの造船所の企業城下町となり，造船所と運命を共にすることとなった。詳しくは Wilkinson, E., *The Town That Was Murdered, The Life Story of Jarrow,* Victor Gorenz Ltd. (1939); 拙稿「19世紀半ばにおける鉄道と沿岸海運の競争——ロンドンへの石炭輸送をめぐって——」関西大学『経済論集』第37巻第6号 (1988) 参照。
（5） Craig, R., 'The Ports and Shipping, 1750-1914', in *Glamorgan County History,* vol. 5 (1980) p. 512.
（6） 第2次世界大戦後の不況地域への産業誘致政策については，例えば Riden, P., *Rebuilding a Valley A History of Cwmbran Development Corporation,* Cwmbran Development Corporation (1988); Humphrys, G., *South Wales,* David & Charles, Newton Abbot (1972)；バーロー・レポート／伊藤喜栄・小杉毅・森川滋・中島茂共

訳『イギリスの産業立地と地域政策』ミネルヴァ書房（1986）参照。
（7） *Welsh Economic Trend,* Welsh Office (1995) p. 14.
（8） 例えば1991年現在で松下，ソニー，日立，アイワをはじめとして，30数社の日本企業がカーディフやブリッジエンド，アバーデア等の南ウェールズで生産を行っており，この数はその後も増加していった。詳しくは Morris, J., Munday, M. & Wilkinson, B., *Working for the Japanese,* The Athlone Press, London (1993) 参照。
（9） 例えば老川慶喜『産業革命期の地域交通と輸送』日本経済評論社（1992）参照。

あとがき

　本書の基になった論文は以下のとおりである。第3章は「グラモーガンシャー運河の開設」『交通史研究』第40号（1997），および「鉄道時代前夜東グラモーガン地方の交通発展——運河とトラムロードの時代——」『帝塚山学術論集』第4号（1997）を基にしている。第4章は「タフ・ヴェール鉄道の設立と発展」『帝塚山大学経済学』第7巻（1998），「19世紀後半南ウェールズにおける鉄道と石炭輸送の発展」『帝塚山大学経済学』第1号（1992），および「タフ・ヴェール鉄道と南ウェールズ経済」『鉄道史学』第17号（2000年発行予定）を基にしているが，一部削除し，書き改めた部分もある。第5章は「19世紀半ばにおける南ウェールズの港湾建設——ビュート・ドックとペナース・ドックを中心として——」『帝塚山学術論集』第5号（1998）の一部，および「19世紀末南ウェールズのドックと鉄道——The Barry Dock & Railway Companyを中心として——」『経営史学』第34巻第1号（1999）を基にしている。第6章の多くは「南ウェールズ石炭輸送とイギリス海運業の発展，1870-1913年」関西大学『経済論集』第39巻第1号（1989）に基づいているが，「イギリス軍艦用燃料としての南ウェールズ炭——19世紀南ウェールズ炭の市場拡大過程のひとこま——」『海外海事研究』No. 122（1994）の一部も利用している。第7章は「カーディフ海運業の発展，1870-1910年」関西大学『経済論集』第42巻第3号（1993），および'The Development of the Cardiff Shipping Industry, 1870-1910'，帝塚山大学経済経営研究所『経済経営研究』第3号（1995）に基づいている。第8章は「戦間期における船舶エネルギー革命と南ウェールズ炭」帝塚山大学経済経営研究所『経済経営研究』第2号（1994），および'South Wales "Back-to-Coal" Movement in the early 1930s', Tezukayama University, Faculty of Economics, Discussion Paper Series, F-092, (1994) を基にし，

幾分修正した。第9章は 'Cardiff Shipping between the Wars', Tezukayama University, Faculty of Economics, Discussion Paper Series, F-113, (1996) を基にしている。なお，第1章，第2章，および第10章は書き下ろしである。

　本書のようなささやかな仕事も，多くの方々のご指導と助力なしには完成できなかった。記して感謝する次第である。とりわけ関西大学大学院で荒井政治先生のゼミに所属させていただいて以来，荒井先生ご夫妻には公私両面で言葉に尽くすことができないほどお世話になっている。本書の基になった論文で荒井先生に御拝読・御批評を賜らなかったものはほとんどない。また，大学院時代以後，故矢口孝次郎先生を中心とする関西大学西洋経済史研究会への参加を許され，多くの示唆を与えて頂いた。不幸にして矢口先生がお亡くなりになられた後も，研究発表や翻訳などを通じて，原田聖二先生，小杉毅先生，加勢田博先生，北川勝彦先生には常に叱咤激励を頂いている。また，関西大学経済学部時代には，市川浩平先生が主催される研究会への参加を許され，先生からは単に学問面ばかりでなく，より広い面にわたって大きな影響を受けた。この研究会に参加されていた尾道短期大学の勝矢倫生氏や三重短期大学の森岡洋氏の学問に対する真摯な態度は筆者にとって大きな刺激となっている。

　筆者は大学院卒業後，現職の帝塚山大学経済学部に就職させて頂く前に，長期にわたり非常勤講師生活を送ったが，この間，大阪経済法科大学の藤井利男先生，海技大学校の松村勝二郎先生，故奈須楢太郎先生をはじめとする大阪学院高校の諸先生方，芦田東一，鈴木満，山田道夫，西井徹幸，中村光世そして鶴田雅昭諸氏には大変お世話になった。また，帝塚山大学就職後は，原田敏丸先生や故森本矗先生をはじめとする帝塚山大学の多くの先生方に御指導を頂いた。

　光栄にも1995年9月から翌年8月にかけての1年間，帝塚山大学からウェールズ大学カーディフ校のカーディフ・ビジネス・スクールへ客員研究員として留学させて頂く機会を与えて頂き，本書の基となった論文作成に必要な史料を数多く入手することができた。この間同大学のトレヴァー・ボインズ (Trevor Boyns)，コリン・ベイバー (Colin Baber) の両先生，ウェールズ産

業・海事博物館のデヴィッド・ジェンキンス (David Jenkins) 博士，リヴァプール大学の P. N. デイヴィス (P. N. Davies) 教授，さらにエクセター大学のアラン・ジェームソン (Alan Jamieson) 先生には多くの研究上の示唆を与えて頂いた。また，筆者と同じ時期にマンチェスターに滞在し，研究されていた学習院大学の湯沢威先生とマンチェスター大学のダグラス・ファーニー (D. A. Farnie) 博士には，ブリッジウォーター運河のバートン水道橋やワースリー，ピーク・フォレスト運河のマープル水道橋をはじめとする多くの産業遺跡を案内して頂くとともに，イギリス交通史に関する多くの貴重な情報を与えて頂いた。さらに，筆者より1年前にカーディフ・ビジネス・スクールで研究されていた奈良県立商科大学の伊藤忠通氏や，筆者とほぼ同じ時期にカーディフに留学しておられた大阪産業大学の戸谷裕之氏ご夫妻にはウェールズについての様々な情報を提供して頂いた。これらの方々の他にも，筆者が所属している交通史研究会，鉄道史学会，海運経済学会，経営史学会，社会経済史学会，そして日本西洋史学会の諸先生方には筆者の拙い研究発表に際して多くの研究上の示唆を与えて頂いた。

　最後に，厳しい出版事情の中で，本書の出版を快くお引受け下さった日本経済評論社代表取締役栗原哲也氏，ならびに出版部の谷口京延氏をはじめ日本経済評論社の方々には編集から刊行に至るまで，一方ならぬお世話になった。この場を借りて謝意を表す次第である。

1999年11月1日

梶 本 元 信

索　　引

人名索引

【あ行】

アークライト（Arkwright R.）⋯⋯⋯⋯⋯54
アクワース（Acworth B.）⋯⋯⋯⋯250,252
アシュトン（Ashton T. S.）⋯⋯⋯⋯2,3,21
アトキンソン（Atkinson M.）⋯⋯⋯⋯⋯11
アブラハム（Abraham Wm.）⋯⋯⋯⋯167
アモン（Ammon C. G.）⋯⋯⋯⋯⋯⋯252
アンダーソン（Anderson A.）⋯⋯190,192
インソール（Insole G.）⋯⋯39,42,100,101
インソール（Insole J. H.）⋯⋯⋯⋯143,172
インソール（Insole J. W.）⋯⋯⋯⋯⋯154
インマン（Inman W.）⋯⋯⋯⋯⋯⋯⋯20
ウィルキンス家（Wilkins',
　　ブレコン銀行）⋯⋯⋯⋯⋯⋯57,61,66
ウィルキンソン（Wilkinson J.）⋯⋯⋯58
ウィルコックス（Willcox B. M.）⋯⋯190
ウィンザー卿（Lord Windsor）⋯124,151,153
ウェイン（Wayne T.）⋯⋯⋯⋯⋯⋯41,70
ウェッジウッド（Wedgwood J.）⋯⋯15,54
ウォーカー（Walker T. A.）⋯147,155-157,176
ウォード（Ward J. R.）⋯⋯⋯⋯⋯7,54,99
ウォーレス（Wallace E.）⋯⋯⋯⋯256,257
エドワーズ（Edwards E.）⋯⋯⋯⋯274,275
エルダー（Elder J.）⋯⋯⋯⋯⋯⋯⋯⋯21
オーバートン（Overton G.）⋯64,67,83,84

【か行】

カルヴァート（Calbert J.）⋯⋯⋯⋯42,103
キュナード（Cunard S.）⋯⋯⋯⋯⋯⋯220
キュリー（Currie D.）⋯⋯⋯⋯⋯⋯⋯194
グッピー（Guppy T.）⋯⋯⋯⋯⋯⋯⋯96
グリフィス（Griffiths Dr. R.）⋯⋯42,68-71
グリーン（Green J.）⋯⋯⋯⋯⋯⋯⋯136
グリーンヒル（Greenhill B.）⋯⋯⋯⋯269
グレイ（Gray W.）⋯⋯⋯⋯⋯⋯⋯⋯279

クレイグ（Craig R.）⋯⋯⋯⋯⋯226,276,277
クローシェイ（Crowshay R.）⋯31,52,56-58,
　　60,61,154,172,292
クローシェイ（Crowshay Wm. II）⋯35,65,68,
　　72,127
クローシェイ（Crowshay 家）⋯⋯33,34,47,
　　52,56,57,61,68,85,89,100,127
ゲスト（Guest J.）⋯⋯⋯⋯⋯⋯⋯⋯31
ゲスト（Guest J. J.）⋯⋯34-37,96,100-102,
　　109,110,126,128,138,142,154,172,293
ゲスト（Guest 家）⋯⋯⋯⋯⋯56,57,63,98
ゲスト（Guest Lady Sharrotte）⋯⋯101,137
ゲスト（Guest T. R.）⋯⋯⋯⋯⋯⋯52,96
ゲレ（Gueret L.）⋯⋯⋯⋯⋯⋯⋯⋯154
ゴーヴィッシュ（Gourvish T. R.）⋯⋯11,12
コート（Cort H.）⋯⋯⋯⋯⋯⋯⋯3,32,291
後藤伸⋯⋯⋯⋯⋯⋯⋯202,203,284,287,289
コフィン（Coffin W.）⋯⋯42,49,68-72,84,90,
　　91,96,100,101,113,114,126,128,142
コープランド（Copeland P.）⋯⋯⋯⋯59
コリー（Corie C.）⋯⋯⋯⋯⋯⋯⋯⋯197
コリー（Corie J.）⋯⋯154,197,217,219,229,230
コリー（Corie R.）⋯⋯⋯⋯⋯⋯⋯⋯197
コリー兄弟（Cory Bros. 石炭商人）⋯196-200
コリー家（Corys' 海運業者）⋯⋯⋯232,273,
　　278,281,288

【さ行】

サザーランド（Sutherland T.）⋯⋯⋯193
サプル（Supple B.）⋯⋯⋯⋯⋯⋯⋯246
ジェヴォンズ（Jevons H. S.）⋯⋯⋯⋯133
ジェヴォンズ（Jevons W. S.）⋯⋯⋯⋯200
ジェソップ（Jessop W.）⋯⋯⋯⋯⋯⋯14
ジェンキンス（Jenkins D.）⋯⋯⋯232,278
シーガー（Seager W. H.）⋯⋯225,226,252
シースビー（Sheasby T.）⋯⋯⋯⋯⋯57,67

シャノン (Shannon H. A.) ……………220
シュムペーター (Shumpeter J. A.) …………4
ジョーンズ (Jones A.) ……………193,200
スウェシン (Llewellyn D.) ……………252,254
スウェシン (Llewellyn R.) ……………112
スターテヴァント (Sturtevant S.) …………3
ステアーズ (Steers T.) ………………14
スティーブンソン (Stephenson G.) ……9,64,102,103
スティーブンソン (Stephenson R.) ……83,140
ストーム (Storm D.) ………………137,138
スミス (Smyth W. H.) ………………137
スミス (Smith Wm. Readon) …………277,280
スミートン (Smeaton J.) ……………7
セイバリー (Savery T.) ………………4

【た行】

ダッドフォード (Dadford T. Sr.) ……52,57,59,60,66,88
ダッドフォード (Dadford T. Jr.) ……52,57,59,60
タッペンデン家 (Tappendens) ………66,67
ダドリー (Dudley D.) …………………3
ダービー一世 (Darby A.) ……………1,291
ダンカン (Dunkan J. T.) ……………225
ターンバル (Turnbull G.) ……………7
ターンバル家 (Turnbulls') …………218
チャペル (Chappell E.) ………105,208,298
チェンバレン (Chamberlain N.) ………249
デイヴィス (Davies D.) ………………256
デイヴィス (Davis D. Blaengwawr) …41,71,91
デイヴィス (Davies D. Ferndale) ……122,123
デイヴィス (Davies D. Llandinam) ……44,94,150-155,158,173,174,176
デイヴィス (Davies E.) ………………153
テイテム (Tatem W. J.) …218,275-277,279,181
ディンテンファス (Dintenfas M.) ……246
テルフォード (Telford T.) ……………136,137
トフラー (Toffler A.) ………………4,22
トマス (Thomas D. A.) …115,116,180,182,196
トマス (Thomas E.) ……………………218
トマス (Thomas J. H.) ………………154
トマス (Thomas S.) ……………………115
トマス (Thomas Wm.) …………………41,71
トムソン (Thompson J.) ………………143
トムソン (Thompson T. R.) …………152,154

ドレイク (Drake F.) …………………1
トレヴィシック (Trevithick R.) ………4,9,65
ドーントン (Daunton M. J.) ……149,195,198

【な行】

中川敬一郎……194,202,203,209,232,287,289
ニクソン (Nixson J.) …………111,140,143,172,194,195
ニコル (Nicoll E.) ……………………218,273
ニューコメン (Newcommen T.) ………4
ニールソン (Neilson J. B.) ……………3,11,34
ネヴィル (Nevill R. J.) ………………39
ネフ (Neff J. U.) ………………………2

【は行】

パウエル (Powell J.) ……………252,253,254
パウエル (Powell T.) ……41,70,71,96,100,101,111,126,138,172
バージェス (Burges W.) ………………149
バチェラー (Batchelor J.) ……………142
ハートリー (Hartley J.) ………………16
パーマー (Palmer C.) ……192,229,230,234,298
ハマースリー (Hammersley G. H.) …………2
ハリス (Harris J. R.) …………………3,21
ハリス (Harris O.) ……………………254
バリー (Barrie D. S) ……89,95,103,104,119
バリー (Barry J. W.) …………………155,176
ハンセン (Hansen S.) …………………273
ビーズレイ (Beasley A.) ………………125,131
ピートー (Peto S. M.) …………………16
ビュート侯 (Marquesses of Bute) ……53,57,75,82,83,95,103,104,128,135-138,159,170,171
ビュート侯 (1st Marquess of Bute) ……52
ビュート侯 (2nd Marquess of Bute) ………36,136,139,149,169,293
ビュート侯 (3rd Marquess of Bute) ………149
ヒル (Hill A.) ……………………65,89,100,101
ヒル (Hill家) …………………………56
ヒル (Hill R.) ……………31,52,61,63,64,66,82
フィシュロウ (Fishlow A.) ……………10
フォーゲル (Fogel R. W.) ……………10
フォード (Ford J.) ……………………112
ブッシュ (Bush G.) ……………102,126,128
フード (Food A.) ………………………154,174

索引 307

ブラッシー（Brassey T.）……………………16
ブリッジウォーター公
　（3rd Duke of Bridgewater）………6
フリン（Flinn M. W.）…………………………2
フルトン（Fulton R.）…………………………19
ブルネル（Brunel H. M.）……………155, 176
ブルネル（Brunel I. K.）…………………20,
　101-103, 126, 128, 155, 176
ブルネル（Brunel M.）………………………101
ブレンキンソップ（Blenkinsop J.）…………9
ベイコン（Bacon A.）………………31, 47, 292
ベイバー（Baber C.）…………………………11
ベイリー（Bayley Crowshay）……………44,
　109, 110, 143, 153, 154, 172
ヘドレイ（Hedley W.）…………………………9
ボイル（Boile J.）……………………141, 150, 174
ホーキンス（Hawkins J.）……………………1
ホーク（Hawke G. R.）…………………10, 12
ホルト（Holt A.）……………………………21, 194
ボールドウィン（Baldwin S.）…………254, 255
ボールトン（Boulton M.）……………………54
ホンフレイ（Homfrey J.）……………52, 66, 68, 70
ホンフレイ（Homfrey 家）……………31, 89, 100
ホンフレイ（Homfrey S.）…………52, 64, 65, 66

【ま行】

マーシャル（Marshall A.）………………200
マディソン（Maddison A.）…………………45
マントウ（Mantoux P.）………………6, 21, 22

ミッチェル（Mitchell B. R.）………………11
ミンチントン（Minchinton W. E.）………28
メイズ（Maze P.）……………………………96
モーガン（Morgan D. J.）………………274
モーガン（Morgan E.）………………………69
モーガン（Morgan K. O.）………………249
モレル兄弟（Morel Bros.）……215, 217, 219, 282
モンセル（Monsell B. E.）………………239

【や行】

湯沢威………………………23, 49, 87, 97, 99, 177

【ら行】

ラドクリフ兄弟（Radcliffe D & H）………218,
　219, 222, 277
ランシマン（Runciman W.）………274, 275, 277
リッチェス兄弟（Riches Bros.）…………115
リード（Reed M. C.）………………………97, 99
リンゼイ（Lindsay W. S.）…………………191
ルイス（Lewis E. D.）………………71, 72, 113
ルイス（Lewis T.）……………………………31
ルイス（Lewis W. T.）……………63, 150, 151, 174
レニー（Rennie James）……………………143
レニー（Rennie John）………………15, 82, 139, 140

【わ行】

ワッツ（Watts E. H.）………………………154
ワット（Watt J.）………………………1, 4, 54

事項索引

【あ行】

圧搾空気ピッケル……………………245, 246
アバーデア運河…………52, 66-68, 70-72,
　85, 87, 90, 91, 292
アバーデア製鉄所……………………29, 67
アバーデア鉄道………41, 109-111, 116-119,
　126, 154, 172
アバーナント製鉄所…………………66, 67
イギリス公文書館（PRO）…………………95
イースト・カントリー・ドック……………15
インフラストラクチャー………133, 169, 295

ヴィクトリア・ドック………………………16
ウェット・ドック……13, 14, 82, 84, 152, 174, 293
運河狂時代………………………………7, 54
エクスカーション・サーヴィス……………120
エクスカーション列車…………………125, 159
エクセター運河………………………………5
エコノミスト………………………………281
エブ・ヴェイル製鉄所………………29, 35
エレスメア運河……………………………15
沿岸海運……97, 178, 200, 206, 219, 234, 243, 298
オーシャン炭鉱会社………………44, 153
オープン・システム……96, 105, 120, 130, 156

オールド・ドック……………………………14

【か行】

外域……………………………………………45
海運助成法………………………………283
海運ブローカー………190, 196, 197, 217, 218, 225
海軍本部……187, 190, 239, 249, 251, 252, 255-258
海炭……………………………………39, 179
カヴァースヴァ製鉄所…………31, 32, 37, 38, 47, 52, 56, 58, 63, 68, 87, 95, 100, 153, 154
カーディフ船主協会………………152, 175
カーディフ・タウン・カウンシル………136
カーディフ鉄道……………………………95
カナダ・ドック……………………………16
キュナード・ライン（キュナード会社）……20, 194, 212, 220
キングス・ドック…………………………14
クイーンズ・ドック………………………14
グラッドストン鉄道統制法………………121
グラモーガンシャー運河………33, 34, 51, 52, 55, 57, 63, 64, 66-71, 73-78, 80-82, 85, 86, 87-89, 95, 96, 100, 113, 114, 127, 128, 135, 137, 142, 170, 292, 293
クラモント号……………………………19
クラレンス・ドック………………………16
グランド・ジャンクション鉄道………96, 99
クリッパー船…………………………19, 21, 193
クリフトン・サスペンション・ブリッジ…101
クリミア戦争……………………………186, 192
グレート・イースタン号…………………20
グレート・ウェスタン号…………………20
グレート・ウェスタン鉄道………33, 93, 96, 99, 102, 103, 107, 125, 148, 156, 159, 177, 257
クローズド・システム……………………120
クロムフォード運河………………………54
軍艦用燃料…………185, 186, 201, 235, 239, 260
軍縮条約…………………………………239
後方連関効果……………………………11
コークス製鉄法…………………………1, 3
穀物法……………………………………189
コマーシャル・ドック…………………14, 15
コモン・キャリア………………………120
ゴールドラッシュ…………………………20
コールブルックデイル製鉄所………………9
コール・メトロポリス…………149, 183, 209

コントラクター（建設請負業者）……8, 57, 58, 103, 114

【さ行】

サザンプトン・ドック……………………17
サンキーブルック運河……………………6
産業誘致政策……………………………296
残柱式採炭法……………………………245
失業のポケット地区………………………248
シップ・カナール…………………………137
社会的節約………………………………10
シャープ、ステュアート社………………156, 177
ジャロー・ドック…………………………17
初期産業革命……………………………2
シリウス号…………………………………20
シングル・シップ・カンパニー…218, 220-226, 230, 231, 279, 285
水素添加法………………………………257
スウォンジー運河…………………………51
スエズ運河………………………191, 193, 198, 203
スクラップ＆ビルド計画…………………284
ストックトン・ダーリントン鉄道………9, 17
ストラドウォーター運河…………………6
セヴァン・トンネル……………………155, 176
世界大恐慌（大不況）……………………280-282
世界の工場………………………………27, 180
石炭運賃率………………………189, 274, 275
石炭焚き蒸気船………238, 241, 243, 244, 282
石炭利用評議会（C. U. C）……………257, 258
石油焚き蒸気船…………………240, 241, 243
戦時標準船………………………………274
船舶雑貨商人……………………………225
前方連関効果……………………………11
創造的破壊………………………………4

【た行】

第一の波…………………………………4
大気圧機関………………………………4
第二の波…………………………………4
大不況期………………………………17, 27, 188
ダウレス製鉄所……29, 31, 33-37, 47, 48, 56, 57, 63, 64, 88, 95, 101, 137, 138, 154, 172, 293
タウン・ドック…………………………133
タービン船………………………………238, 242
タフ・ヴェール鉄道（TVR）………69, 72, 75,

索引　309

　　76, 78, 93-99, 101-107, 109-114, 116-126,
　　127-131, 138-144, 146-148, 151-152,
　　156-163, 170-172, 177, 184, 292-294
タンカー……………………………………270
炭鉱労働組合…………………………236, 260
炭鉱労働者………………235, 236, 250, 254
チェスターフィールド運河…………………6
超過利益税………………………272, 273, 277
長壁式採炭法…………………………………245
通行料徴収人…………………………………62
低温乾留法……………………………………257
ディーゼル機関……………242, 244, 256, 259
ディーゼル船………………199, 238, 240-243, 270
ディナス・トラムロード……………………69
鉄製蒸気船…………19, 27, 148, 220, 227-229
テムズ・トンネル………………………101, 102
動力エネルギー革命………………………1, 4
特定地域再建法……………………………249
特定地域法…………………………………248
特定不況地域…………………………247, 248
土地囲い込み運動（エンクロージャー）………1
トレデガー製鉄所………………………29, 38
トレント・マージー運河………………7, 15, 54

【な行】

内域……………………………………………45
内燃機関船……………………………240, 241
ナヴィ………………………………8, 12, 62
南北戦争…………………………………19, 20
西インド・ドック………………………14, 15
ニース運河………………………………51, 66, 67
ニース渓谷鉄道……………………………110
ニュー・エコノミック・ヒストリー………10
ニューリー運河………………………………6
熱エネルギー革命……………………………1, 2
熱風炉…………………………………3, 11, 34
ネルソン・ドック……………………………16
燃料研究局…………………………………256
ノース・イースタン鉄道……………………17
ノース・ミッドランド鉄道…………………96, 99

【は行】

廃棄地区……………………………………248
ハーウェイン製鉄所………………33, 66, 68
パウエル・ダフリン社………………………41

ハウランド・ドック…………………………14
舶用機関…………………………21, 188, 243, 259
パケット・ポート…………………………17, 18
破砕壺入れ法…………………………………32
バック・トゥ・コール運動……249-257, 259, 295
パックス・アメリカーナ……………………28
パックス・ブリタニカ………………27, 295, 298
ハドソン・ドック……………………………17
パートナーシップ………………220-223, 225
パドリング＆ローリング法（パドリング法）…32
バリー・ドック＆鉄道（BDR）………117, 127,
　　130, 131, 135, 145, 148, 150-169, 173-175,
　　292, 294
バルク・カーゴ……………5, 7, 179, 187, 220, 230
馬鈴薯飢饉……………………………………20
バンカー炭…………………………………212
P&O……17, 190-194, 199, 202, 203, 285, 287
東インド会社…………………………15, 153
東インド・ドック……………………………15
ピーク・フォレスト運河……………………15
棺船……………………………………………20
ビュート・エステート（ビュート財団）…104,
　　139, 140, 141, 149, 151, 294
ビュート・シップ・カナール法案…………137
ビュート・ドック……………124, 127, 138, 139,
　　141, 146, 149, 151, 158, 160, 161, 165-167,
　　170, 173, 174, 287, 292-294
ビュート・トラスティー…………134, 139-141,
　　144, 146, 149, 150, 169, 174
ビュート・西ドック……104, 133, 135, 139, 158
ビュート・東ドック………………………139-141
フォース・クライド運河………………6, 7, 15
ブラウン・レノックス社…………37, 53, 85, 87
ブラック・ボールライン……………………19
ブラナヴォン製鉄所………………29, 36, 48
ブリキ工業…………………………38, 248, 296
ブリッジウォーター運河……………6, 15, 22
プリマス製鉄所……………………31, 35, 56,
　　63, 64, 66, 82, 95, 101
ブルー・ファネル・ライン………21, 193, 212
ブレコン・アバーガベニー運河……………51
プロモーター……110, 143, 151, 153, 222, 226, 227
ベッシュ＝プレイフェア検査………………186
ベッセマー製鋼法……………………………37
ペナース・ドック………………135, 142, 144-147,

149,160,161,169,170,173,292
ペニダレン製鉄所‥‥‥‥‥‥31,35,63-65,95,100
ペニダレン・トラムロード‥‥‥‥51,53,63,64,
　70,85,88,95,100,292,293
ペンターク製鉄所‥‥‥‥‥‥‥‥‥‥‥‥63
ポート・オーソリティー‥‥‥‥‥‥‥‥‥13
ホワイト・スター・ライン‥‥‥‥‥‥‥‥20

【ま行】

マンチェスター・シップ・カナール‥‥‥‥176
マンチェスター・バーミンガム鉄道‥‥‥‥96
『南ウェールズ産業調査』‥‥‥‥‥‥239,240
南ウェールズ鉄道‥‥‥93,103,113,114,128,173
無機能株主‥‥‥‥‥‥‥‥‥‥‥‥‥‥‥101
メリングリフィス・ブリキ工場‥‥48,52,82,87
木造帆船‥‥‥‥‥‥19,27,148,220,227-229
モーター船‥‥‥‥240,253,268-271,282,286
モンクランド運河‥‥‥‥‥‥‥‥‥6,15,54
モンマスシャー運河‥‥‥‥51,57,61,88,127,137
モンマスシャーおよび南ウェールズ
　　炭鉱業者協会（MSWCA）‥‥‥237,243,244
モンマスシャー鉄道・運河会社‥‥‥‥‥‥93

【や行】

有限責任‥‥‥‥‥‥‥‥‥‥‥‥220,222,285
郵便運送契約‥‥‥‥‥‥‥‥‥20,190,193,220

【ら行】

ラムニー製鉄所‥‥‥‥‥‥‥‥‥‥29,38,140
ラムニー鉄道‥‥‥‥‥‥‥‥‥‥139,140-142,
　158,159,170,171,177
ラムニー・トラムロード‥‥‥‥‥‥‥‥‥140
ランニング・アウト式溶鉱炉‥‥‥‥‥‥‥34
リヴァプール・パーティ‥‥‥‥‥‥‥‥‥97
リヴァプール・マンチェスター鉄道‥‥‥‥9,
　33,96,102
リース協定‥‥‥‥‥‥‥‥‥‥‥36,111,144
リース契約‥‥‥‥‥‥‥‥‥‥‥‥‥110,111
リーズ・セルビー鉄道‥‥‥‥‥‥‥‥‥‥96
臨海リゾート‥‥‥‥‥‥‥‥‥124,125,131
レスター・スワニントン鉄道‥‥‥‥‥‥‥96
ロイズ・レジスター‥‥‥‥‥‥‥214,276,282
ロイヤル・メイル・ライン‥‥‥‥‥17,20,198
ロックキーパー‥‥‥‥‥‥‥‥‥62,79,80,85
ロンドン＆サザンプトン鉄道‥‥‥‥‥‥‥17
ロンドン・ドック会社‥‥‥‥‥‥‥‥‥‥15
ロンドン・バーミンガム鉄道‥‥‥‥‥‥‥99

【著者略歴】

梶本 元信（かじもと・もとのぶ）
   1976年 関西大学大学院経済学研究科博士課程単位取得満期退学
   1991年 帝塚山大学経済学部助教授
   1999年 同大学経済学部教授

〔主要業績〕
   共著 『イギリス近代史研究の諸問題』（小林照夫編，丸善，1985年）
   共著 『概説西洋経済史』（加勢田博編，昭和堂，1996年）
   翻訳 A. マディソン『経済発展の新しい見方』（共訳，嵯峨野書院，1988年）
   翻訳 R. ポムフレット『カナダ経済史』（共訳，昭和堂，1991年）

南ウェールズ交通史研究

2000年3月20日　第1刷発行　　　　定価（本体3200円＋税）

著　者　　梶　本　元　信
発行者　　栗　原　哲　也
発行所　株式会社　日本経済評論社
〒101-0051　東京都千代田区神田神保町3-2
電話03-3230-1661　FAX03-3265-2993
E-mail : nikkeihyo@ma4.justnet.ne.jp
URL : http://www.nikkeihyo.co.jp/
文昇堂印刷・山本製本所
装幀＊渡辺美知子

乱丁落丁はお取替えいたします。　　　　Printed in Japan
ⓒ KAJIMOTO Motonobu 2000
ISBN4-8188-1098-3
Ⓡ〈日本複写権センター委託出版物〉
本書の全部または一部を無断で複写複製（コピー）することは，著作権法上での例外を除き，禁じられています。本書からの複写を希望される場合は，日本複写権センター（03-3401-2382）にご連絡ください．

イギリス鉄道経営史

湯沢威著

A5判 四八〇〇円

鉄道発祥の地、イギリスにおける鉄道業の発達について、建設・運転・企業経営・組織管理等より体系的に分析し、鉄道がイギリス経済に果たした機能と役割を明らかにする。

フランス戦間期経済史研究

原輝史著

A5判 四五〇〇円

巨大企業の台頭から経済恐慌、戦争へと至る激動期におけるフランスの個別企業の生産性向上や合理化、産業全体の組織化や合理化の問題を実証的に分析。

欧州経済発展史論
——欧州石炭鉄鋼共同体の源流——

島田悦子著

A5判 五六〇〇円

EUの母体であり、ヨーロッパ最初の経済統合体である欧州石炭鉄鋼共同体が設立されたのは一九五二年である。歴史的に早くから国家の枠を超えて活動してきた欧州鉄鋼業の設立と展開。

日本鉄道車輌工業史

沢井実著

A5判 五七〇〇円

後発工業国日本の中にあって比較的早く技術的対外自立を達成した鉄道車輌工業の形成と発展について、国内市場と海外市場の動向をふまえながらその特質を実証的に解明する。

日本鉄道業の形成
——一八六九〜一八九四年——

中村尚史著

A5判 五七〇〇円

官営鉄道の経営と技術者集団の分析を通して鉄道政策と鉄道業との関係を解明し、また鉄道企業と地域社会との関わりをふまえながら日本鉄道業の形成過程の再検討に挑む。

(価格は税抜)　日本経済評論社